MINERVA
社会学叢書
㊼

# 現代日本における都市メカニズム

都市の計量社会学

赤枝 尚樹 著

ミネルヴァ書房

現代日本における都市メカニズム

目　次

序　章　現代日本における都市の計量社会学の意義……………… 1
　1　都市の世紀の到来と繰り返される都市のイメージ…………… 1
　2　都市社会学の問題意識と現代日本における意義……………… 6
　3　都市の計量社会学的アプローチと本書の位置づけ…………… 12
　4　本書の構成………………………………………………………… 15

## 第Ⅰ部　都市メカニズム解明のための理論と方法

第1章　ワース理論とそれに対する批判……………………………… 22
　　　　――社会解体論と非生態学的立場
　1　都市社会学前史――テンニース・デュルケム・ジンメルの議論…… 22
　2　ワースらシカゴ学派による社会解体論の議論………………… 25
　3　シカゴ学派による都市理論の特徴と人間生態学への注目…… 32
　4　ガンズらによる非生態学的立場の議論………………………… 34
　5　非生態学的立場による議論の特徴とその意図せざる結果…… 40

第2章　フィッシャー・ウェルマンによる第三の潮流と本書の検討
　　　　課題――下位文化理論とコミュニティ解放論……………… 44
　1　フィッシャー下位文化理論の議論……………………………… 44
　2　ウェルマンによるコミュニティ解放論の議論………………… 50
　3　第三の潮流の特徴とその後の展開……………………………… 54
　4　都市社会学における三つの潮流と主張の差異………………… 55
　5　日本における都市理論の検討と本書の検討課題……………… 56

i

第3章　都市理論の諸前提——都市のとらえ方と分析視角 …………… 61
　1　主要な都市理論に共通する四つの前提……………………………… 61
　2　前提（1）：都市－農村を連続体（都市度）としてとらえる ……… 62
　3　前提（2）：都市度の異なる居住地を一つの国のなかで比較する …… 67
　4　前提（3）：都市度を人口の集中の観点からとらえる ……………… 70
　5　前提（4）：個人属性の効果を考慮したうえで都市度の効果を
　　　　　　　　検討する……………………………………………………… 71
　6　その他の前提………………………………………………………………… 74
　7　まとめ………………………………………………………………………… 75

第4章　都市の計量社会学の方法とその発展…………………………… 79
　　　　　　——理論と方法の接合に注目して
　1　都市理論を再現するための方法とその発展……………………………… 79
　2　都市理論を表現可能なデータを集める（1）…………………………… 81
　　　　——ネットワーク調査技法の発展と都市社会学における理論的意義
　3　都市理論を表現可能なデータを集める（2）…………………………… 88
　　　　——標本抽出法の発展と都市社会学における理論的意義
　4　都市理論を再現するための統計解析手法………………………………… 92
　　　　——マルチレベル分析の普及と都市社会学における理論的意義
　5　まとめ………………………………………………………………………… 101

## 第Ⅱ部　現代日本の都市メカニズム

第5章　現代日本におけるコミュニティ問題の検討 …………………… 108
　　　　　　——コミュニティ喪失論・存続論・変容論の対比から
　1　現代日本においてコミュニティ問題を問う意味………………………… 108
　2　コミュニティ問題に対する三つの回答と日本における先行研究……… 109
　3　データとモデル・変数……………………………………………………… 114
　4　コミュニティ問題に関するマルチレベル分析…………………………… 117

5 まとめと議論…………………………………………………………………… *121*

## 第6章　都市は同類結合を促進するか……………………………… *127*
　　　　──同類結合に対する都市効果の検討
1 日本における下位文化理論の適用可能性………………………………… *127*
2 下位文化理論と同類結合………………………………………………… *128*
3 本章での検討課題………………………………………………………… *131*
4 データ・変数・分析方法………………………………………………… *132*
5 分　　析…………………………………………………………………… *138*
6 まとめと議論……………………………………………………………… *144*

## 第7章　現代日本と都市疎外理論………………………………………… *149*
　　　　──都市は人々のパーソナリティに悪影響をもたらすのか
1 古典的議論としての都市疎外理論と現代日本………………………… *149*
2 都市疎外理論と都市的疎外の諸形態…………………………………… *151*
3 データとモデル・変数…………………………………………………… *157*
4 都市的疎外の三つの形態に関するマルチレベル分析………………… *161*
5 まとめと議論……………………………………………………………… *163*

## 第8章　現代日本における非通念性の規定構造……………………… *167*
　　　　──多様性への指向と変化への指向に注目して
1 非通念性に対する複数の視点…………………………………………… *167*
2 非通念性と二つの下位概念……………………………………………… *169*
3 非通念性の規定構造に関する二つの仮説……………………………… *172*
4 データ・変数・モデル…………………………………………………… *175*
5 分　　析…………………………………………………………………… *179*
6 まとめと議論──非通念性の複合的生成過程………………………… *183*

終　章　現代日本の都市的生活様式とその生成メカニズム……… 189
　　1　本書のアプローチと分析結果のまとめ……………………… 189
　　2　本書の検討課題に対する結論………………………………… 191
　　3　本書における新たな知見……………………………………… 194
　　4　今後の展開可能性——比較分析に向けた理論枠組みと方法の整備……… 198
　　5　おわりに………………………………………………………… 200

参考文献

あとがき

人名索引／事項索引

# 序 章
# 現代日本における都市の計量社会学の意義

## 1 都市の世紀の到来と繰り返される都市のイメージ

人の溢れた街頭で,群集とともに歩きながら,
傍らを通り過ぎる人々の顔が,謎だと何度つぶやいたことか。(……)
こうして,日常生活に安定を与えてくれる一切のもの,(……)
行動し,思考し,会話する,人としてのすべての法則が
私のもとから離れていったのだ。私の気がつかないうちに。

(Wordsworth [1805] 1933: 121-2)

　これは,英国の著名な詩人である W. ワーズワースが,彼の代表作の一つである『序曲』のなかで描いた大都市ロンドンの情景である。こうした詩によって描き出された当時のロンドンをイメージしてみると,あることに気がつくだろう。それは,大都市としてのロンドンが,人々に孤独をもたらし,心を漂流させるものとして描かれているということである。こうした都市の悪性については,R. W. エマーソン,H. D. ソロー,E. A. ポーなどのアメリカの著名な思想家や作家によっても描かれてきた (Krupat 1986=[1994] 2003)。彼らは,都市を孤独や犯罪の温床として描き出すなど,都市生活の不健全性をモチーフとしていたのである。
　このように,都市は古くから人々を孤立させ,様々な悪影響をもたらす場所として描かれることが多く,社会問題の源泉としてとらえられてきたといえる (White and White [1962] 1977)。そうした都市のネガティブなイメージは,古代

ギリシャや古代ローマの詩人によっても描かれているなど[2]、様々な時代や社会において共有されてきたものである（Fischer [1976] 1984=1996）。

また、都市のネガティブなイメージについては、かつて、1950年代から1970年代初頭にかけての日本においても共有されていたと考えることができる。当時の日本は、都市化が急激に進展し、社会の大きな変化を体験していた。そのなかで、特に大きな変化が生じたと考えられる場所、つまりは「都市」の生活に対する注目が集まっていたのである。そして当時の新聞記事を確認してみると、以下のような記事をみつけることができる。

> 「こんな人間だらけの東京なのに、おれは一人ぼっち」「社会の中の一部品になりさがった自分があわれでなりません」——故郷を離れて働く少年少女たちの集り「東京ふるさと会」に寄せられた便りである。多かれ少なかれ、みんな"東京孤独"を味わっている。（『朝日新聞』1969.4.8朝刊）[3]

当時の日本は地方から上京して就職する若者も多かったため、そうした若者たちに焦点をあてた、いわば都市における若者の孤独が注目を集めていたのである。そのなかで、若者や青年が何か大きな事件を起こすたびに、その原因が「都会のなかの孤独」に帰されていき、それによって主体性を失っていく「大都会に押しつぶされる若者たち」というモチーフが広く共有されていくこととなる（図序-1、図序-2）[4]。当時の日本においては、都市は田舎の束縛から自由になれる場所であり、憧れとしても位置づけられていたが（吉見 [1987] 2008; 土井 2012）、その帰結として注目されていたのは、「都会のなかの孤独」や、それによる主体性の喪失であったといえる[5]。また、当時の新聞記事を確認してみると、自殺した青年が二ヵ月のあいだ、近隣住民に気づかれなかった際にも、「都会のなかの孤独」への言及がなされている（『朝日新聞』1970.3.21朝刊）。さらには、「都会のなかの孤独」は当時の高齢者を含む様々な年齢層へも広がっていたとの記事もみられるなど（『朝日新聞』1970.9.17朝刊）、当時の記事のなかで「都会のなかの高齢者の孤独」ともいえるモチーフもとりあげられているのである。

序　章　現代日本における都市の計量社会学の意義

図序-1　『朝日新聞』1968.11.10朝刊，15面　　図序-2　『朝日新聞』1969.4.8朝刊，15面

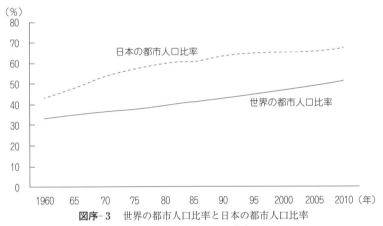

図序-3　世界の都市人口比率と日本の都市人口比率
出典：United Nations 2014; 総務省統計局 2014a, 2014b より作成。

　そして，21世紀の現代日本に視点を移してみると，再度，都市への注目が集まっているようにみえる。なぜならば，2010年に世界の都市人口比率が5割を超え（図序-3），世界の半分以上の人々が都市に居住するようになったことから，21世紀は「都市の世紀」として位置づけられているからである[6]（佐々木・総合研究開発機構編 2007; 中牧ほか編 2008）。さらに，日本においてはそれ以上に高い水準で都市人口比率が推移しており，2010年には約7割の人々が都市に居住している[7]。このように，都市の世紀の到来と都市化の進展によって，日本も

3

含め，世界中で都市に対する注目が集まっているとされているのである（佐々木・総合研究開発機構編 2007; 中牧ほか編 2008）。

そうした都市への注目は，現代日本において，都市に関する様々なイメージや俗説を生み出していった。たとえば，創造都市論など，都市の可能性や創造性についての議論も生み出され，日本の都市政策へも影響を与えている(Landry 2000 = 2003; 佐々木 [2001] 2012; Florida 2002 = 2008, 2004 = 2010; Atkinson and Easthope 2009）。

そのなかでも，現代日本における都市の典型的なイメージは，むしろ以下のものに近いのではないだろうか。それは，NHK の『無縁社会』が提示するような都市のイメージである。その議論によれば，無縁社会の現代日本では，地縁，社縁，血縁が崩壊し，ひとりぼっちが急増するという（NHK「無縁社会プロジェクト」取材班編著 2010）。そして，「とりわけ東京などの都会では，地縁，血縁，社縁（職場縁）といった人間どうしの絆が希薄化し，多くの人が平生誰とも関わり合わずに生きている」（プレジデント社 2011: 36, 強調は引用者）ことが指摘されているのである。これらの議論は，都市ではつながりが崩壊し，それによって様々な問題が現れてくるという，都市のネガティブなイメージを想起させるものといえる。そのなかで語られているのは，1950年代から1970年代初頭の日本においても繰り返し語られてきた，「都会のなかの孤独」というモチーフなのである。

このように，都市は人々のつながりを失わせ，人々の主体性を失わせていくというネガティブなイメージは，世界中の様々な社会で共通したものといえる。そして日本も例外ではなく，同様の都市のネガティブなイメージは，日本においても現代を含めて様々な時代で繰り返し語られてきたものなのである。では，私たちが生活している現代日本社会において，そうしたイメージは都市の実態や実像を正しく表しているのであろうか。私たちは，現代日本における都市を，人々のつながりを喪失させ，生活に悪影響をもたらす場所としてとらえるべきなのであろうか。

しかしながら，一般に流布しているそうした都市のイメージに対して，社会学者の野沢慎司が，以下のような重要な指摘をしている。

> 都市化した地域に住む者は，人間関係が希薄化し，孤立した存在としてイメージされることが常である。……（けれども）こうした「常識」は，実は決して自明ではないにもかかわらず，経験的なデータによって検証されることはめったにない。
> 　　　　　　　　　　　　　　　　（野沢 2009: i，括弧内は引用者）

　上記の野沢の指摘には，大きく二つの主張が含まれていると考えられる。第一に，「都市＝つながりの失われた場所」というネガティブなイメージは必ずしも自明ではないため，それ以外のイメージが正しい可能性も含めて検討する必要があるということである。そして第二に，都市のネガティブなイメージは自明ではなく，独り歩きしている可能性があるために，しっかりとした経験的なデータにもとづく実証研究が必要だということである。

　そこで本書では，こうした指摘に応えるために，以下の二つのアプローチを採用し，それらを組み合わせながら検討していくことを提案したい。

　第一に提案したいのは，理論的な側面として，都市社会学における複数の主要な都市理論に依拠しながら，現代日本の都市像を多角的な視点から検討するというアプローチである。なぜならば，都市社会学においてはこれまでに都市の多様なイメージが検討されており，それに対応した様々な都市理論が提示されているからである。したがって，これまでに蓄積されている，様々なイメージを体現する都市理論の枠組みを活用することにより，都市のネガティブなイメージだけでなく，それ以外のイメージも含めながら検討を行うことができる。そのことにより，現代日本においてどのような都市のイメージが妥当なのかということに対して，より多面的な検討が可能となるのである。

　そして第二に，方法論的な側面として，社会調査法と統計解析手法の発展を最大限に取り入れた，都市の計量社会学的アプローチを提案したい。その理由は，そうした方法上の発展を最大限活用しながら検討することで，エビデンス（科学的な根拠）にもとづいた，より確かな議論ができるからである。それに加えて，方法上の発展を最大限取り入れることにより，これまで以上に都市理論やその分析視角を再現した実証的検討も可能となり，都市社会学における理論と方法の接合を進めることができる。

そこで本書では，これら二つのアプローチを組み合わせることによって，21世紀の現代日本における都市の実像を体系的に明らかにし，都市のイメージを描き直すことを目的とする。本章では，理論的な側面で依拠する都市社会学や都市理論，さらには方法論的な側面で依拠する都市の計量社会学的アプローチについて述べながら，本書における二つのアプローチについて，より詳しく明らかにしていくことにしたい。

## 2　都市社会学の問題意識と現代日本における意義

**都市理論の特徴と本書で依拠する三つの潮流**

都市社会学は，「都市は人々にどのような影響をもたらすのか」(Fischer 1972: 188) という問いを中心に据えながら，都市の実像やメカニズムについて，長らく探求し続けてきた学問である。

こうした都市社会学における中心的な問いは，そもそも社会学における重要な問いの一つとして位置づけられてきたものといえる（Fischer 1972）。なぜなら，社会学の黎明期を支えた F. テンニース，M. ウェーバー，E. デュルケム，G. ジンメルらによって共有されていた，近代化による社会的分業の発達は人々の生活にどのような影響をもたらすのか，という社会学における根本的な問題関心を引き継いでいるからである（Wellman and Leighton 1979=2012）。テンニースらは，近代化による社会的分業の発達に注目しながらも，都市は近代のいっさいのものを例証していると考えられてきたことから（Fischer 1982=2002），近代化の影響がもっとも現れる場所の典型として，大都市を挙げながら議論を行っていた（Tönnies 1887=1957; Dukheim 1893=1989; Simmel 1903=2011; Weber 1956=[1965] 2005）。つまり，大都市は人々の紐帯を崩壊させるのか，さらには人々のパーソナリティに対してどのような影響をもたらすのか，という問いをとおして，近代化の影響に関する議論がなされていたのである。そうした点から考えると，日本において繰り返し語られてきた「都会のなかの孤独」というモチーフへの学問的探求は，社会学において，すでに100年以上も前から始まっていたと考えることもできるだろう。[10]

序　章　現代日本における都市の計量社会学の意義

　そして，このような問題関心を引き継ぎながら，近代化に関する様々な現象のなかで特に「都市」に焦点を合わせた問い——「都市は人々にどのような影響をもたらすのか」(Fischer 1972: 188) という問い——を定式化し，それをもとにして確立・展開していった学問が都市社会学である (Park 1915＝2011; Wirth 1938＝2011; Fischer 1972, 1975b＝2012)。都市社会学を確立していく作業は，ジンメルの弟子でもある R. E. パークや，さらには L. ワースらの手によって，アメリカのシカゴ大学を中心に手がけられていくこととなった (Park 1915＝2011; Wirth 1938＝2011)。

　その後，上記の問いは，「都市はどのような都市特有の生活様式——都市的生活様式——を，どのようなメカニズムによって生み出すのか」という問いとして議論されるようになっていく (Wirth 1938＝2011; Fischer 1975b＝2012, 1982＝2002)。そして，人々の紐帯とパーソナリティに注目していたテンニース，デュルケム，ジンメルらの影響を受け，都市的生活様式としては，「都市型コミュニティ (urban styles of community)」と「都市型パーソナリティ (urban styles of personality)」が二つの柱として位置づけられていった (Fischer 1975b＝2012)。そのことから，都市社会学では，「都市が人々の紐帯に与える影響」と「都市が人々のパーソナリティに与える影響」が重点的に議論されていくこととなる (Wirth 1938＝2011; Fischer 1972, 1975b＝2012)。このような問題関心は，「都市的なるものとはいかなるものなのか，また，それはいかにして生み出されるのか」という問いとして，日本の都市社会学においても，引き継がれていったものでもある (倉沢 1968; 奥田 1983; 髙橋 1984; 鈴木 1986; 松本 1992; 大谷 1995)。

　こうした経緯により，都市社会学における都市理論は，(1) 都市が人々の紐帯に与える影響，(2) 都市が人々のパーソナリティに与える影響，の議論をとおして，(3) 都市のイメージを提示する，という論理構成をもつようになった (松本 1992; 赤枝 2013a)。そしてそのような論理展開に沿いながら，都市社会学において，都市の異なるイメージを表現する，三つの大きな理論的潮流が台頭してくることとなる。それが，「ワースらシカゴ学派による社会解体論」「H. J. ガンズらによる非生態学的立場」「C. S. フィッシャー・B. ウェルマンによる第三の潮流」である (Tittle 1989; 松本 2002b)。

7

そこで本書では，理論的な手がかりとして，これまで北米を中心に議論が行われてきた，都市社会学における三つの大きな理論的潮流に注目し，それらに依拠しながら検討を進めていくことにしたい。その理由は，それら北米の都市理論こそが，都市のイメージに関する議論の代表的なものだからである。したがって，都市のネガティブなイメージ以外にも注目しながら，現代日本の都市の実像を明らかにしていくという本書の目的にも適うものといえるだろう。

　また，それら主要な三つの都市理論に依拠しながら体系的な検討を行っていくことは，日本の都市社会学研究においても有益なことといえる。なぜなら，日本都市社会学の課題として，個別の現象や下位領域に関する研究が多く蓄積されてきているのに対し，それらの研究をまとめる，体系的な理論の検討や展開が十分になされていないとの指摘がなされているからである（中筋 2005）[12]。したがって，日本において三つの都市理論に依拠した体系的検討を行うことは，日本都市社会学の課題に応えるという点においても，重要なものと考えられるだろう。

　以上を踏まえ，本書では，理論的な枠組みとして都市社会学における三つの主要な都市理論を採用しながら，現代日本における「都市が人々の紐帯に与える影響」と「都市が人々のパーソナリティに与える影響」について，多角的な探求を行っていく。そしてそうした作業をとおして，現代日本の都市の実像を明らかにし，都市のイメージを描き直していくことにしたい。

## 北米の都市理論は現代日本に適用できるか？
### ——現代日本に適用することの困難

　ところが，これまでも北米の都市理論を日本に適用しようとした際に指摘されてきたように（近江 1962; 倉沢 1962; 鈴木 1962; 高橋 1965），北米の都市理論を現代日本に適用するにあたっては，いくつかの点で困難が予想される。そこでここでは，そうした困難に対する本書の立ち位置を示しておきたい。

　北米の都市理論を現代日本に適用するにあたって想定される困難としては，第一に，日本社会と北米，特にアメリカ社会に関して，国自体の差異がとても大きいということが挙げられるだろう。これまでも，日本社会とアメリカ社会

の差異については，多岐にわたって指摘されている．たとえば，セグリゲーション（居住分離）がアメリカのほうが進んでいること，アメリカでは居住移動が多く広範囲に及んでいること，さらには，個人主義の程度の差異などが挙げられている（大谷 2007）．そのほかにも，アメリカは移民によって形成された多民族社会であることや，日本は国土が狭いのに対してアメリカは広大な土地をもつということ，日本と比べてアメリカでは女性の就業率が高いことなど，多くの点で，日本社会とアメリカ社会のあいだには大きな差異があることが指摘されているのである（大谷 1995）．そうした背景から，近江哲男（1962）も指摘しているように，そもそも北米の都市理論は欧米諸国にしか適用できない可能性も考えられる．

　それに加え，第二の困難として，北米の都市理論が生まれた時代背景と，現代日本を取り巻く時代背景の差異の大きさも挙げられる．たとえば，シカゴ学派による議論が台頭してきた裏には，アメリカで急速に都市化が進展していた1910-1930年代という時代背景があり，そのなかでも特に急速に発展したシカゴを舞台にして，社会解体論が展開されたのである．また，ガンズらによる非生態学的立場や，フィッシャー・ウェルマンによる第三の潮流が生まれた背景には，都市開発の失敗と居住環境の悪化によって，都市の危機が叫ばれた1960-1970年代的な時代背景があったのである．よって，そのような時代を反映して生まれた都市理論を，その後30年以上が経過した現代日本に適用するには，時代背景があまりにも違いすぎると考えることもできる．[13]

　さらに第三の困難として，都市生活の個別の事例に関して，北米の都市理論で挙げられる事例と，現代日本の都市生活で挙げられる事例のあいだにあまりにも大きな違いがみられるという点も考えられる．たとえば，シカゴ学派の社会解体論で挙げられるのは，シカゴにおける，ギャングや移民コミュニティであるゲットーなどの情景であり（Wirth 1928＝1993; Zorbaugh 1929＝1997），非生態学的立場によって挙げられるのは，都市のスラムであるコーナーヴィルでの人間関係や（Whyte［1943］1993＝2000），ボストンのウェストエンドにおけるイタリア系アメリカ人の社交生活である（Gans［1962a］1982＝2006）．そして，フィッシャーの議論で中心的に挙げられるのは，民族集団にもとづく民族的下

位文化や,宗教集団にもとづく宗教的下位文化である (Fischer 1982=2002)。そ れに対して現代日本では,寄せ場やエスニシティに関する研究も蓄積されてい るものの(青木 2000, 2010; 渡戸ほか編 2003),都市生活の事例としては,むしろ, 渋谷や原宿,青山での独立系ストリート・カルチャーやクラブカルチャー(三 田 2006; 石渡 2006),秋葉原のオタク文化(森川 2003),下北沢の若者文化などが (毛利 2009),より特徴的であるように思われる[14]。このように,挙げられる事例 をみても,北米の都市理論が想定している事例と現代日本の事例ではあまりに も違いが大きいと思われるのである。

したがって,これらの差異をみる限り,あまりにも異なる状況と背景をもと にして生まれた北米の都市理論を,そもそも現代日本に適用することはできる のだろうかという疑問が湧くのも,当然のことといえるだろう。

## 北米の都市理論の適用可能性――普遍性の観点から

しかしながら,このように一見大きく異なるようにみえる背景や事例の裏に, 実は同じメカニズムが働いていると考えることはできないだろうか。なぜなら, ワースやフィッシャーらによる北米の都市理論は,背景の異なる社会にも適用 できるような普遍性を重視して展開されたものであり[15],そのうえで,多くの個 別事例の背後に共通して働いているメカニズムを探求してきたものだからであ る (Wirth 1938=2011; Fischer 1975b=2012)。

たとえば,ワース(1938=2011)は,社会学は時間的・空間的限定を取り 払った一般的法則を求めるものであるとしたパークの関心を引き継ぐことによ り(吉田・寺岡 1997),「都市」を独立変数とし,社会的・心理的な側面におけ る「都市的生活様式」を従属変数とする分析的な理論図式を提起したとされる (松本 1990)[16]。つまりワースは,個々の都市の固有性ではなく,都市がもつより 一般的・普遍的なメカニズムを明らかにするための,いわば都市の理念型を作 りだすことを志向していたのである。

また,同じく都市の普遍的なメカニズムに関心をよせていたフィッシャー (1975b=2012)は,新たな都市的生活様式としての非通念性――通念にとらわ れないこと――を提示した。この非通念性は,あくまで当該社会に支配的で

「典型的な標準とは異なるということ」(Fischer 1975b=2012: 153) を意味するだけであり，時代や国によって何が非通念的かということが変わりうるという，内容自由かつ相対的なものである (Fischer 1975b=2012; 松本 1995)。フィッシャーが内容自由な都市的生活様式を提示したのは，自らが提示した都市理論について，より広い社会への適用可能性を考慮しながら展開するためであった[17]。[18]

よって，北米で生まれた都市理論は，むしろ固有の文脈を離れて，様々な社会に適用することを目的に展開されたものと考えることができる。そこで本書では，むしろ日本にも積極的に北米の都市理論を適用し，実証的な検討を行っていくという立場をとる。都市が人々の生活様式に与える影響を体系的に論じた北米の都市理論をもとにすることで，現代日本の都市的生活様式を体系的に明らかにし，都市の実像を浮かび上がらせることができる。そのことにより，個別の現象の背後に共通するメカニズムについての体系的な検討が可能となるのである。

さらに本書では，北米の都市理論に依拠することで，都市のメカニズムについて，様々な国や社会に当てはまる普遍的な部分と，日本の独自性の両面を浮かび上がらせることができるという点にも注目したい。なぜならば，異なる枠組みを異なる国や社会に適用してしまうと，あるメカニズムが，様々な国や社会に当てはまる普遍的なものなのか，それとも当該社会にのみ当てはまる独自なものなのかが判断できないからである。つまり，同じ枠組みを，そのまま様々な国や社会に適用することによって初めて，国や社会を超えてより普遍的な部分——普遍性——と，国や社会によって異なる部分——独自性——を見定めていく作業が可能となるといえる。

したがって本書では，北米の都市理論をできる限りそのまま適用することをとおして，現代日本における都市の実像を明らかにしていくとともに，都市メカニズムに関する普遍的な部分と，日本の独自性の両面を見定めていくという手続きをとることとする。

## 3 都市の計量社会学的アプローチと本書の位置づけ

　以上のような理論枠組みによって研究を進めていくにあたり，本書で採用する方法論的手続きが，社会調査法や統計解析手法の発展を最大限活用した，計量社会学的なアプローチである。本書では，こうした社会調査法や統計解析手法を活用した都市社会学研究を，「都市の計量社会学」と呼ぶことにしたい。本書で「都市の計量社会学的アプローチ」を採用する利点としては，大きく二つのものが挙げられる。

　第一に，社会調査法や統計解析手法の発展を活用していくことで，エビデンスにもとづいた，より緻密で客観的な分析が可能となる点である。近年，医学に加え，教育学や犯罪学，さらには，経済学，政治学においても，より緻密な実証分析にもとづくエビデンスを重視した研究が蓄積されてきている（澤田ほか 2013）[19]。これらは，科学的な方法にもとづいて実態を解明していくことを重視する立場といえる。そして社会学においても，エビデンスを重視する立場から，社会調査や統計解析による計量社会学的なアプローチが挙げられているのである（轟・杉野編［2010］2013）。社会調査法や統計解析手法の発展を活用していくことにより，従来の方法上の問題点を乗り越えながら，よりバイアスの小さい分析結果を算出することができる。そのことから，より適切に都市の実態をとらえることができるという点が，都市の計量社会学的アプローチの第一の利点といえる。

　それに加え，第二の利点として本書で特に強調したいのは，社会調査法や統計解析手法の発展を最大限活用することによって，収集可能なデータの幅が広がるとともに，より制約の少ない分析が可能になるという点である。このことは，これまで以上に理論枠組みを再現できる可能性が広がることを意味している。こうした利点は，分析の過程において，本書で依拠する都市理論やその分析視角をより活かした分析を可能にするものであり，都市社会学における理論と方法の接合をより進めていくことにつながるものといえる。そしてそもそも，日本における都市の計量社会学の議論の流れを確認してみると，特に第二の利

点である．理論と方法の接合という点に注目しながら，新しい社会調査法や統計解析手法が導入されてきたことがわかる．

　たとえば，奥井復太郎，磯村英一，鈴木榮太郎，さらには安田三郎ら日本都市社会学の第一世代と呼ばれる論者たちの研究に，日本における都市の計量社会学の萌芽をみることができる．そのなかでも，特に奥井は，理論と方法の接合に関して以下のように述べている．

　　都市研究の方法に関して基礎となる都市理論をしっかりしておくこと……が望ましい．それと相まつて都市研究における実証性を確保する，もつとも有力な方法としての社会調査が爾来ますます進歩して来たことは改めて説明するまでもなく，それが各般の理論や本質の把握に限り無い貢献をしている．　　　　　　　　　　　　（奥井 1954: 590，原文ママ）

　こうした指摘は，社会調査の進歩が，実態の緻密な把握とともに，都市理論の実証性と理論的発展への貢献という意味でも重要であることを示すものといえるだろう[20]．また同時期に，安田（1959a, 1959b）によっても当時の最先端の統計解析手法が活用され，都市理論の問題意識を分析上で再現するための計量研究が行われるなど，理論と方法の接合についての議論が進められていた[21]．

　そして，1960年代以降の，倉沢進や鈴木広，さらには奥田道大らを中心とする日本都市社会学第二世代の研究によって，日本における都市の計量社会学が確立されていくこととなる（倉沢 1968; 鈴木 1978; 奥田・鈴木編 2001）[22]．ここで特に注目したいのが，都市の計量社会学の確立において中心的役割を担った倉沢により，以下の指摘がなされている点である．

　　従来の標準化調査の調査法の教科書は，研究対象と問題の性質による方法の選択にはほとんど注意を払ってこなかった．……（日本都市社会）学会の調査法に関する議論は，……選択された方法の"問題との整合性"についての……検討が必要である．　（倉沢 1994: 13-4，括弧内は引用者）

倉沢による上記の指摘は，理論と方法の対応関係に注目しながら，都市理論やその分析視角をより活かし，再現できるような方法の検討が重要であることを指摘するものといえる。こうした点を踏まえながら，倉沢 (1994) は，ワースらによる都市理論も含めた理論枠組みを再現するための，社会調査法や統計解析手法についての検討を行っていたのである。

　その後，そうした都市の計量社会学的アプローチは，「第二世代の都市社会学の最も順接的な継承者」（中筋 2005: 223）としての，パーソナル・ネットワーク論へ引き継がれていった（奥田 2002）[23]。その中心的な担い手は，日本都市社会学の第三世代である森岡清志や松本康，大谷信介らである（松本 1995, 2005a, 2005b; 大谷 1995; 立山 1998; 森岡編 2000）。そのなかで特に注目すべきなのは，社会調査において，人々のパーソナル・ネットワークに関する調査技法の発展が取り入れられた点であろう。このことにより，それまで再現することが難しかった都市理論を，より表現できるデータを集めることが可能となったのである。その点については，松本が以下のように述べている。

　　都市社会を複雑に編まれた社会関係の網の目としてとらえるとらえ方は，決して新しいものではない。しかし，その網の目を具体的に記述・分析できるようになったのはごく最近のこと……である。　　（松本編 1995: iii）

　また，日本都市社会学の第三世代の研究においては，分散分析や重回帰分析をはじめとした，多変量解析による研究が広く行われた点も特徴的であった。このように，パーソナル・ネットワークに関する調査技法の発展とともに，統計解析手法の発展を踏まえた研究が行われることによって，都市理論やその分析視角を再現して分析していくという点においても，大きな進展をみせたといえる[24]。

　以上のように，日本における都市の計量社会学的アプローチは，より客観的で緻密な実態の把握とともに，都市理論の分析視角をより再現した分析を可能にし，都市社会学における理論と方法の接合を進めることを目指していたといえるだろう。本書は，これら日本都市社会学の第一世代から第三世代までによ

る，都市の計量社会学的伝統の延長線上に位置づけることができる。

そこで本書においても，都市の計量社会学的アプローチを採用するにあたり，客観的で緻密な実態の把握とともに，理論と方法の接合を進めるという点を重視したい。そして特に理論と方法の接合を進めるために必要なのは，都市理論やその分析視角をより表現可能な調査データを集めたうえで，分析上でより再現可能な統計解析手法によって分析するということであろう。したがって本書では，社会調査法や統計解析手法の発展がもつ，理論的な意義を踏まえながら分析を行っていくということを試みたい。

こうした観点から，本書では，必要なデータを集めるための社会調査法として，ネットワーク調査技法と標本抽出法の発展に注目する。また，都市理論やその分析視角をより再現した分析を行うための統計解析手法として，マルチレベル分析の発展と普及に注目したい。これらは，より緻密な測定や分析を可能にすることに加え，分析過程において都市理論を再現するという意味でも，大きな意義をもっていたのである。このように，本書では方法上の発展を踏まえた検討を行うことにより，より緻密で正確な現状の把握とともに，都市社会学における理論と方法の接合を進めることを目指していく。

## 4　本書の構成

以上の点から，本書の特色は，第一に，体系的な理論枠組みとして古典的な北米の都市理論に依拠すること，そして第二に，そうした古典的な北米都市理論を，最新の社会調査法と統計解析手法を用いてより忠実に再現して分析していくことにあると考えられる。すなわち，古典的な理論と新しい方法を総動員し，調和させることが本書の特長といえるだろう。本書では，これら二つのアプローチを組み合わせることによって，現代日本における都市メカニズムと実像を明らかにしていきたい。

それらを受け，本書では，第Ⅰ部（第1章―第4章）で依拠する理論と方法をまとめ，それにもとづきながら，第Ⅱ部（第5章―第8章）で現代日本の都市メカニズムに関する実証分析を行うという構成をとることにしたい。以下で

は，各章の内容について，簡単に示しておくことにしよう。

　本書で依拠する二つのアプローチを踏まえた検討を行うためには，まずは都市社会学における主要な三つの潮流の議論を体系的にまとめ，それらに共通する問題意識や分析視角がいかなるものなのかを確認しておく必要があるだろう。そのうえで，それらをより再現するための方法について，おさえておく必要がある。そこで第1章と第2章では，都市社会学における三つの主要な潮流——「ワースらシカゴ学派による社会解体論」「ガンズらによる非生態学的立場」「フィッシャー・ウェルマンによる第三の潮流」——に関する議論をまとめ，日本の都市社会学研究を踏まえながら，本書における三つの検討課題を明らかにする。そして第3章では，それらに共通する理論的前提や分析視角について議論する。その後，第4章では，主要な潮流の理論的前提や分析視角をより再現するうえで注目すべき方法についてまとめていくことにしたい。

　また，続く第Ⅱ部においては，第Ⅰ部でまとめた理論と方法を用いながら，実際に現代日本の全国調査データの分析を行っていく。

　それらのうち，第5章と第6章は，特に都市が人々の紐帯に与える影響に関する分析となっている。第5章では，第一次的紐帯の複数の側面に対する都市効果を総合的に分析することをとおして，コミュニティ問題に関する検討を行う[25]。また第6章では，フィッシャー下位文化理論において特に重要な，同類結合に対する都市効果を検討する。

　さらに，第7章から第8章では，都市が人々のパーソナリティに与える影響に関する分析を行う。第7章では，都市が人々のパーソナリティにネガティブな影響を及ぼすとする都市疎外理論について実証的な検討を行い，都市が人々の疎外を引き起こすか否かを検証する。そして第8章では，都市的生活様式として注目を集めている非通念性の規定構造についての検討を行う。

　その後，終章においては，全体の分析結果をまとめながら，本書の検討課題に対する応答と，今後の展開可能性や課題に関する総合的な議論を行っていく。そのことにより，現代日本において，都市は人々に対していかなる影響をもたらすのか，そしてそれは都市社会学におけるどの潮流の観点から説明ができるのかについて，日本の独自性も踏まえて議論していく。

序　章　現代日本における都市の計量社会学の意義

### 付記　利用したデータと謝辞

　本書の第5章から第8章の分析を行うにあたっては，以下のデータの提供を受けた。

　本書の第5章，第6章，第8章の分析においては，日本版 General Social Survey (JGSS) 2003のデータを用いている。データの二次分析に当たり，東京大学社会科学研究所附属日本社会研究情報センター SSJ データアーカイブから「日本版 General Social Surveys」（大阪商業大学比較地域研究所・東京大学社会科学研究所）の個票データの提供を受けた。日本版 General Social Surveys (JGSS) は，大阪商業大学比較地域研究所が，文部科学省から学術フロンティア推進拠点としての指定を受けて（1999-2003年度），東京大学社会科学研究所と共同で実施している研究プロジェクトである（研究代表：谷岡一郎・仁田道夫，代表幹事：佐藤博樹・岩井紀子，事務局長：大澤美苗）。東京大学社会科学研究所附属日本社会研究情報センター SSJ データアーカイブがデータの作成と配布を行っている。

　また，第7章の分析においては，情報化社会に関する全国調査（JIS 2001）のデータを用いた。情報化社会に関する全国調査（JIS 2001）の使用にあたっては，大阪大学大学院人間科学研究科経験社会学研究室内 SRDQ 事務局の許可を得た。

　データをご提供くださった方々に，記して感謝申し上げます。

　なお，本研究は科学研究費補助金若手研究（B）「都市的生活様式とその変動要因の解明──時系列比較と国際比較から」（課題番号25780309，研究代表者：赤枝尚樹）による成果の一部である。

### 注

1) また，ワーズワースは，大都市ロンドンの孤独について以下のようにも描いている。
　　一つの考えが私を困惑させた。よく言われるように，隣人ですら見知らぬ人々であり，お互いの名前も知らぬまま，どうやって暮らしているというのであろうか。(Wordsworth [1805] 1933: 108)
2) 旧約聖書においても，ソドムとゴモラの物語において腐敗した都市のすがたが描

かれているほか，バベルの塔の物語も都市の悪性を描いたものとされるなど，ユダヤ教の伝統においても，都市は悪性を象徴するものの一つとして描かれてきたことが指摘されている（Howe 1971）。
3）朝日新聞の記事に関しては，「聞蔵Ⅱビジュアル・フォーライブラリー」により得た。
4）図序-1，図序-2の記事に関しても，「聞蔵Ⅱビジュアル・フォーライブラリー」により得た。
5）このような記述は朝日新聞だけでみられるわけではない。たとえば読売新聞のデータベースである「ヨミダス歴史館」を検索してみると，同時期の読売新聞でも同様の記事がみられることがわかる。
6）国連によれば2010年には世界の都市人口比率が51.6％となり，5割を超えたとされている（United Nations 2014）。
7）ただし，ここでいう都市人口は，国によって定義が異なる点に注意が必要である。詳しくは，United Nations（2014）を参照。なお，United Nations（2014）では日本の都市人口の定義は市区人口となっているが，市区人口は市町村合併の影響を受けやすいため，本書ではその影響を受けにくい人口集中地区（Densely Inhabited District）人口比率を日本の都市人口比率として算出した。ちなみに，日本の人口集中地区人口比率は2010年で67.3％であるのに対し，2010年の市区人口比率は90.5％となっている（総務省統計局 2014b; United Nations 2014）。
8）もちろん，そうした背景には，東京一極集中や都心回帰など，近年注目されている現象の影響もあると思われる。
9）C. Landry（2000）の邦訳書のタイトルは「創造的都市」となっている（Landry 2000＝2003）。しかしながら，「creative city」の日本語訳としては「創造都市」が多く使用されているため，本書でも「創造都市」という表記を用いる。
10）このことから，都市の世紀である21世紀は，社会学の根本的な問題関心がさらに大きな意義をもつ世紀として考えることもできる。
11）ここでは，より意味が通りやすくなるように，原文をもとにした「都市型コミュニティ」と「都市型パーソナリティ」という表現を採用した。
12）ここでいう体系的な理論とは，都市が紐帯やパーソナリティに与える影響を総合的に説明する理論のことを指す。
13）日本では1970年代までは都市化が大きく進展していたが，1980年代以降は安定している（United Nations 2014）。
14）また，吉見俊哉（［1987］2008）も，文庫版へのあとがきにおいて，1970年代における新宿の若者文化に加え，その後の渋谷や原宿の消費文化を挙げている。
15）本書では普遍性を，異なる時代や，異なる社会にも適用可能なことを指すものと

して用いる。
16) ワースの都市理論の詳細に関しては，第1章を参照。
17) この点に関して，フィッシャーは，「都市の非通念性に普遍的な方向性はない」(Fischer 1975b＝2012: 153) と述べている。非通念性については，第2章を参照。
18) この点に関しては，松本康も，「(フィッシャーの) 下位文化理論は，原理的には，あらゆる時代のあらゆる都市に適用可能な一般理論である」(松本 1992: 66，括弧内は引用者) と述べている。
19) もちろん，量的調査やそれにもとづく分析の結果のみがエビデンスとして重要であるということではない。研究対象や研究分野の問題関心に沿って質的調査と量的調査のいずれもが有効に用いられるべきであり，研究目的によって方法は多様である。
20) また，鈴木榮太郎も「都市の社会調査では個人のオピニオン調査を必要とする場合がはなはだ多い。しかも多数の個人のオピニオン調査が必要である」(鈴木 1954: 592) と述べている。
21) 安田 (1959a, 1959b) による分析は，因子分析によって，都鄙連続体説という都市のとらえ方を再現しようとするものであった。都鄙連続体説については，第3章を参照されたい。なお，安田三郎はのちに都市社会学における計量社会学的アプローチを確立させていく倉沢や奥田らとともに，日本都市学会の総合調査にも参加していたとされている (奥田 1959)。
22) この点については，奥田によって，以下のように述べられている。
　　1960年代以降の日本の都市社会学では，第2世代の都市社会学者，とくに倉沢進らを中心として問題意識と方法の標準化と計量モデルの構成が鋭意図られてきた。(奥田 2002: 128)
　　なお，厳密には，奥田は「量的方法と質的方法の折衷方式」(奥田 2002: 129) を目指していたとされる。
23) パーソナル・ネットワークとは，「ある個人が他者と取り結んでいる関係すべてを指し示して表現する考え方」(星 2010: 15) である。
24) 分散分析や重回帰分析などの多変量解析の意義については，第4章で詳述する。
25) 第一次的紐帯については，次章以降で説明する。

# 第Ⅰ部

# 都市メカニズム解明のための理論と方法

# 第1章
# ワース理論とそれに対する批判
―――社会解体論と非生態学的立場―――

　三つの主要な都市理論のなかでも，特に「ワースらシカゴ学派による社会解体論」は都市社会学における理論的な叩き台であり，都市社会学の歴史はワース批判の歴史であったとさえいわれている（松本 2008a）。そこで本章では，ワースらの議論に影響を与えたテンニース，デュルケム，ジンメルらの議論を紹介した後に，第一の潮流である「ワースらシカゴ学派による社会解体論」と，それに対する批判を行った，第二の潮流としての「ガンズらによる非生態学的立場」の議論についてまとめていくことにしたい。その際に，各潮流の議論については，（1）都市が人々の紐帯に与える影響，（2）都市が人々のパーソナリティに与える影響，についての議論をとおして，（3）都市のイメージを提示する，という論理構成に注目しながらまとめていく。

## 1　都市社会学前史
―――テンニース・デュルケム・ジンメルの議論―――

　都市社会学における，「都市は人々にどのような影響をもたらすのか」（Fischer 1972: 188）という問いに関する議論は，「都市が人々の紐帯に与える影響」と「都市が人々のパーソナリティに与える影響」を二本の柱として展開されていった（Wirth 1938＝2011; Fischer 1972, 1975b＝2012）。それらのうち，前者についてはテンニースとデュルケム，後者についてはジンメルの議論のなかに，その萌芽をみることができる（Wirth 1938＝2011; Fischer 1972）。
　たとえばテンニース（1887＝1957）は，著名な『ゲマインシャフトとゲゼルシャフト』において，近代化により，社会が精神的・感情的なつながりにもと

づく温かいゲマインシャフトから，利害と打算で結合する冷たいゲゼルシャフトへ変化していくことを指摘した（Tönnies 1887＝1957; 菊池 2008）。これらの議論をとおして，テンニースはゲマインシャフトの喪失を哀惜していたのである。そのことは，ゲマインシャフトを「すべての信頼にみちた親密な水いらずの共同生活」(Tönnies 1887＝1957（上）: 35)，または「真実の共同生活」(Tönnies 1887＝1957（上）: 37) として位置づけていること，さらにはゲゼルシャフトを内的な相互作用が存在していない「外見上の共同生活」(Tönnies 1887＝1957（上）: 37) として議論している点にも表れている。このように，テンニースは，近代化によって人々の精神的なつながりが失われていくと考えたのである。

　そしてテンニースは，近代化の影響が最も大きく現れる場所として大都市を挙げ，大都市をゲゼルシャフトそのものの典型として位置づけた（Tönnies 1887＝1957（下））。さらに，「ゲゼルシャフトにおいては，各人はすべて自己自身の利益のみを追求し，他人の利益は，それが自己自身の利益を促進しうるものである限りにおいてのみ肯定される」(Tönnies 1887＝1957（上）: 113) ことから，大都市が資本と貨幣，エゴイズムが支配する場所に変化してしまったことを指摘している。つまり，特に大都市において，人々の精神的なつながりが失われてしまったことを強調したのである。この点は，テンニースの以下の議論にも表れているといえよう。

　　大都市においては，……活動は，ただ単にその目的のための手段・道具
　　として認識され使用されているにすぎない。……したがって，大都市は本
　　質的には商業都市であり，商業が生産力を支配しているかぎりにおいて工
　　業都市である。　　　　　　　　　（Tönnies 1887＝1957（下）: 200-201）

　それに対してテンニースは，農村については「農村生活の賛美はすべて，そこでは人々の間のゲマインシャフトがより強く，より生き生きしている，ということをつねに示している」(Tönnies 1887＝1957（上）: 37) と述べるなど，精神的なつながりが生き続けている場所として描いているのである。このようにして，テンニースは，現在にいたるまで多くの人々に共有されてきた，「都市＝

つながりの失われた場所」と「農村＝温かいつながりが生き続けている場所」という典型的なイメージを象徴する議論を行っており，そうしたイメージは，後の都市社会学の議論のひな形になっていくものでもあった。

　さらに，デュルケム（1893＝1989）もそうした議論を受け継ぎ，近代化と分業の発達により，集合的な信念や感情の共有によるつながりの形成が困難になることを指摘した。このことから，規範による社会統合が困難になっていくと考えたのである。デュルケムは，旧来の社会統合の媒体を集合意識または共通意識と呼び，それが，社会の分業が発展するにつれ，次第に弱くなっていったことを指摘した（Durkheim 1893＝1989（下）: 89）。そのうえで，都市の形成と発展を，分業の進展の表れの一つとして位置づけながら（Durkheim 1893＝1989（下）: 51），都市において集合意識が弱体化していくことを想定したのである。デュルケムは，集合意識に代わる，契約を媒体とした連帯の可能性を示しているものの[1]，それが人々の「意識内に空白のまま残していった領域を満すまでにはいたっていない」（Durkheim 1893＝1989（上）: 277）とし，無規制状態を停止させることが社会の重要課題であることを指摘した。これらの問題関心は，『自殺論』などの後の著作にも引き継がれている（Durkheim 1897＝1985）。

　また，テンニースやデュルケムと同様に，近代化の影響について関心を寄せていたジンメル（1903＝2011）も，近代化の典型的な場所としての大都市に注目していた。そしてジンメルは，特に大都市における神経的刺激の帰結に着目し，都市が人々に情報の過多をもたらすことで，人々を「飽きた態度」（Simmel 1903＝2011: 8），すなわち無反応な態度にしていく効果を強調したのである[2]。ジンメル（1903＝2011）は，社会学の古典のなかでも，特に早い段階で都市のもつ心理的な効果に注目した議論を行っていたことから，都市が人々のパーソナリティに与える影響に関する議論の嚆矢とされており（Fischer 1972），都市社会学において非常に重要な古典として位置づけられている。また，ジンメルはこのほかにも，都市の特徴として，時間的な正確性，非人格性，匿名性なども指摘しており，都市の心理的影響について幅広い議論を行った。これらは，都市という巨大な社会システムと，個人の自己保存の欲求とのあいだの闘争の結果として描かれており（松本 1992），都市という環境のなかで，「パーソナリ

ティが外的な力に合わせてどのようにみずからを適応させるのか」(Simmel 1903＝2011: 3) ということの表れとして議論されているのである。なお、ジンメルはそれらに加えて、大都市では人々が貨幣的な一元的な価値に換算されていく合理化の過程が発達することによって、情緒的な関係性が失われていくことを指摘しており、テンニースやデュルケムと同様の議論も行っていた。[3]

以上のように、近代化が人々のつながりを弱体化させ、生活に影響をもたらすというテーゼは、社会学の古典的創設者たちの著作の核心をなすものであった (Putnam 2002＝2013)。そしてテンニースやデュルケム、ジンメルらは共通して、大都市をその典型としてとらえていたのである。[4] そのことから、社会学における古典の議論は、近代化や分業の発達が人々に与える影響だけでなく、都市が人々の紐帯やパーソナリティに与える影響に関する議論の嚆矢としても位置づけられるものといえる (Fischer 1972; Wellman 1979＝2006)。

## 2 ワースらシカゴ学派による社会解体論の議論

その後、これらの古典の議論から大きな影響を受け、舞台をヨーロッパからアメリカに移しながら、都市社会学という学問分野が成立していくこととなる。そして都市社会学が成立していく流れのなかで、「都市は人々にどのような影響をもたらすのか」(Fischer 1972: 188) という問いに対する、第一の回答が提示されていった。それが、「ワースらシカゴ学派による社会解体論」である。そのなかでも、特にワース (1938＝2011) による「生活様式としてのアーバニズム」の議論は、テンニース (1887＝1957) とデュルケム (1893＝1989) による社会学的な議論と、ジンメル (1903＝2011) による社会心理学的な議論の両面を含む、包括的な都市理論としてまとめられており、シカゴ学派の理論的な総括として位置づけられている (Fischer 1972; 松本 1995)。そこで本節では、ワース (1938＝2011) を中心に、シカゴ学派による社会解体論の議論についてまとめていくことにしたい。

## 都市が人々の紐帯に与える影響——コミュニティの喪失

シカゴ学派の都市理論は,テンニース,デュルケム,ジンメルらの議論の影響を受けながら,アメリカの大学で初めて社会学部が設置された,シカゴ大学を拠点として形づくられていった。そしてシカゴ学派は,ジンメルの弟子でもあるパークと,同じくシカゴ大学で教鞭をとっていた E. W. バージェスの研究と指導により,大きく発展したとされる (Faris 1967 = 1990)。彼らの指導のもとで,シカゴ・モノグラフと呼ばれる一連の研究をはじめ,都市社会学の基礎を築く様々な研究が生まれていったのである。

そうしたパークらの議論のなかに,シカゴ学派都市社会学の理論的中核をなす考え方をみることができる。たとえば,パーク (1915 = 2011) は,以下のように述べている。

> 大都市における悪徳と犯罪の増大は,おそらく,都市環境の影響のもとで生じた地域感情の崩壊と,第一次集団の抑制と禁止の弱まりをおおいに原因とするものであろう。　　　　　　　　(Park 1915 = 2011: 65)

ここでいう第一次集団とは,C. H. クーリーの述べた「親しい結びつきと,協力とによって特徴づけられる集団」(Cooley 1929 = 1970: 24) のことである。したがって第一次集団は,人々にとって特に重要であり,親密性や感情的なコミットメントが高い,第一次的紐帯 (primary ties) による集団と言い換えることもできる (Wellman 1979 = 2006)。パークは,クーリーの議論を引用しながら,大都市では人口が不安定なことに加え,お互いに離れた場所で働き,多くの人々が何年も挨拶も交わすことなく生活していくことによって,第一次集団とそれによるつながりが失われていくことを指摘したのである (Park 1915 = 2011)[5]。

そして,同様の視座からシカゴ学派の議論を理論的にまとめあげたのが,ワース (1938 = 2011) である。ワースは,テンニース (1887 = 1957) とデュルケム (1893 = 1989) の議論に加え,パーク (1915 = 2011) の議論も引き継ぎながら,都市が人々の紐帯に与える影響に関する議論を展開していった。そのなかでワースが強調したのは,テンニース,デュルケム,パークらが議論していたも

のと同じ，都市における人々の孤立と社会解体であった。すなわち，都市は人々の紐帯を失わせることから，社会的連帯の基礎を掘り崩し，社会解体を生じさせると考えたである（Wirth 1938＝2011）。[6]

そのことは，都市における分業の発達がセグリゲーションと構造分化をもたらすことにより，場所や時間，関心が分割されることや（Fischer［1976］1984＝1996），都市では人口が多く，すべての人と知り合うことが不可能であることに起因する（Wirth 1938＝2011）。たとえば，都市では階級や人種によるセグリゲーションが進むことに加え，仕事と家族生活などの場所や時間，関心も分割される。よって，仕事でのつながりと家族生活のつながりが別のものとなり，それぞれの人間関係も重なりにくくなると考えられる。そして，その場その場で限定された役割を担うことをとおして人間関係が形づくられることにより，親密で感情的なコミットメントと人格の全面的なつながりにもとづく第一次的接触から，より表面的で一時的，非人格的，さらには打算的な第二次的接触が優勢になってくるのである（Wirth 1938＝2011）。この点に関して，ワースは以下のように述べている。

> 都会人は特定の人に頼ることは少なく，他者への依存は，他者の生活過程の高度に分割された側面に限定されている。このことは本質的に，都市が第一次的接触よりも第二次的接触によって特徴づけられるという場合に意味していることである。都市の接触は，じっさいに対面的なものであるかもしれないが，それにもかかわらず，非個人的であり，表面的で，一時的で，分節的である。　　　　　　　　　　（Wirth 1938＝2011: 102-103）

このようにワースは，都市においては第一次集団や第一次的接触によって支えられた第一次的紐帯は弱まっていき，人々は社会的に引き裂かれていくと考えた。そしてワースの議論によれば，ひとりぼっちの都会人は，支えられることも，抑えられることもないまま，身体的な健康の悪化や精神的な病気に苦しむこととなる。そのことにより，誰からも助けてもらえず，物質的・情緒的に貧しい生活を営んでいくはずなのである（Fischer［1976］1984＝1996）。

第Ⅰ部　都市メカニズム解明のための理論と方法

　こうした都市における第一次的紐帯の喪失の典型例としては，H. W. ゾーボーの『ゴールドコーストとスラム』に描かれている，偉大な音楽家になることを夢見て，小さな街からシカゴに移り住んできた少女のケースが挙げられるだろう。その少女は，大学卒業後，父親の反対を押し切り，半ば勘当されるかたちでシカゴ行きの列車に乗った。そして，大志を抱き，希望に満ち溢れながらシカゴの地に降り立ったのである。ところが，彼女を待っていたのは，過酷な都市生活であった。彼女はピアノのレッスン費用を稼ぐために朝から長時間働き，夜はすべてをレッスンにつぎ込む生活をしていくなかで，友人を作る暇も余力もなく，徐々に孤独になっていった。そのうえ，家族で唯一理解を示し，連絡を取り合っていた故郷の母親が帰らぬ人となってしまったことにより，地元とのつながりも失われることとなる。また，音楽の先生からは彼女の夢が実現する見込みはまったくないことを告げられ，夢を追うこともあきらめてしまう。さらには，愛人にも捨てられ，彼女は，孤独で絶望的な人生を歩むことになってしまうのである。その後，その少女は，シカゴにおける生活を以下のように振り返っている。

　　それから私は，シカゴでの今までの生活を振り返ってみることにしました。結局何があったでしょうか？……家族もいなければ友達もいません。少なくとも（故郷の）エンポリアでは，近隣に集会所もあれば教会もありました。でもシカゴにはそのいずれもありません。あー，だれか友達が欲しい，どこか居場所が欲しい。……誰か親しく話せる人，誰か部屋に遊びに来てくれる人，誰か自分の消息をたずねてくれる人。そんな人たちもいないと人って生きてゆけないんですよね。

　　　　　　　　　　　　　　　（Zorbaugh 1929＝1997: 92-4，括弧内は引用者）

　このように，ワースらシカゴ学派の議論は，都市において「人間的結合の伝統的絆は弱体化する」（Wirth 1938＝2011: 113）ことにより，人々が孤立していくことを強調する点に特徴がある。そうした背景から，ワースらシカゴ学派による社会解体論の議論のうち，特に都市が紐帯に与える影響に関する部分は，

都市における第一次的紐帯の喪失を哀惜する立場である，「コミュニティ喪失論（community lost perspective）」として定式化されていくこととなる（Wellman 1979＝2006）。コミュニティ喪失論による主張は，現代日本においても強いリアリティをもつなど，その後の論争においても，世界中で大きな影響力をもってきたものである（Wellman 1979＝2006）。

**都市が人々のパーソナリティに与える影響——主体性の喪失と逸脱行動の増加**

　またワースは，都市におけるつながりの喪失だけでなく，特にジンメル（1903＝2011）の議論を受け継ぎながら，パーソナリティに対する都市効果の議論も行っていった。

　そのような議論として，第一に挙げられるのは，都市における無力感の増大である。ワースは，都市では膨大な数の人々が集まっており，より多様性が高い環境のなかで生活することによって，物理的にも社会的にも，自分で処理できる範囲を超えた量の知覚刺激や，情報の過多が生じると考えた。こうした巨大なシステムや膨大な情報との接触のなかで，人々は全体を見渡す視野をもつことが難しくなり，歯車の一つとなっていく。それに都市での挫折経験が加わることで，人々は無力感にさいなまれるようになっていくのである。そして，人々は都市の過密な状況で過剰な情報を処理し，適応していくなかで，飽きの態度，焦燥の心情，不安感やストレスの増加などを引き起こしていくとした（Wirth 1938＝2011）。

　こうしてワース（1938＝2011）は，ジンメルの議論を引き継ぎながら，神経刺激や都市での疎外に関する議論を発展させることにより，都市が人々の主体性を失わせていくことを強調したのである。そのことから，ワースは「都市における大量の人間は，シンボルやステレオタイプの操作を受けやすい」（Wirth 1938＝2011: 114）と考え，都市における「流動的な大衆」（Wirth 1938＝2011: 107）の存在を指摘した。この議論は，後の大衆社会論の萌芽ともいえるものであり，D. リースマン（1953＝1961）らの議論にも影響を与えていくこととなる。

　そして第二に，ワース（1938＝2011）は，都市では人々が第一次的紐帯を喪

失していくことによって道徳的な規範が失われ，逸脱行動が増加することも指摘している。主体性の喪失に加え，都市における規範の弱まりや逸脱行動の増加も強調することから，ワースの議論は，都市アノミー理論とも呼ばれている（Fischer［1976］1984＝1996）。このようにワースは，デュルケムやパークの議論を援用しながら，都市におけるアノミーを指摘したのである。

また第三に，ワース（1938＝2011）は，情緒的な紐帯を欠いた生活をしていくなかで，都市住民は孤独感にさいなまれるはずとの議論も行っている。これは，大きく二つのメカニズムによる。一つ目のメカニズムは，都市に住む人々は第一次的紐帯を喪失しており，一人一人がもつ親密な絆が少ないという点によるものである。そして二つ目は，都市では人口が多いことから，必ずしも顔見知りでない人々と接触することが日常的に多いということによる（Wirth 1938＝2011; Fischer［1976］1984＝1996）。

これらのパーソナリティに対する都市効果の議論は，その後，都市において人々は無力感や孤独感にさいなまれ，それに加えて規範が崩壊することによって，主体性を失っていくという都市疎外理論としてまとめられていくこととなる（Seeman 1959, 1971; Fischer［1976］1984＝1996）。そうした都市的疎外（urban alienation）の典型例としては，小さな町から大都会に移動してきて突然様々な抑制から自由になり，それに都会での挫折による無力感が重なることによって，犯罪生活を選んでしまう少年などが挙げられる（Fischer［1976］1984＝1996）。また，その他の例としては，助けてくれる友人も親戚もいないまま，みすぼらしい生活のなかで孤独や不安，病気に苦しめられている高齢者も挙げられている（Fischer［1976］1984＝1996）。

なお，ワース（1938＝2011）はこれらの議論に加え，ジンメル（1903＝2011）を参考に，都市では競争や出世の精神が発達することによって，人々が互いに利用し，搾取しあうようになっていくことも指摘した。また，都市における人々の合理性や，世間ずれなども都市型パーソナリティとして扱い，幅広い議論を展開している。

## 都市のイメージ——ネガティブなイメージ

　ワースらシカゴ学派による社会解体論は，都市は人々を原子化させ，孤立させていくことによって，多くの問題をもたらすということを主張するものである。それらの議論をとおして提示されたのは，都市のネガティブなイメージだったといえるだろう[10]。そして，当時の1920年代から1930年代にかけてのアメリカにおいては，そうした都市のネガティブなイメージが非常に受け入れられやすいものであったと考えられる。

　その理由としては，第一に，一連のモノグラフ研究の内容とも整合的であったことが挙げられる。特に1920年代のシカゴ大学では，パークやバージェスの指導のもとで，シカゴ・モノグラフと呼ばれる著名な研究が次々と生み出されていった。たとえば，自身も渡り労働者（ホーボー）であったN. アンダーソンは，ホーボーの拠点であるホボヘミアの参与観察を行った（Anderson 1923=1999-2000）。また，都市が生み出す病理としての家族解体を描き出したE.R. モウラー（1927），非行少年の集団であるギャングを研究したF.M. スラッシャー（1927），上流階級の住むゴールドコーストとスラムが背中合わせになっているニア・ノース・サイドでの人々の様子を描き出したゾーボー（1929=1997）なども，シカゴ・モノグラフとして知られている。これらの研究は，いずれもシカゴを舞台とした社会解体に焦点を当てたものであった。このように，一連のモノグラフ研究によってとらえられたリアリティと整合的であったことは，ワースがまとめあげた社会解体論により大きな説得力をもたせることにつながったといえる[11]。

　そして第二に，1930年代当時のシカゴは，1929年に起こった世界恐慌のあおりを受け，実際に混乱状態であったことが挙げられる。特に失業者が増加したこと，そして，当時広まっていた「一生懸命に働けば，そして正しいふるまいをしていれば，幸福があたえられるはずだという考え方」（Allen 1952=1979: 170-1）が打ち砕かれたことによるアノミーは深刻であったため，ワースらシカゴ学派の社会解体論は，より強いリアリティをもつにいたったのである。

　さらに第三に，シカゴ学派による社会解体論の議論は，多くの時代や社会において共有されてきた，都市のネガティブなイメージを具象化したものであっ

たという点も挙げられる。たとえば，ワース（1938＝2011）の議論のなかでは，序章で紹介したワーズワースの『序曲』で描かれているロンドンの情景や，1950年代から1970年代初頭の日本における「都会のなかの孤独」，さらには，そうした孤独に苦しみ，無力感にさいなまれていくなかで凶悪な事件を起こす「大都会に押しつぶされる若者」などに共通するイメージがとりあげられていることがわかるだろう。そしてそれだけではなく，近年の日本において議論されている，都市の「無縁社会」というイメージも，シカゴ学派の社会解体論の議論とほぼ重なるものといえる。したがって，ワースらの議論は，より普遍的にイメージされるネガティブな都市像を，理念型として提示したものでもあり，そのことから，広く受け入れられやすい内容だったと考えることができる。[12]

## 3　シカゴ学派による都市理論の特徴と人間生態学への注目

　以上のように，ワース（1938＝2011）によって提示された都市理論は，個々の都市の固有性ではなく，都市がもつ普遍的なメカニズムの探求を目指した，いわば理念型ともいえるものとなっている。ワースの議論にはシカゴ学派都市社会学の理論的なエッセンスが集約されており，ここにシカゴ学派の議論が完成をみたともいえるだろう。そのため，ワース（1938＝2011）は都市社会学の最重要文献の一つとして位置づけられている。

　また，こうしたシカゴ学派による都市理論に特徴的なのは，生態学を応用した人間生態学（human ecology）の立場から，都市のマクロな生態学的効果を強調するという点であった。生態学は，動物や植物といった生物の分布や密度に影響を与えている環境要因を見出し，その環境要因がどのように分布や密度を決めているのかを解明する学問である（渡辺ほか 2011: 4）。たとえば，湖の深さや日当たり，気温などの様々な環境要因が，動物や植物の生態に与える影響を解明することがそれにあたる。そして生態学を人間に応用し，人々を取り巻く生態学的要因が，人々の生活に与える影響について検討するのが人間生態学である（渡辺ほか 2011: 4）。シカゴ学派は，当時台頭してきていた人間生態学を都市社会学に取り入れながら，都市というマクロな生態学的要因が，人々の

暮らしに与える影響を明らかにすることを目指したのである。特にワースは，様々な生態学的要因として，人口規模や人口密度という環境要因が人々の紐帯やパーソナリティに与える効果に注目し，その影響を強調していった（Wirth 1938＝2011）。

　このように，シカゴ学派が都市の生態学的な効果を強調した背景には，当時の社会的背景も影響していた。当時のシカゴは，アメリカのなかでもひときわ急速な都市化と発展を遂げていた場所であった。そのことは，1850年にはおよそ12万人だった都市圏人口が，1900年にはおよそ200万人，1930年には400万人以上となっていることからもうかがうことができる（The Chicago Fact Book Consortium ed. 1984）。シカゴは，特に1930年代までにかけて，人口の急激な増加と都市の大きな変化を体験しながら，アメリカでも有数の大都市へ変貌を遂げていったのである。よって，当時のシカゴは新しい現象が次々と生まれる「社会的実験室としての都市」（Park 1929＝1986: 11）ともいうべき場所であり，都市生活を研究するにあたり，適した場所であったといえる。つまり，居住地環境の大きな変化のなかにいたことから，シカゴにおいて都市のマクロな生態学的効果を明らかにすること自体に，大きな社会的意義があったのである。

　そして，シカゴ学派による研究が進められていくなかで，社会解体を中心とした都市特有の現象，すなわち都市的生活様式が発見されたことは，それを研究する都市社会学自体の学問的意義を高めることにつながるものでもあった。都市が人々の紐帯やパーソナリティに大きな影響を与えることが認識されていくにつれて，そのメカニズムを分析・説明していく，学問領域としての都市社会学や都市理論の重要性が高く認識されるようになっていったのである。

　そうした社会的・学問的意義の両面の理由によって，シカゴ学派の議論は，都市というマクロな環境要因に注目するものとなり，人間生態学を基礎とするものになっていった（Park and Burgess 1921）。都市のマクロな効果への注目は，パーク（1915＝2011）やバージェス（1925＝2011），ワース（1938＝2011）らの議論に共通したものとなっており，その後も，シカゴ学派の議論は，人間生態学の色をさらに強く帯びていくこととなる（Park 1936; Wirth 1945; Hawley 1950）。また，シカゴ学派の議論がそのような方向へ向かって進められたのは，当時社

会科学において台頭し，応用も進められようとしていた人間生態学をもとにした議論を展開することにより，都市社会学における理論的な基礎を構築し，都市社会学の科学化を進めるためでもあった。そのことにより，都市社会学や都市理論の意義をさらに高めるという目的があったのである。そして，理論的な洗練とともに方法の発展にも力が入れられ，量的調査と質的調査の両方を駆使しながら，より科学的な研究が志向されていたという（Harvey 1986; 中野 1997）。

これらの取り組みが実を結び，ワースを中心としたシカゴ学派都市社会学は，社会的にも学問的にも重要性を認められていった。そして研究対象を拡大していきながら，都市政策にも関わっていくなど，さらにその影響力を強めていくこととなる（Wirth et al. eds. 1946）。

## 4　ガンズらによる非生態学的立場の議論

ところが，1940年代以降において，シカゴ学派の議論は多くの批判にさらされていくこととなる。そのような批判は，第一に，シカゴ学派が議論した「コミュニティ喪失論」に対するアンチテーゼの提出によるものであり，さらにそうした議論は，第二に，都市の生態学的な要因の効果ばかりを強調する「生態学的決定論」全体への批判につながっていった。ガンズ（1962b＝2012）を中心とするシカゴ学派への批判は，都市の生態学的な効果に対して批判的な立場をとることから，非生態学的立場として位置づけられている（Fischer 1975b＝2012）。そこで本節では，「都市は人々にどのような影響をもたらすのか」（Fischer 1972: 188）という問いに対する第二の回答としての非生態学的立場が，シカゴ学派の議論に対して，それぞれどのような批判を展開していったのかをみていくことにしよう。

**都市が人々の紐帯に与える影響——コミュニティ存続論**

シカゴ学派による「コミュニティ喪失論」の議論は，当時の都市のイメージと合致したこともあり，強い説得力をもっていた。しかしながら，都市が人々の紐帯を解体させるという面ばかりが強調されることに対して，不満をもつ社

会学者も数多くいたという。そうした背景から,「連帯は産業的・官僚制的社会システムにおいても依然として力強く繁茂している」(Wellman 1979＝2006: 163-164) ことを主張する,コミュニティ存続論 (community saved perspective) の立場からの議論が行われていくこととなる (Wellman 1979＝2006)。それらの研究によって,当時都市では失われてしまったと考えられていた,人々の親密で強い連帯が,都市においても未だに生き続けていることを主張する証拠が,次々と提出されていったのである。

　このような研究の代表的なものとして,まず挙げられるのが,フィールドワーク研究の古典として著名な,W. F. ホワイトの『ストリート・コーナー・ソサエティ』である (Whyte [1943] 1993＝2000)。ホワイトの研究が大きな意義をもったのは,自身のフィールドワークによって,ワースらによる社会解体論とは異なる都市像を提示したからであった。すなわち,都市が人々の紐帯を解体させると信じられていた状況のなかで,そうしたイメージとは異なり,都市のなかでも特に社会解体が生じていると考えられていたスラム地域においてさえ,人々のつながりが存続していることを証明したからだったのである[13]。そのうえで,ホワイトは以下のように指摘している。

　　スラム地区の問題として言われることは,それが崩壊したコミュニティだということだ。(しかしながら,) コーナーヴィルに関して言えば,そのような診断は全くの誤解を招くものだ。
　　　　　　　　　　　(Whyte [1943] 1993＝2000: 280, 括弧内は引用者)

　そしてその後も,主にフィールドワークによる調査から,都市で人々の紐帯が生き続けていることを証明する証拠が,さらに積み重ねられていくこととなる。そうした研究として特に重要なものとしては,ガンズによる『都市の村人たち』が挙げられる (Gans [1962a] 1982＝2006)。ガンズ ([1962a] 1982＝2006) は,ボストンのウェストエンドにおけるイタリア系アメリカ人に関する研究から,ウェストエンド住民にとって,家族成員と友人からなる社交生活が,生きていくうえで重要かつ中心的な位置を占めることを明らかにしたのである。こ

の点に関して，ガンズは以下のように述べている。

> ウェストエンド住民にとって，社交生活は，家族成員と友人からなる比較的変化の少ない仲間集団による定期的な集まりであって，それは週に数回開かれるものである。この集団の会合は，ウェストエンド生活にとって重要な，中心にあるものであり，他の日常的な活動がそのための手段となるような目的なのだと言ってよかろう。　（Gans［1962a］1982＝2006: 60）

　以上のような記述から，ガンズはウェストエンドの住民を，都市においても農村のような濃密な関係を維持している人々，つまりは都市の村人としてとらえていった。そのことは，都市における第一次的紐帯を再発見したという意味で重要だったのである。

　また，ガンズはワースらの議論とは逆に，むしろ都市近辺の郊外においては，表面的かつ打算的な第二次的紐帯はあまりみられないと考えた。その理由としては，そうした地域は第二次的紐帯を生み出すと考えられる経済的制度や職場から切り離されているため，第二次的紐帯が生活のなかに入り込みにくいという点が挙げられている（Gans 1962b＝2012）。ガンズはこれらの議論により，実証的にはコミュニティ喪失論は支持されず，都市においても親密な紐帯が存在していることを主張していったのである。

　さらに，こうした文脈においては，E. リーボー（1967＝2001）による『タリーズコーナー』の研究も重要である。リーボー（1967＝2001）は，黒人下層階級のエスノグラフィをとおして，むしろストリート・コーナーでは人間関係の重要性が高いがゆえに，活力，関心，時間といった資源が，パーソナルな人間関係の構築と維持に多く用いられていることを明らかにしていった（Liebow 1967＝2001）。そのなかで，そうして構築された人間関係は，「かなり日常的にフェイス・トゥ・フェイスの付き合いをしており，まさかのときや危機に遭ったときの緊急の助け，慰め，援助に際して頼りにできる」（Liebow 1967＝2001: 122）ことを指摘したのである。

　そのほかに，都市における紐帯の再発見を行った研究としては，メキシコ・

シティの研究から社会解体が起こっていないことを指摘した O. ルイス（1952）などが挙げられる。また，コミュニティ喪失論に対する批判としては，デトロイトの調査から人々の第一次的紐帯の喪失に異議を唱えた M. アクセルロッド（1956=1978）の研究や，都市と農村で人間関係のパターンに違いはないとした A. J. リース（1959）の研究も重要なものといえるだろう。

　これらの研究は，都市においても紐帯は存続しており，そうした紐帯が「フォーマルな官僚制機関への仲介をしてくれたり，不慮の事故に対処するのを手助けしてくれたりする」（Wellman 1979=2006: 164）ことを証明したことにより，コミュニティ存続論としてまとめられることとなる。そしてコミュニティ存続論の議論は，都市では人々の紐帯が失われてしまっているとする「コミュニティ喪失論」の主張を理論的にも経験的にも反証し，新たな正統派理論となっていったのである（Wellman 1979=2006）。

### 都市が人々のパーソナリティに与える影響――生態学的決定論への批判

　さらに，こうしたコミュニティ存続論による議論は，都市の生態学的な影響を強調する，生態学的決定論全体への批判につながっていく。生態学的決定論に対して批判を行う立場は「非生態学的」（Fischer 1975b=2012: 132）立場とも呼ばれているが，非生態学的立場からの議論は，都市効果自体を批判する議論と，社会構成理論（compositional theory）による議論の二つがある。そこで，それらがどういった議論なのかということについて，確認していくことにしよう。

　まずは一つ目の，都市効果そのものへの批判をみていく。その内容は，都市化の進展によって，紐帯だけでなく，パーソナリティやその他の生活様式も含めて，都市と農村の違いがみられなくなったというものである。したがって，この観点からは，もはや経験的な事実として，居住地のマクロな都市的特性は重要なものではないと考えられる（Fischer 1975c）。

　そのような都市効果への疑念は，都鄙連続体説の経験的妥当性に疑問を投げかけた O. D. ダンカン（1957）や，J. J. パレンの「初期の社会学においてあれほど強力な役割を果たした都市的特性と非都市的特性は，数十年のあいだに説明力を奪われた」（Palen 1979: 146）という指摘にも表れている。これらは，都

市化が進んだ社会においては，人々のパーソナリティや生活様式を説明するうえで，居住地の都市的特性がもはや有効なものではなく，効果をもたないとする主張といえるだろう。また，ルイス（1965）も，「ワースによって用いられていた，人口，密度，異質性は，社会生活やパーソナリティの重要な規定要因ではない」(Lewis 1965: 497) ことを指摘するなど，同様の批判を行っている。こうした批判は，ワースが想定していた都市的特性を表す変数のいずれもが人々の生活やパーソナリティに関する分析を行ううえで有効なものではないことを主張する，強い批判といえる。

　そして，ワース批判の中心的な論者として有名な G. ショウバーグ（1960＝1968）によっても，封建社会における前産業型都市と，産業社会であるアメリカにおける産業都市の比較から，ワースを中心とする社会解体論に対して批判がなされた。ショウバーグ（1960＝1968）によれば，ワースらが想定していたような都市の悪影響は，封建社会の前産業都市では確認されない。よって，ワースらの指摘した都市効果は，封建社会に対しても当てはまらないことが指摘されたのである。

　さらにそうした批判は，都市だけではなく郊外も含む，生活様式の居住地間の差異自体への懐疑につながっていく。そのような議論としては，個人属性に注目した社会構成理論が挙げられる（Gans 1962b＝2012; 松本 1995）。社会構成理論は，一見，居住地によってパーソナリティや生活様式に違いがみられたとしても，それは性別や，年齢もしくは婚姻状態などの生活周期段階，さらには教育，職業などの階層・階級的要因といった，個人属性の観点から説明できるという議論である。この立場の中心的な人物であるとされているガンズは，「人口量と密度と異質性が，ワースの提唱したような社会的帰結を生むということを証明する……十分な証拠はまだない」(Gans 1962b＝2012: 64) としたうえで，「都市と郊外の生活様式についてのこれまでの主張の多くは，階級と生活周期段階という属性によって分析できる」(Gans 1962b＝2012: 78) と考えた。そうした背景から，ガンズは都市的生活様式や郊外的生活様式に関する議論に対し，以下のような強い批判を行っている。

都市とか，郊外とかいった概念は，居住地タイプを物理的・人口学的に相互に区別させるものだが，それらの概念が総合している生態学的過程と条件は，生活様式に直接的で一定不変の帰結をもつものではない。それゆえ，社会学者は，生活様式が都市的だとか郊外的だとかいうことはできない。　　　　　　　　　　　　　　　　　　　　（Gans 1962b＝2012: 81-82）

　これら社会構成理論を含む非生態学的立場からの議論は，その後の研究においても支持されていくこととなり，特にアメリカにおけるいくつかの経験的な検証によって，都市は効果をもたないか，もしくは控えめな社会心理学的帰結しかもたらさないとも主張されているという（Kasarda and Janowitz 1974; Wilson 1991）。こうして，非生態学的立場の議論は多くの研究者に受け入れられ，次第に都市社会学における正当な立場となっていった（Fischer 1975b＝2012）。そのことは，ワースらによる社会解体論の議論自体が解体されるとともに，都市社会学における生態学的研究の意義が急速に失われていったことを示すものともいえるだろう。

## 都市のイメージ——ネガティブなイメージの中和

　以上のように，非生態学的立場は，都市と農村のあいだに生活様式の差異はみられないという主張をとおして，都市の中立的なイメージを提示していった。そうした議論によって非生態学的立場が意図していたのは，当時広く流布していた，人々の紐帯を喪失させ，主体性を失わせていくという都市のネガティブなイメージを，中和することだったのである。ホワイト（[1943] 1993＝2000）やガンズ（[1962a] 1982＝2006）の研究の意義については，そうした文脈のもとで理解される必要があるだろう。

　また，これら非生態学的立場によるシカゴ学派への批判は，フィールドワークによる質的調査のリアリティに支えられるとともに，いくつかの量的調査によっても支持されるなど，実証的な面からも非常に強烈なインパクトをもつものであった（Young and Wilmott 1957; Gans [1962a] 1982＝2006; Kasarda and Janowitz 1974）。そのことから，1960年代から1970年代中盤にかけて，都市のマ

クロな効果に注目した生態学的な議論は姿を消していったとされているのである（Fischer 1975b = 2012; Wellman 1979 = 2006）。こうして，非生態学的立場からの批判により，都市では社会解体やアノミーが生じていないことが主張され，研究対象としての都市のイメージは，ネガティブなものから幾分回復していくこととなる。[16]

## 5　非生態学的立場による議論の特徴とその意図せざる結果

　しかしながら，非生態学的立場の議論はあくまで都市のネガティブなイメージを中和するにとどまるものであり，都市をポジティブなイメージに転化させるものではなかった。また，当時は都市開発の失敗と，そのことによる都心部からの人々の転出と治安の悪化というスパイラルによって，世界中の大都市の人口が減少していた都市の危機の真っただ中であった。そうした時代背景もあり，都市のネガティブなイメージを完全に払拭することは難しかったのである（Jacobs 1961 = 2010）。

　そして，都市と農村において，人々の紐帯やパーソナリティのあり方に関しては違いがみられないか，そもそも生活様式の居住地間の差異自体が，個人属性の分布の違いに還元されるのではないか。このような考えから都市の生態学的効果に対する批判を行っていくことにより，それはむしろ都市社会学や都市理論の存在意義自体に疑念を生じさせるものとなってしまった。つまり，都市特有の生活様式が存在せず，都市と農村で違いがみられないのであれば，その違いを説明するための都市社会学と都市理論は果たして必要なのかという疑念とともに，そもそも敢えて都市を研究する必要があるのかという疑念が生じるのは当然のことだったのである。

　こうして，非生態学的立場による議論は，都市の生態学的な効果を批判し，都市特有の現象としての都市的生活様式を否定してしまったことにより，意図せざる結果として，都市社会学や都市理論の危機を招くことにもつながってしまった。そうした背景において，M. カステル（1968 = 1982）や C. G. ピックバンス（1974）によって従来の都市社会学やその問題意識そのものに対する批判

も行われるなど，都市社会学，さらには都市理論にとって，そもそもの存在意義を問われる，非常に厳しい状況となっていったのである。[17]


**注**
1) これら集合意識による連帯と契約による連帯は，機械的連帯と有機的連帯に対応するものである（Durkheim 1893＝1989）。
2) このことは，都市での生活によって「神経は長時間，最強度の反応をかきたてられ，結局全然反応しなくなってしまう」（Simmel 1903＝2011: 8）ことによって生じるとされている。
3) この点については，ジンメルは「大都市はつねに貨幣経済の中心」（Simmel 1903＝2011: 5）であったとしたうえで，以下のように述べている。
　　貨幣は交換価値を求め，あらゆる質や個別性を「いくら？」という問いに還元します。人間のあいだのあらゆる親密で情緒的な関係は，彼らの個性にもとづいていますが，合理的な関係のなかでは，人間はあたかも数であるかのように，それ自体無差別である要素であるかのように扱われます。……都会人は，売り手と買い手，家事使用人，そしてしばしば社会的交渉の義務を負う人々に対してさえ，このような態度で接するのです。（Simmel 1903＝2011: 5）
4) なお，社会学の古典として著名なウェーバー（1956＝[1965] 2005）も，都市においては「都市以外の隣人団体に特徴的な・住民相互間の人的な相識関係が，欠けている」（Weber 1956＝[1965] 2005: 4，原文ママ）と述べているなど，同様の観点からの議論を行っている。
5) また，バージェスも同様の議論を行っており，都市において社会解体が生じるとした。その結果として，都市は「疾病，犯罪，無秩序，悪徳，精神異常，自殺などの過度な増大をともなう」（Burgess 1925＝2011: 33）と考えたのである。
6) ワースが特にデュルケムの影響を受けていると考えられる記述には，以下のものが挙げられる。
　　（都市では）親族，隣人の結合，そして共通の民族的伝統のもとで何世代も一緒に暮らすことから生じる感情は，欠如するか，せいぜい相対的に弱くなりがちである。そのような状況のもとでは，競争と公式的統制のメカニズムが，民俗社会をまとめるのに頼りにされていた連帯性の結合にとって代わる。（Wirth 1938＝2011: 101，括弧内は引用者）
　このような議論は，集合意識による連帯から，制度と契約による連帯への移行を議論したデュルケム（1893＝1989）の問題意識を引き継ぐものといえる。
7) アノミーとは，「規範――何が適切で許容された行動であるかを示す規範と通念

――が弱くなっているような社会状態」（Fischer［1976］1984＝1996: 50）のことである。

8）パークによる都市のアノミーに関する議論としては，先述した，都市での地域感情の崩壊と第一次集団の抑制が犯罪を増加させるとする議論が挙げられる（Park 1915＝2011）。

9）特に競争や出世，相互搾取の精神について，ワースは以下のように述べている。
　　　われわれの知人は，われわれにとって功利的な関係となりがちである。それは，われわれの生活のなかで各自が果たす役割が，圧倒的にわれわれ自身の目的達成のための手段とみなされるという意味である。（Wirth 1938＝2011: 103）

10）こうしたシカゴ学派の社会解体論の議論は，トーマスとズナニエツキ（［1918-20］1958＝1983）から受け継がれてきた視点でもある。

11）ちなみに，シカゴ・モノグラフは参与観察やインフォーマル・インタビューなどの質的方法のみではなく，量的方法も併用されながら編まれていった点も特徴的であった（中野 1997）。

12）なお，こうした都市のネガティブなイメージは，「人間は根源的に邪悪なもの」（Wellman and Leighton 1979＝2012: 100）という，ネガティブな人間観とも関わっている。よって，ワース（1938＝2011）らの議論は，社会には人々を抑制するものが必要であり，それがなくなれば，多くの問題や犯罪が生じると考えている点にも特徴があるといえる。

13）こうした立場の違いから，ストリート・コーナー・ソサエティの研究をもとにした学位審査の口頭試問において，審査員の一人であったワースとホワイトのあいだで激しい議論が交わされたとされている（Whyte［1943］1993＝2000; 奥田 2000）。

14）近年においても，シカゴ大学の大学院生であったS. ヴェンカテッシュによって，都市のスラムにおいてコミュニティが存続していることを主張する研究が生み出されている（Venkatesh 2008＝2009）。

15）都鄙連続体説は R. レッドフィールド（1930, 1947）が唱えた概念であり，居住地を都市と農村の二つに分けて考えるのではなく，実際には居住地は，都市と農村の両極のグラデーションのあいだに様々な位置を占めるとする考え方である。詳しくは，第3章を参照されたい。

16）なお，これらコミュニティ存続論や非生態学的立場による議論は，「人間は根本的に善良なものであり，元来群れ集うことを好むものである」（Wellman and Leighton 1979＝2012: 104）という人間観とも結びついている点に特徴がある。したがって，こうした人間観にもとづけば，居住地が都市か農村かということにかかわらず，人々は同じように第一次的紐帯を形成し，協力して生活していくと考

えられるのである。
17) しかしながら,このような状況においても,J. ジェイコブズ(1961＝2010)やS. グリア(1962＝1970)などによって,都市の創造性に注目した議論も行われており,後の議論の萌芽がみられることは指摘しておかなければならないだろう。

# 第2章
# フィッシャー・ウェルマンによる
# 第三の潮流と本書の検討課題
―― 下位文化理論とコミュニティ解放論 ――

　1970年代初頭には，都市社会学や都市理論の存在意義が奪われ，いわば都市社会学と都市理論の危機とも呼べるような状況を迎えていた。しかしながら，そのような状況に対して，ある二つの議論が提示されることにより，都市社会学と都市理論が息を吹き返していくこととなる。それが，フィッシャー (1975b=2012) の「下位文化理論（subcultural theory of urbanism）」と，ウェルマン (1979=2006) による「コミュニティ解放論（community liberate perspective）」である。これら二つの議論は，「都市は人々にどのような影響をもたらすのか」(Fischer 1972: 188) という問いに対する第三の回答，すなわち第三の潮流（ジンテーゼ）として位置づけられるものである (松本 2002b)。そこで本章では，それら第三の潮流が，都市社会学におけるそれまでの課題にどのように応えながら議論を展開していったのかを確認していく。そして，都市社会学における主要な三つの潮流の議論の相違と，これまでの日本の都市社会学研究を踏まえながら，本書における検討課題を明らかにしていくことにしたい。

## 1　フィッシャー下位文化理論の議論

　第三の潮流に位置づけられる議論としてまず挙げられるのは，フィッシャー (1975b=2012) によって提示された下位文化理論であろう。フィッシャーは自身の都市理論を展開するにあたり，非生態学的立場からの批判を考慮しつつも，まずはワースらシカゴ学派の生態学的議論について，入念な再検討を行った (Fischer 1972)。そして，自身による実証的な検討を踏まえながら，フィッシャーは以下のように指摘したのである。

ある信念や行動の領域に関しては，都市居住者は，じっさいに非都市的な場所の居住者と明らかに異なっており，そのちがいは，……（ガンズらが強調した）個人的特性によっては十分に説明されないほど大きなものである。　　　　　　　　　　（Fischer 1975b＝2012: 132，括弧内は引用者）

　つまりフィッシャーは，いまだに都市と農村のあいだには，個人属性の分布に還元されない差異が存在していることを指摘したといえる。そのことから，都市度が「じっさいに独立した効果をもたらすのなら，……そのような知見は依然としてアーバニズムの性格を理解するうえできわめて重要」（Fischer 1975b＝2012: 130）であることを強調し，都市社会学において生態学的議論を再び導入していったのである。こうした点から，フィッシャーの議論は都市効果論の新展開として位置づけられており，いわばネオ・シカゴ学派ともいえるものとなっている（松本 1992, 2008b）[1]。
　そして，そうした議論を具体的に行っていくにあたり，フィッシャー（1975b＝2012）は，都市と農村で特に違いがみられるものとして「非通念性（unconventionality）」を提唱した。非通念性とは，「一般社会のもつ中心的……あるいは伝統的な規範に違背するような行動」（Fischer 1975b＝2012: 132）や傾向のことである。
　では，なぜ都市と農村では非通念性の程度が異なるのであろうか。このような差異をもたらすメカニズムを体系的に示すために，フィッシャーは下位文化理論を提示したのである。そこで以下では，フィッシャー下位文化理論が，都市が人々の紐帯に与える影響と，都市が人々のパーソナリティに与える影響について，それぞれどういった議論を展開していったのかということをみていくことにしたい。

## 都市が人々の紐帯に与える影響——非親族的紐帯の興隆と同類結合の促進

　フィッシャーは，下位文化理論の議論を展開していくにあたり，まずは大きく三つの前提を導入した。それらは，（1）選択-制約モデル，（2）都市における選択性の高さ，（3）同類結合原理，にまとめられる。

第一の前提として，フィッシャーは，人々が保持しているネットワークを，限られた機会や資源的な制約のなかで，各人が選択を行った結果としてとらえる視点を導入した。この議論は，ネットワークの「選択－制約モデル（choice-constraint model）」（Fischer 1977: 2）と呼ばれるものである。そしてフィッシャーは，ネットワークの選択に影響を与える制約として，構造的制約と生態学的制約の二つを想定した（Fischer 1977）。前者は，社会階層，生活周期段階，性別，人種などの個人属性による制約であり，後者は，人々が置かれた空間的な場所，つまりは居住地の特性による制約である。

　そこでフィッシャーは，第二の前提として，後者の生態学的制約，すなわち都市における選択性の高さに注目した。つまり，都市的な居住地ほど，日常的に接触可能な人口が多いために，ネットワークの選択性が高まり，より多くの人々のなかから選んで紐帯を形成することができると考えたのである。そしてフィッシャーは，こうした前提からの派生命題として，都市において友人を中心とした非親族的紐帯が興隆をみせることを主張し（Fischer 1982＝2002），以下のように述べている。

　　私の提唱しているアーバニズムの下位文化理論は，都市に居住することも潜在的な交際相手へのアクセスをもたらすがゆえに，人びとの非親族への関与を増加させるはずだと示唆している。　　（Fischer 1982＝2002: 141）

　この都市における非親族的紐帯の興隆という派生命題は，都市の選択性の高さを示すものとして位置づけられており，その後，フィッシャーの議論のなかでも特に有名な命題として扱われていくこととなる（White and Guest 2003）。

　しかしながら，フィッシャー下位文化理論にとってより重要なのは，第三の前提としての「同類結合原理（homophily）」の導入である（Fischer 1975b＝2012）。同類結合原理とは，「人々は通常，意見と価値観を共有する他者と一緒にいる場合に最も快適であり，それゆえそういう他者を選択する」（Fischer 1982＝2002: 261）という原理である。つまり，似た者同士で結びつく傾向といえる。

　フィッシャー（1975b＝2012）は，これら三つの前提から出発することにより，

選択‐制約モデルを前提とすれば、制約が少なく、ネットワーク選択性の高い都市では、人々にとってより快適な同類結合が生じやすくなると考えた。そして、都市が人々の同類結合を促進させること、さらにはそれが文化的な諸制度を支えることにより[2]、都市では多様な下位文化が生成・維持されやすくなるという議論を展開したのである（Fischer 1982=2002）[3]。こうした議論は、フィッシャーによる以下の指摘に典型的に表れているといえるだろう。

> （下位文化理論は、）多くの他者へのアクセスは、近代的な交通手段によるものであろうと、人口集中によるものであろうと、ネットワークの同質性を増大させると主張する。それは、構造的変化をともなうかどうかにかかわらず、たんに個人的な選択の幅が広がるからである。……この選択性は、……個人的特性や関心の共有にもとづく下位文化を促進することとなる。　　　　　　　　　　（Fischer 1982=2002: 262、括弧内は引用者）

このように、フィッシャーの都市理論は、都市における多様な下位文化の生成メカニズムに注目していることから、下位文化理論と名付けられたのである。そして下位文化理論によれば、都市はコミュニティ喪失論が述べるように人々の紐帯を全面的に喪失させるわけではなく、コミュニティ存続論が述べるように都市と農村の紐帯に差異がみられないというわけでもない。都市は人々に高いネットワーク選択性をもたらすことによって、非親族的紐帯や同類結合の形成を促すはずであり、それが多様な下位文化を生み出す原動力となるのである（Fischer 1975b=2012）。したがって、フィッシャー下位文化理論は、都市が人々の紐帯に与える影響に関する議論について、コミュニティ喪失論やコミュニティ存続論に代わるオルタナティブとして位置づけることができる。

**都市が人々のパーソナリティに与える影響――非通念性の促進**

また、そもそもフィッシャー（1975b=2012）が下位文化理論を提示したのは、都市型パーソナリティとしての非通念性の生成メカニズムを体系的に示すためであった。この非通念性という概念は、あくまで通念にとらわれないというこ

とのみを意味している点に特徴があり，「単に逸脱や解体をもたらすばかりではなく，創造的・革新的行動といったプラス面」（大谷 1995: 185）も含む概念とされている。

では，都市はなぜ人々の非通念性を高めるのであろうか。それを説明するにあたって重要なのが，都市における多様な下位文化の存在なのである。先述したように，都市ではネットワーク選択性が高いために，より快適な同類結合が促進され，そのことが多様な下位文化を生成・維持していく基盤となる。それに加えて，人口移動によってより多くの下位文化が流入してくることにより，都市では多様な下位文化が並存する状況がさらに生まれやすくなるのである（Fischer 1975b＝2012）。

そしてフィッシャーは，「異なる下位文化成員のあいだの出会いによって，下位文化成員が自分たち自身の集団のもつ世界観をさらにいっそう強く肯定することになる」（Fischer 1975b＝2012: 148）点に注目し，様々な下位文化が並存していく状況においては，それらの下位文化同士が相互に影響を与えあい，競争しあいながら強化されると考えた。このように，多様な下位文化同士が接触し，強化しあう過程に関する研究としては，R. フィンケルほか（1996）が挙げられる。フィンケルらは，宗教的多様性が高い地域においては，むしろ居住者の教会出席率が高くなり，自分の属している宗教活動に積極的になっていく傾向を示したのである（Finkel et al. 1996）。こうしたメカニズムにより，都市では様々な下位文化が生まれ，お互いに強化され，さらにはそれが伝播されていく[4]。フィッシャーは，これらの過程をとおして，都市住民は様々な下位文化を目の当たりにし，影響を受けながら，非通念性を高めていく（通念にとらわれなくなっていく）と考えたのである。

これらの議論から，フィッシャーは非通念性に関して，個人属性に還元されない都市の生態学的な効果がみられることを主張し，パーソナリティに対する都市効果論を再び導入していった。そして，自身の議論にもとづいた実証的検討も行い，個人属性の影響を考慮しても，都市と農村のあいだに非通念性の差異がみられることを証明したのである（Fischer 1982＝2002）[5]。フィッシャーは，こうした議論をとおして，当時都市社会学で姿を消していた生態学的議論の必

要性を再び喚起し，都市的生活様式に関する議論が重要であることを示していった。そのことは，都市社会学や都市理論の存在意義を復活させるという意図をもって展開されたものだったのである。

なお，下位文化理論によれば，都市住民は非親族的紐帯や同類結合による多様な下位文化のなかで暮らすことによって，ワースが指摘したような，無力感，規範の崩壊，孤独感，ストレス，不安などの悪影響は生じないはずだと考えられる（Fischer 1982＝2002）。したがって，都市がパーソナリティに与える悪影響を否定するという点も，下位文化理論の重要な主張といえる。

### 都市のイメージに関する議論——下位文化によるポジティブなイメージ

以上の議論により，フィッシャーは，都市が豊富な非親族的紐帯や同類結合，さらには多様な下位文化からなる活気に満ちた場所であることを示し，それらが革新性や創造性を含む都市型パーソナリティとしての非通念性の源泉となっていることを主張した。そうしたフィッシャー下位文化理論は，従来のネガティブなイメージや中立的なイメージとは異なり，都市のポジティブなイメージを提示した点に大きな意義がある。

また，フィッシャーの下位文化理論は，都市のイメージを変えていくにあたり，ワースら社会解体論の議論のうち，経験的に支持される部分を言い換えるかたちで展開した点にも特徴がある。たとえば，フィッシャーが提示した多様な下位文化が並存する百家争鳴ともいえるような都市の状況は，実はパーク（1915＝2011）やワース（1938＝2011）らシカゴ学派が指摘した，都市における「構造分化」を言い換えるかたちで提示されたものであった（Meadows 1973; Fischer 1975b＝2012）。ワース（1938＝2011）によれば，都市では人々の生活や紐帯が分断されることから，社会解体の結果として，都市全体が「小世界のモザイク」（Park 1915＝2011: 82）のようになり，構造分化が進んでいくという。それに対してフィッシャーは，都市では同類結合が促進され，多くの下位文化が併存することにより，構造分化が進むと考える。したがって，ワースが社会解体を表すものとしてとらえた構造分化は，フィッシャーによれば，むしろ多様な下位文化による活発なコミュニティの表れなのである（Fischer 1972, 1975b＝

2012)。

 そして,フィッシャーが都市型パーソナリティとして注目した非通念性についても,実はワースら社会解体論が強調した「逸脱」を部分的に含み,かつ言い換えるという意図をもって提示されたものであった。そうしたかたちで非通念性を提示することにより,ワースらが都市にみた逸脱は,創造性や革新性をも含む非通念性の一部であったことを指摘し,都市のイメージも変えることを試みたのである。このようにフィッシャーは,ワースら社会解体論の議論を言い換えながら自身の議論を提示することにより,シカゴ学派の問題関心を引き継ぎつつ都市のイメージを変えることとともに,彼らによって指摘された都市現象をも説明できる,より包括的な都市理論を提示することを意図していたといえる。

 それらに加え,ネットワーク分析の視点や方法を導入し,より実証的に検討しやすいかたちで下位文化理論を提唱した点,さらには自身でデータによる体系的検討を行い,その実証手続きを示した点も,都市社会学を経験科学として発展させていくための大きな貢献となっている(Fischer 1977, 1982=2002)。このように,フィッシャーによる下位文化理論は,都市社会学における当時の問題のほとんどを同時に解決し,都市社会学,さらには都市理論の危機を乗り越えることを意図していたものであった。そのことから,下位文化理論は「実証的に〈都市的なるもの〉を解明していく最も有力で新しい研究成果」(大谷 2007: 109)として位置づけられている。

## 2 ウェルマンによるコミュニティ解放論の議論

 また,同じく第三の潮流として位置づけられるウェルマン(1979=2006)も,特に都市が人々の紐帯に与える影響に焦点を合わせながら,重要な議論を行っていた。そこで次に,ウェルマンがどのような議論を行っていったのかをみていくことにしよう。

### 都市が人々の紐帯に与える影響——コミュニティ解放論

 都市が人々の紐帯やコミュニティに与える影響に関する議論は,古典から

(Tönnies 1887＝1957; Wirth 1938＝2011），現代にいたるまで，長らく行われてきたものである。そして従来の多くの研究の共通点は，コミュニティを近隣関係とほぼ同義のものとして扱ってきた点にあるという（Wellman and Leighton 1979 ＝2012）[6]。なぜならば，コミュニティの定義が，（1）構成員に交際やサポートをもたらす個人との紐帯のネットワーク，（2）同一地域内の居住，（3）連帯感と連帯的活動，の三点からなされることが多かったからである（Hillery 1955 ＝1978; Wellman and Leighton 1979＝2012）。しかしながら，そうした研究は，一定の地域内の紐帯だけを分析の対象としてしまい，それ以外の紐帯を見落としてしまうという限界があった（Wellman 1979＝2006）。

このような従来のコミュニティのとらえ方に対して，ウェルマンは，社会学において古くから蓄積されてきた，近代化や都市が人々の紐帯やコミュニティに与える影響に関する議論を，「コミュニティ問題（community question）」と名付け（Wellman 1979＝2006），「大規模な社会システム上の分業は，第一次的紐帯ひとつひとつの性質や全体の組織のされ方にどのような影響を与えるのか，という問い」（Wellman 1979＝2006: 160）として定式化しなおした。そして，コミュニティを第一次的紐帯の総体として扱うことを提案したのである（Wellman and Leighton 1979＝2012; Wellman 1979＝2006, 1988）。ウェルマンによるコミュニティ問題の定式化は，社会学における古典的なコミュニティに関する問いを，従来注目されてきた近隣関係だけでなく，それ以外も含めた第一次的紐帯の総体を対象とする問いとして，再度，社会学の根本問題に位置づけなおしたという点に大きな意義があった（Wellman and Leighton 1979＝2012）。なお，コミュニティ問題は，実質的には，都市は人々の第一次的紐帯を喪失させるのか否かという問いとして，特に都市社会学者が注目し，議論してきたものとされている（Wellman 1979＝2006）。

ウェルマンが議論を始めた当初，コミュニティ問題に対しては，大きく二つの回答があった。ワースらシカゴ学派によるコミュニティ喪失論と，ガンズら非生態学的立場によるコミュニティ存続論である。

それに対してウェルマン（1979＝2006）は，第三の回答としてのコミュニティ解放論を提示した。ウェルマンのコミュニティ解放論によれば，都市では

コミュニティが喪失されているというわけではなく，単に農村と同じコミュニティが存続しているということでもない。都市では人口が多いこと，さらには交通機関やコミュニケーション技術が発達していることから，地域を越えた紐帯が形成・維持されやすく，そのことにより，人々の紐帯同士の相互連結が減少し，知り合い同士が知り合いである割合が減少するのである（Wellman 1979 = 2006）。よって，都市住民は空間的にも，一枚岩の連帯からも解放されたコミュニティを形成していると考えることができる（Wellman and Leighton 1979 = 2012）。その点について，ウェルマンは以下のように述べている。

　　（都市において）いまや第一次的紐帯は密に編まれた単一の連帯へと束ねられているのではなく，まばらに編まれ，空間的に分散し，枝分かれした……構造をもつようになっている。
　　　　　　　　　　　　　　（Wellman 1979 = 2006: 166，括弧内は引用者）

　それに加えて，ウェルマン（1979 = 2006）は，地域内だけをみていると都市では紐帯が失われているようにみえるのに対して，地域外への紐帯を含めてとらえると，むしろ都市のほうが，紐帯が豊富に存在する可能性すらあることも示唆している。これらの議論をとおして，ウェルマンは，都市で起こっているのはコミュニティの喪失ではなく，コミュニティの解放であることを指摘したのである。

　そしてウェルマンは，トロントのイースト・ヨークを対象とした調査研究によって自身の議論を検証し，現代都市では「第一次的紐帯が，緊密に編まれ，明確な境界を持った連帯的コミュニティとなっているわけではなくて，むしろ枝分かれして，ゆるやかに境界づけられた網目をなしている」（Wellman 1979 = 2006: 177）ことを明らかにした。こうした調査結果は，イースト・ヨークにおいて，コミュニティ喪失論でも，コミュニティ存続論でもなく，コミュニティ解放論が支持されることを示すものであった。[7]

　このような解放された，もしくは解放的なコミュニティのすがたは，コミュニティを，地域内だけでなく地域外も含んだ第一次的紐帯の総体としてとらえ

ることによってはじめて浮かび上がってきたものといえる。したがって，実際の「『コミュニティ（のあり方)』は，必ずしも『近隣』に縛られている必要はない」(Wellman and Leighton 1979＝2012: 112, 括弧内は引用者）のと同様に，コミュニティを議論・分析する研究者側の視点も，近隣関係のみに縛られている必要はないのである。

## 都市のイメージに関する議論——コミュニティの解放によるポジティブなイメージ

　こうしてウェルマン（1979＝2006）が，コミュニティ解放論の議論をとおして提示したのは，都市の紐帯のあり方に関するポジティブなイメージであったと考えることができる（Wellman and Leighton 1979＝2012; Wellman 1979＝2006)。その理由としては，以下の二つのものが挙げられる。

　第一に，解放されたコミュニティでみられるまばらで枝分かれした紐帯のもとでは，様々な集団を橋渡しするような紐帯も多く編まれるために，より新しく，そしてより多様な情報や資源を得るのに役立つとされているからである（Granovetter 1973＝2006; Wellman 1979＝2006; Burt 1992＝2006)。それに対して，ウェルマンの議論では，地域内で強くまとまった一枚岩のコミュニティは，外部の資源やつながりからの孤立の原因になるものとしてとらえられている（Wellman and Leighton 1979＝2012)。

　また第二に，コミュニティ解放論は，地域内で強くまとまった一枚岩のコミュニティについて，時に息の詰まるような社会統制のもとになるものとしてとらえている点にも特徴がある（Wellman and Leighton 1979＝2012)。それに対して，都市における解放されたコミュニティにおいては，様々な集団とつながることにより，どれか一つの集団から行き過ぎた要求をされたとしても，個人は複数の逃げ道を確保することができる。つまり，行き過ぎた要求の強制力に限度をもたらすことができるものとしてとらえられているのである（Wellman and Leighton 1979＝2012)。

　このように，ウェルマンの議論は，一枚岩の連帯を哀惜することなく，むしろ解放されたコミュニティのすがたを，「空間的・社会的に枝分かれしたネッ

トワークを持つということは，連帯のなかに保護されていては入手することのできない，専門分化した多様な資源を手に入れるための有効な方法となっている」(Wellman 1979＝2006: 189) と述べ，評価するものといえる。なお，ウェルマン (1979＝2006) の議論については，コミュニティ問題を第一次的紐帯の総体から定義することで，ネットワーク分析の観点から実証的な検討が可能なかたちで議論を展開した点，さらには，自身の実証研究によって実証手続きを示した点などから，後の議論に大きな影響をもたらしたといえる。そのことからも，都市社会学やネットワーク論における，非常に貢献度の高い研究と位置づけられており，数多く引用される研究となっているのである (野沢 2006)[8]。

## 3　第三の潮流の特徴とその後の展開

これまでみてきたフィッシャーとウェルマンの議論には，いくつかの共通点がある。第一に，都市特有の生活様式の存在を主張することにより，それを説明するための都市理論の意義を復権させたこと，第二に，都市のイメージをポジティブなものとしてとらえていたこと，第三に，ネットワーク分析の視点を導入し，親族関係・近隣関係以外の紐帯へ着目することにより，新しい議論を行ったこと，である。これらの共通点から，フィッシャーとウェルマンの議論は第三の潮流としてまとめられているのである (松本 2002b)[9]。

さらにその後，フィッシャー (1975b＝2012) とウェルマン (1979＝2006) が同じ第三の潮流として位置づけられることを示す議論が，K. J. C. ホワイトとA. M. ゲスト (2003) によってなされていくこととなる。ホワイトとゲスト (2003) は，都市が人々の紐帯に与える影響に関する検討を行うにあたり，フィッシャーとウェルマンの議論を同じ「コミュニティ変容論 (community transformed perspective)」として位置づけ，コミュニティ喪失論と対比させながら議論を行っていった。このコミュニティ変容論は，都市が人々の紐帯に影響を与えることを主張するものであるが，都市における紐帯の喪失や崩壊よりも，「都市化によって社会的紐帯の性質が変容することを強調する」(White and Guest 2003: 241) 立場である。そしてコミュニティ変容論は，アメリカにおける

全国調査データによって検証され，支持されるに至っている。このように，近年においては，フィッシャーの議論とウェルマンの議論を同じ潮流として共存させ，融合する方向で議論が行われている。

なお，第三の潮流に位置づけられる二つの議論について，異なる点を挙げるとするならば，都市が紐帯に与える影響と，パーソナリティに与える影響のどちらにより注目しているのかという点であろう。この点に関して，フィッシャーは都市型コミュニティとしての非親族と同類結合に注目しながらも，どちらかといえば都市型パーソナリティとしての非通念性に着目した議論を行っている。それに対してウェルマンは，都市型コミュニティのあり方について重点的な議論を展開したといえる（松本 1992, 1995）。

## 4　都市社会学における三つの潮流と主張の差異

これまで議論してきたように，主要な都市理論は，（1）都市が人々の紐帯に与える影響，（2）都市が人々のパーソナリティに与える影響，についての議論をとおして，（3）都市のイメージを提示する，という特徴がある。そして，都市が人々の紐帯に与える影響に関する論点としては，大きく「コミュニティ問題」と「同類結合」の二つがあり，都市が人々のパーソナリティに与える影響に関する論点としては，「都市疎外理論」と「非通念性」の二つがある。それらを踏まえたうえで，これまでみてきた三つの潮流の主張の相違をまとめると，表2-1のようになるだろう。

ワースらシカゴ学派による社会解体論は，コミュニティ問題に対してはコミュニティ喪失論を主張し，同類結合に対しては，都市が同類結合を減少させるか，効果をもたないとする。そして，都市が人々に無力感や孤独感，さらには規範の崩壊を引き起こすことをとおして個人の疎外を促進することを主張する。また，都市は非通念性を増幅させるが，これは都市の社会解体によるアノミーの帰結，すなわち逸脱として考えるのである。これらの議論をとおして，ワースらシカゴ学派の社会解体論は，都市のネガティブなイメージを提示する。

それに対して，ガンズら非生態学的立場は，そもそも都市的生活様式の存在

第Ⅰ部　都市メカニズム解明のための理論と方法

表2-1　都市社会学における主要な三つの潮流と主張の差異

| 論　点 | 紐帯に対する都市効果 | | | パーソナリティに対する都市効果 | | 都市のイメージ |
|---|---|---|---|---|---|---|
| | コミュニティ問題 | 同類結合 | 都市疎外理論 | | 非通念性 | |
| ワースらシカゴ学派による社会解体論 | コミュニティ喪失論 | 減少もしくは効果なし | 無力感や孤立感の増大，規範の崩壊 | | 効果あり | ネガティブなイメージ |
| ガンズらによる非生態学的立場 | コミュニティ存続論 | 効果なし | 効果なし | | 効果なし | 中立的なイメージ |
| フィッシャー・ウェルマンによる第三の潮流 | コミュニティ変容論 | 促　進 | 効果なし | | 促　進 | ポジティブなイメージ |

について否定的な立場をとる。したがって，人々の紐帯とパーソナリティに関して，都市と農村で全般的に違いがみられないと考えるのである。このことから，コミュニティ問題に対してはコミュニティ存続論を主張し，同類結合の程度は都市と農村で違いがみられないとする。そして，都市疎外理論と非通念性に関しても同様に，都市効果はみられないと考えるのである。これらの議論をとおして，ガンズら非生態学的立場は，都市の中立的なイメージを提示する。

さらに，フィッシャーとウェルマンによる第三の潮流は，コミュニティ問題に対してコミュニティ変容論を主張し，さらには，都市が人々の同類結合を促進すると考える。また，都市は個人の疎外などに代表されるネガティブな効果をもたないことを主張したうえで，非通念性に対しては，都市がそれを促進すると考えるのである。これらの議論をとおして，フィッシャーとウェルマンによる第三の潮流は，都市のポジティブなイメージを提示するものとしてまとめることができる。

## 5　日本における都市理論の検討と本書の検討課題

そして日本においても，海外のこうした議論を受けながら，都市が人々の紐帯とパーソナリティに与える影響に関する研究が蓄積されてきた。特に紐帯に

対する都市効果については，コミュニティ問題を中心に検討がなされており，たとえば，名古屋，中四国，東京，福岡市や徳島市など（松本 1995, 2005a, 2005b; 大谷 1995; 浅川 2000; 矢部 2008; 原田・杉澤 2014），様々な地域での検討が重ねられてきた。[10] さらに，コミュニティ問題については，全国の有配偶女性を対象とした検討や（立山 1998），全国調査データによる検討も行われるなど（石黒 2010），多くの研究が蓄積されてきたといえる。また，パーソナリティに対する都市効果に関しては，非通念性に対する都市効果を明らかにする研究が，少しずつ着手されてきている（伊藤 2000; 立山 2001; 松本 2002a; 赤枝 2010）。

したがって，海外の最新の議論を踏まえたうえで，現代日本においても都市が人々の紐帯やパーソナリティに与える影響を総合的に明らかにし，都市のメカニズムについて，より体系的な議論を行う段階に来ているといえるだろう。そうした検討を行うにあたり，日本の都市社会学研究の課題として，以下の三つを挙げることができる。

第一に，最も有力な都市理論として位置づけられている，フィッシャー下位文化理論が体系的に検証されていないことである。フィッシャー下位文化理論の中心的な命題としては，本章で議論してきたように，「都市における非親族的紐帯の興隆」「都市における同類結合の促進」「都市における非通念性の促進」が挙げられる。それらのうち，データや分析手法における限界から，特に同類結合と非通念性の規定構造については，十分に検討がなされていない状況にあることが指摘されている（立山 2001; 森岡 2013）。したがって，それらを含めたうえで，日本における下位文化理論の体系的検証を行っていく必要がある。

そして第二に，フィッシャー下位文化理論だけではなく，「ワースらシカゴ学派による社会解体論」「ガンズらによる非生態学的立場」「フィッシャー・ウェルマンによる第三の潮流」という三つの潮流のすべてを含めた，都市理論に関する総合的な検討が十分に行われていないということである。

また第三に，全国調査データによる検討が十分に行われていないということである。これまでも述べたように，アメリカや日本において，都市効果に関する検討が数多くなされている。しかしながら，主要な三つの潮流に関する実証的な検討のほとんどは，アメリカや日本における特定の地域を対象としたもの

となっている。たとえば，フィッシャー（1982＝2002）やウェルマン（1979＝2006）をはじめとした，北米における都市理論の体系的な検証は，北カリフォルニアやイースト・ヨークなどの特定の地域を対象としたものであった。その後，デンとボナシッチ（1991）や，ホワイトとゲスト（2003）などによって，部分的な命題についてはアメリカの全国調査データによる検証がなされているものの，アメリカの全国調査データを用いて下位文化理論を含めた都市理論の体系的な検証を行った研究はほとんどみられないのが現状といえる。そして全国調査による体系的な検討が不足している点については，日本においても同様であることが指摘されている（石黒 2010）[11]。

そこで，これら日本の都市社会学研究の課題に応えるために，本書では以下の三点を検討課題としたい。

第一に，これまでの日本の研究において不足しているとされる，同類結合や非通念性の規定構造に関する検討も含めながら，現代日本においてフィッシャー下位文化理論を体系的に検証することである。そうした検討においては，「都市における非親族的紐帯の興隆」「都市における同類結合の促進」「都市における非通念性の促進」という三つの命題が支持されるか否かが焦点となる。

そして第二に，表2-1で提示した都市理論上の重要な論点を総合的に検討していくことで，現代日本において，「ワースらシカゴ学派による社会解体論」「ガンズらによる非生態学的立場」「フィッシャー・ウェルマンによる第三の潮流」という主要な三つの潮流を総合的に検討することである。そうした検討を行うことは，都市のネガティブなイメージ，中立的なイメージ，ポジティブなイメージのすべてを検証するということでもあり，それによって，序章で示したように，ネガティブなイメージ以外も含めながら，現代日本における都市の実像を明らかにすることができる。

また第三に，それらの検討を，日本の全国調査データを用いて，全国的な傾向を把握するかたちで行うことである。これまでの主要な都市理論に関する検討においては，アメリカと日本の両国において，全国調査データによる体系的な検討はほとんど行われていない。したがって，一つの国を代表する全国調査データを用いて都市理論の体系的な検証を行うことは，世界的にもほぼ例のな

い試みとして位置づけることができるだろう。

　本書では，そのような検討を行うことにより，現代日本の都市メカニズムを明らかにしていく。そこで，そうした検討を行っていくにあたり，次の第3章では，主要な都市理論に共通する分析枠組みをまとめ，本書で採用する都市のとらえ方や分析視角を明らかにしておくことにしたい。


**注**
1) フィッシャーはネオ・シカゴ学派として認知されるとともに，自身も自らをネオ・シカゴ学派として位置づけている（松本 1992）。
2) こうした諸制度には，「スポーツクラブ，互助会，祝祭委員会，新聞，政治組織」(Fischer 1975b = 2012: 147) が挙げられている。
3) フィッシャーの想定する下位文化は，正確には以下のように定義されている（Fischer 1975b = 2012）。

　　　　人々の大きな集合……であって，
　　▶共通のはっきりした特性を分かちもっており，通常は，国籍，宗教，職業，あるいは特定のライフサイクル段階を共有しているが，ことによると趣味，身体的障害，性的嗜好，イデオロギーその他の特徴を共有していることもある。
　　▶その特性を共有する他者と結合しがちである。
　　▶より大きな社会の価値・規範とは異なる一群の価値・規範を信奉している。
　　▶その独特の特性と一致する機関（クラブ，新聞，店舗など）の常連である。
　　▶共通の生活様式をもっている。　　　　　　　(Fischer 1982 = 2002: 282)

4) この点については，「都市の下位文化は，新しい考えやスタイルを誕生（再生）させ，育み，都市的世界の他の部分に送り出す」(Fischer 1982 = 2002: 105) と述べられている。
5) この点に関してフィッシャーは，個人属性を統制しても，都市度と非伝統主義のあいだに「強い関連が残っている」(Fischer 1982 = 2002: 112) ことを指摘している。
6) この点について，ウェルマンらは，「都市社会学は，近隣の社会学となりがちであった」(Wellman and Leighton 1979 = 2012: 91, 原文ママ) と述べている。
7) 厳密には，ウェルマン（1979 = 2006）は，コミュニティ存続論も部分的に支持されるという結論にいたっている。
8) ウェルマン（1979 = 2006）は，2001年に *Canadian Journal of Sociology* 誌によっ

て，20世紀の英語圏カナダ社会学における七つの最重要論文の一つに選出されている（野沢 2006）。このことは，ウェルマンの議論が後の研究に大きな影響を与えていることを示すものといえるだろう。

9）ネットワーク分析やその調査技法については，第4章で詳しく述べる。

10）なお，野辺政雄（1991）によって，オーストラリアのキャンベラに関する研究もなされている。

11）もちろん，特定の地域を対象とした検討は，地域の背景を考慮したより緻密な検討が可能であるという利点があるため，そうした目的においては，大きな意義をもつといえる。そして，そうした先行研究が十分に蓄積されているからこそ，全国調査データによる検討がなされるべき段階に来ているということについては強調しておきたい。

# 第 3 章
# 都市理論の諸前提
―――都市のとらえ方と分析視角―――

## 1 主要な都市理論に共通する四つの前提

　これまでみてきたように，都市社会学における主要な三つの潮流は，それぞれ都市の異なるイメージを体系的に表現したものといえる。都市のメカニズムに関する探求は，これら主要な三つの潮流のどれがより妥当なのかを検討していく歴史でもあったのである。そして，これら三つの潮流においては，都市のとらえ方や分析視角に関して，いくつかの共通した理論的前提がある。それらの前提は，以下の四点にまとめることができる（Wirth 1938＝2011; Fischer 1972, 1982＝2002）。

（1）都市－農村を連続体（都市度）としてとらえていること
（2）都市度の異なる居住地を一つの国のなかで比較すること
（3）都市度を主に人口の集中の観点からとらえていること
（4）個人属性の効果を考慮したうえで都市度の効果を検討すること

　本書においても，主要な都市理論の問題意識を引き継いだ検討を行うにあたり，これらの都市のとらえ方や分析視角をできる限り採用していくことにしたい。よって本章では，実証的な検討を行っていく前に，主要な都市理論がもつこれらの諸前提とその内容についてまとめ，本書で採用する都市のとらえ方や分析視角を明らかにする。

## 2 前提（1）：都市 - 農村を連続体（都市度）としてとらえる

### 都市的生活様式と農村的生活様式

これまで都市社会学では，都市に特有の生活様式や現象，つまりは都市的生活様式がいかなるものかということを検討してきたといえる。そして都市的生活様式については，農村的生活様式との対比から，議論がなされてきた。なぜならば，都市だけをみていたのでは，そこで確認された生活様式が，都市に特有の（農村ではみられない）生活様式なのか，それとも社会全体にみられる（農村でもみられる）生活様式なのかが判断できないからである。それに対して，都市と農村を対比することで，都市で確認された生活様式が，都市特有の生活様式なのか，それとも社会全体でみられる生活様式なのかということが明確になる。そのことから，多くの都市社会学者は，都市と農村を比較することで，都市に特有の生活様式を見いだそうとしてきたのである（Wirth 1938＝2011; Fischer 1982＝2002）。

また，都市と農村を対比的に議論していくにあたって争点となったのは，都市と農村を二分するのか，それとも，都市 - 農村を単調増加する連続体としてとらえるのかという点であった。前者は都鄙二分法説，後者は都鄙連続体説と呼ばれるものである（松本 2008a）。よって本節では，主要な都市理論において，これらのうちのどちらが採用されていったのかということについて，その理由を含めてみていくことにしよう。

### 都鄙二分法説

都鄙二分法説は，都市と農村は質的に異なるものであることを前提とし，様々な居住地を都市と農村の二つに分け，比較対照しながら考察する考え方である（松本 2008a）。都鄙二分法説の考え方は図 3 - 1 のようにまとめることができるが，こうした考え方は，古くから様々な議論において採用されてきた。たとえば，P. A. ソローキンと C. C. ジマーマン（1929＝1977）は，人口や人口密度，さらには非農業従事者の多さなどから，都市と農村を二分して議論する

第3章　都市理論の諸前提

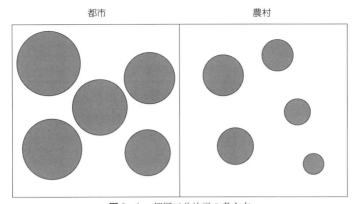

図3-1　都鄙二分法説の考え方
注：それぞれの○は居住地，その大きさは居住地の大きさや規模を表す。

という立場をとった（Sorokin and Zimmerman 1929＝1977; 松本 2008a）。また，ほぼ同時期に J. M. ウィリアムズ（1925）も都鄙二分法説をとりながら議論を行うなど，当時は都鄙二分法説がとられることが多かったとされる（Hauser 1965）。

これらの研究において都鄙二分法説が採用された理由としては，第一に，都市と農村を二分して対比的に考察することは理念的にわかりやすいこと（Hauser 1965）[1]，第二に，当時は都市人口が非常に少なかったことから，ごく一部の人のみが暮らす都市と，その他の多くの人々が暮らす農村が，実際に人々の目にも全くの別世界として映っていたことが挙げられる（松本 2008a）[2]。したがって，都市と農村を二分するというとらえ方はリアリティをもつものであり，特に1920年代あたりまでは，暗黙のうちに都鄙二分法説が前提とされることが多かったといえる。

しかしながら，都鄙二分法説にはいくつかの限界もあった。

第一の限界としては，様々な国や社会において，一般的に適用しながら実証的検討を行うことが難しいという点が挙げられる（Wirth 1956）。なぜなら，人口規模などの特定の指標を用いたとしても，国によって自治体などの集計単位の大きさが異なるため，様々な国や社会で適用することを前提としながら，都市と農村のあいだに明確な閾値を設定することが難しいからである（舘・上田

63

1952)。よって，多くの社会で適用可能な都市理論を提示しようとした際に，都鄙二分法説は足かせとなってしまうといえる。

また，それと関連した第二の限界として，都鄙二分法説では，都市と農村の境界線上にある居住地を適切に扱うことが難しいという点が挙げられる。したがって，境界線上にある居住地は捨象されるか，もしくは強引に都市と農村のどちらかに含められながら，考察されることになってしまう。

さらに，第三の限界として，都鄙二分法説では，都市に位置づけられる居住地のあいだの差異をとらえることが難しいという点も挙げられる[3]。都市として位置づけられる居住地のなかでも，小都市，中都市，大都市など，程度の異なる様々な居住地を想定することができる。しかしながら，都市と農村を二分する視点からは，それらの程度の差異をとらえることが難しいのである。

これらの理由から，都鄙二分法説は理念的にはわかりやすいものの，様々な社会に適用できるような普遍性をもつ都市理論を提示し，実際に実証的な検討を行っていく際には，難点をもつものであったといえる[4]。また，世界において都市化が大きく進展していくとともに，都市は必ずしも世界のごく一部の人のみが暮らす場所ではなくなっていく。そのことによって，都市と農村を全くの別世界とみなす都鄙二分法説のリアリティも失われていくこととなり，都鄙二分法説は批判にさらされていくこととなる（Wirth 1956; Hauser 1965）。

**都鄙二分法説から都鄙連続体説へ**

これら都鄙二分法説の限界から，その後，次第に都鄙連続体説と呼ばれる考え方が主流となっていった。都鄙連続体説は，都市と農村は物差しの両極であり，実際の居住地は，そのあいだのグラデーションとして位置づけられるとする考え方である（松本 2008a）。したがって，図3-2のように，都市－農村を連続体，つまりは都市度としてとらえるものと考えることができる。

たとえば，都鄙連続体説の代表的な論者であるレッドフィールドは，メキシコにおいて都市度の異なる居住地を比較しながら，農村から大都市にかけての傾向を考察し，都市効果を検討した（Redfield 1930, 1947）[5]。そのなかでレッドフィールドは，都市社会（urban society）と民俗社会（folk society）を対比させ

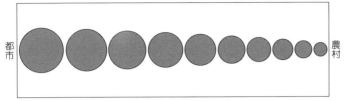

**図3-2 都鄙連続体説の考え方**
注:それぞれの○は居住地,その大きさは居住地の大きさや規模を表す。

ながら,以下のように述べている。

　現実の社会は(民俗社会との)類似の程度によって配列されるだろう。こうしたとらえ方は,それぞれの現実の社会がより民族社会的かそうでないかということによって展開されるものである。
　　　　　　　　　　　　　　　　　(Redfield 1947: 294, 括弧内は引用者)

　こうしたレッドフィールドの記述においては,都市社会(都市)と民俗社会(農村)を両極とする連続体を想定しているため,民族社会との類似の程度が低いことは,都市社会との類似の程度が高いことを示しているといえる。このように,レッドフィールドは,様々な居住地を都市と農村のあいだに位置づけ,配列しながら,都市効果に関する議論を行ったのである。
　そして都市理論の主要な潮流のうち,都市効果を強調するワースやフィッシャーの都市理論においても,都鄙連続体説が採用されながら議論が展開されていった(Wirth 1938=2011; Fischer 1972, 1982=2002)。特にワース(1938=2011)は,都市が紐帯とパーソナリティの両面に与える影響を含めた体系的かつ普遍的な都市理論を展開するにあたり,現実のコミュニティは,都市と農村を両極とする連続体上の様々な位置を占めると考えた。そうしたワースの考え方は,以下の指摘に表れているといえる。

　われわれは都市的なタイプのパーソナリティと村落的なタイプのパーソナリティとのあいだに急激で不連続なちがいが見いだされると期待すべき

ではない。都市と村落は，そのいずれかに照らしてすべての人間の居住地が配列される両極である。　　　　　　　　　（Wirth 1938＝2011: 92-3）

　また，都鄙連続体説による都市のとらえ方は，同じく都市効果に注目する都市理論を提示した，フィッシャーにも引き継がれている。フィッシャーは下位文化理論を展開するにあたり，「アーバニズムは連続的なものであり，程度の問題である」（Fischer［1976］1984＝1996: 20）と考え，それを前提としながら議論を行っていったのである。
　このように，主要な都市理論において都鄙連続体説が採用されたことには，いくつかの理由がある。
　第一に，都鄙連続体説を採用することにより，都鄙二分法説のもつ経験的一般化に関する限界を回避できるという点が挙げられる。都鄙連続体説はあくまで様々な居住地を都市－農村の連続体上に並べることができればよいため，様々な国や社会で適用可能な都市と農村の定義や，そのあいだの閾値を無理に設定する必要はない。したがって，様々な時代や社会に適用しやすいものであり，普遍性を重視した都市理論と相性が良かったと考えることができる。
　そして第二に，都鄙連続体説では，都市－農村を程度の問題としてとらえることで，都市と農村の境界線上にある居住地も適切に位置づけながら議論することができる。よって，都市と農村の境界線上にある居住地を捨象することなく，さらには無理にどちらかに割り当てることもなく，適切な検討を行うことができるのである。
　また第三に，都鄙連続体説を採用することで，都市として位置づけられる居住地のあいだの差異についても，検討することが可能となる。都鄙連続体説にもとづいた検討を行うことにより，小都市，中都市，大都市といったように，程度の異なる都市のあいだの差異も反映した議論を行うことができるのである。このことは，都鄙二分法説では捨象されてしまう差異もすくい取りながら，より多くの情報を活用した検討を可能にするものといえる。
　なお，こうした都鄙連続体説の観点から都市効果を検証するためには，当該居住地を都鄙連続体上に適切に位置づけたうえで，少なくとも二つ以上の，都

市度の異なる複数の居住地を比較しなければならない（Fischer 1972）。なぜならば，「いかなる居住地も，居住地の全範囲〔都市から農村までの規模の違い〕の文脈のなかにおくことなしには，単独では理解不可能」（Fischer ［1976］1984 = 1996: 19, 原文ママ）だからである。そして理想的には，多くの居住地を集めたうえで，「都市度と紐帯」もしくは「都市度とパーソナリティ」のあいだに統計的に意味のある関連が確認されるか否かを焦点とした検討がなされる必要がある（Fischer 1972; 倉沢 1994）[6]。

以上のように，主要な都市理論においては都鄙連続体説が採用されており，都市 - 農村が程度の問題として扱われている。また，これまでの多くの経験的検討においても都鄙連続体説が採用されていることから（Abrahamson and Carter 1986; Tittle 1989; Wilson 1991; 立山 2001; 松本 2002a），本書においても都鄙連続体説を採用し，都市度の効果を検討していくこととする[7]。

## 3 前提（2）：都市度の異なる居住地を一つの国のなかで比較する

そして，都鄙連続体説にもとづいた検討を行う際に考えなければならないのは，都市度の異なる居住地を比較するにあたり，どの範囲の居住地を比較するべきなのかという点である。つまり，直接比較する「居住地の全範囲」（Fischer ［1976］1984 = 1996: 19）をどのように設定するかということを考えなければならない。こうしたことを考えるにあたり，特に実証的な観点から重要なのは，異なる国の居住地を直接比較してよいのか，それとも，同じ国の居住地のみを比較すべきなのかという点であろう。

その点についての議論を深めるためには，都市社会学のそもそもの問題意識をおさえておく必要がある。序章でも述べたとおり，都市社会学は，近代化や分業の発達に関する議論に影響を受けながらも，そのなかでも「国」の効果ではなく，特に都市という「居住地」の効果に焦点を合わせて，確立した学問である（Wirth 1938 = 2011; Fischer ［1976］1984 = 1996）。したがって，そうした問題意識に沿った検討を行うにあたっては，国の産業化や近代化の効果と，都市度

という居住地の効果を分けたうえで，都市度の純粋な効果を検出する必要がある。この点については，ワース（1938＝2011）が以下のように指摘している。

> アーバニズムを，産業主義や近代資本主義と混同する危険に注意することは，とくに重要である。　　　　　　　　　　　　　　　（Wirth 1938＝2011: 97）

では，そのためにはどのような比較枠組みが有効なのであろうか。その点を議論するために，居住地比較の検討図式をまとめたのが図3-3である。図3-3は，これまでの居住地比較の検討方法をまとめた鈴木（1987）と松本（2008a）の議論を参考に作成した。図3-3のうち，①は異なる国の都市を比較する方法であり，②はある国の都市と他の国の農村を比較する方法である。そして，③や④は，一つの国のなかの都市-農村を比較する方法といえる。[8]

これらのうち，ショウバーグ（1960＝1968）をはじめとした，比較研究によるワース批判の多くは，①をもとにしたものとされている（鈴木 1987）。たとえばショウバーグ（1960＝1968）は，産業社会であるアメリカの産業型都市の比較対象として，他の社会（封建社会）における前産業型都市をとりあげた。そして，それらの比較から，以下のような結論を導き出したのである。

> ワースらの解体説は，産業型都市についてさえゆきすぎであるが，前産業型都市を研究すると，都市生活がいかに組織的なものでありうるかが，はっきりする。　　　　　　　　　　　　　　　（Sjoberg 1960＝1968: 13）

つまりショウバーグ（1960＝1968）は，当時のアメリカとは異なる社会の都市事例を検討しながら，封建社会における都市では社会解体が起こっていないことを指摘し，ワースらシカゴ学派の議論を批判したのである（鈴木 1987）。しかしながら，このように異なる国の都市を直接比較して，都市効果に関する主張を行うことは，手続き上の難点を含んでいるといえる。なぜならば，ショウバーグらが採用した①の比較枠組みは，むしろ都市度を一定として，国の産業化や近代化による差異を比較したものとなってしまっているため，都市度の

第3章　都市理論の諸前提

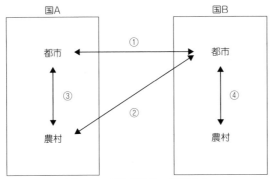

図3-3　居住地比較の検討図式

純粋な効果を取り出すことができていないからである。そのことから，ショウバーグ（1960＝1968）の議論は，厳密にはワース批判とはなりえていないとされている（鈴木1987）。

では，図3-3の②のように，異なる国の異なる都市度の居住地を直接比較する場合はどうであろうか。この場合には，取り出された差異には国の産業化や近代化の効果と居住地の都市度の効果が混在してしまい，国と居住地のどちらの効果であるかを識別することは困難になってしまう。そしてそれだけではなく，②のような比較を行う場合，国が異なれば各自治体の地理的・人口的な大きさ自体が大きく異なるため，比較対象としてとりあげる居住地をそもそも都鄙連続体上に適切に位置づけることが難しい。

よって，より純粋に都市度の効果を検討したい場合には，図3-3の③や④のような枠組みを採用すべきである。つまり，「一つの国のなかにおける都市度の異なる居住地」を比較する必要があるといえよう[9]。そのような比較により，国の状況を一定としたうえで，居住地の都市度の効果を取り出すことができ，ワース（1938＝2011）の指摘に適う検討を行うことができる[10]。

さらに，そのうえで都市理論の普遍性，つまりは様々な国や社会で支持されるかどうかを確かめるためには，③や④のような枠組みによる検討結果が，様々な国において共通に確認されるかどうかを焦点とした研究がなされなければならない。このことから考えると，ショウバーグが都市効果に関する主張を行うためには，封建社会とされる国のなかで都市度の異なる居住地を比較する

69

必要があったといえるだろう[11]。

そして，このように「一つの国のなかにおける都市度の異なる居住地」を比較するためのより理想的な方法としては，想定する「居住地の全範囲」(Fischer［1976］1984＝1996: 19) を「当該国のなかのすべての居住地」と定めたうえで，国内の居住地全体のなかから居住地自体を無作為に抽出して比較検討するというものが考えられる。すなわち，居住地自体を無作為に抽出した社会調査を行い，都市度による生活様式の傾向を検討することによって，ある国における都市度の効果をより厳密に検討することができるのである。

そこで本書においても，都市度の異なる居住地を一つの国のなかで比較するという手続きを採用し，都市度の異なる居住地を日本国内において比較しながら検討を行っていくこととする[12]。

## 4　前提（3）：都市度を人口の集中の観点からとらえる

また，次に考えなければならないのは，どのような基準によって，様々な居住地を都市度という連続体上に位置づけていくのかということである。その際に参考になるのは，都市効果に注目したこれまでの研究において，都市度が主に人口の集中の観点から定義され，それに沿った分析がなされてきたということであろう。

たとえば，都市社会学の最も著名な古典の一つであるワース (1938＝2011) は，都市度を人口規模，人口密度，異質性からとらえ，そのなかでも特に人口規模と人口密度に注目しながら議論を行ったとされる (Fischer 1972; Tittle 1989; 鈴木 1986; 松本 1992)。そして，ワース理論の再検討から下位文化理論を展開したフィッシャーも，自身の議論を「人口集中の独立効果を描き出すことにかかわっている」(Fischer 1975b＝2012: 130) ものとして位置づけ，都市度を人口の集中という観点からとらえた。その理由は，人口の集中は様々な人や文化と接触する機会，つまりはネットワークの選択性を表していることから，人々の紐帯やパーソナリティに影響を与えると考えたからである。そうした観点から，フィッシャーは，都市度を「あるコミュニティの中およびその周囲における人

口の集中度」(Fischer 1982＝2002: 30-1) と定義しているほか，松本康によって，[13)]
フィッシャーの都市度の定義の本質は「日常的に接触可能な人口量」(松本
2005b: 150) にあることが指摘されている。フィッシャーや松本による都市度の
定義は，人々の紐帯やパーソナリティへの影響を分析するにあたり，現在特に
有力なものと考えられている。

　こうした問題関心に沿いながら，社会調査や統計解析によるこれまでの実証
的検討においても，特に人口規模や人口密度といった尺度が用いられながら，
都市度の効果が検討されてきた。たとえば，都市度の効果を実証的に検討した
キャサーダとジャノヴィッツ (1974) は，ワースらシカゴ学派の議論を，人口
規模と人口密度が人々の行動パターンに対して線形の影響をもたらすものとし
て位置づけたうえで，都市度尺度として，人口規模と人口密度を用いた検討を
行っている。さらに，その問題関心を引き継いだ，R. サンプソン (1988) をは
じめとした欧米の多くの研究によっても，都市度の尺度として，人口規模や人
口密度が用いられながら，都市効果の検討が進められてきた (Abrahamson and
Carter 1986; Tittle 1989; Wilson 1991; Tittle and Stafford 1992; Maimon and Kuhl 2008)。
また，日本での検討の際にも，都市度尺度として人口規模や人口密度，さらに
は人口集中地区人口比率 (DID 人口比率) など，人口の集中に関する尺度が想
定されながら都市効果の検討が進められてきたといえる (森岡ほか 1997; 立山
1998, 2001; 松本 2002a; 小林 2004; 石黒 2010)。

　以上のように，主要な都市理論やそれをもとにした実証的検討の多くに共通
しているのは，都市度として，主に人口の集中に着目した定義と尺度が用いら
れているという点である。[14)]そこで本書においても，フィッシャーや松本の議論
を受け，人口の集中による都市度の定義を採用しながら，様々な居住地を連続
体上に位置づけ，検討するという手続きをとることにしたい。

## 5　前提 (4)：個人属性の効果を考慮したうえで 都市度の効果を検討する

　また，以上のような分析視角による検討を行う際に，考慮すべきものとして，

個人属性の効果が指摘されている。その理由は、仮に紐帯やパーソナリティに対する都市度の効果が確認されたとしても、それは人口の集中による都市の効果ではなく、都市では年齢の若い人が多いことや、学歴の高い人が多いという、個人属性の分布の差異による疑似相関かもしれないからである。そのことから、主要な三つの都市理論においては、個人属性の効果を考慮したうえで、都市度の効果を検討するという手順が想定されてきたといえる。

　第一の潮流の代表的な論者であるワース（1938＝2011）は、居住地の都市効果を強調する議論を展開した。そのなかで、個人属性はノイズとして扱われていることから（Fischer 1972）、「（ワースの）モデルの十分な検証を行う際には個人属性は統制されるべき」（Fischer 1972: 191, 括弧内は引用者）と考えられているのである。つまり、ワースらシカゴ学派による社会解体論は、個人属性の効果を統制したうえで、都市度の効果を検討するという手続きが必要な都市理論ということができる。

　それに対して、非生態学的立場の中心的な論者であるガンズ（1962b＝2012）も、同様の手続きを提示している。非生態学的立場は、都市は効果をもたないか、もしくは一見居住地間で生活様式に差異がみられたとしても、その差異は社会階層や生活周期段階といった個人属性の分布の差異によるものと考える（Gans 1962b＝2012）。ガンズは、こうした観点から、以下のように述べている。

　　コミュニティにおける生活様式の研究は、属性の分析から始めなければならない。属性が最初に扱われ、それを一定のものとした場合、われわれは、居住地とその自然環境の特徴に帰せられるような行動パターンを発見できるかもしれない。その場合にのみ、どの程度、都市……が、生活様式の説明にとって……独立変数であるのかを発見することができよう。
　　　　　　　　　　　　　　　　　　　　　　　　（Gans 1962b＝2012: 80）

　こうした記述によって、ガンズは、まずは社会階層や生活周期段階といった個人属性の効果を考慮し、統制したうえで、都市効果を検討する必要があることを主張したのである。

さらに，第三の潮流の主要な論者であるフィッシャーの議論においても，これらと同様の考えにもとづいた，以下のような記述をみつけることができる。

> （都市度の異なる居住地のあいだには）人口構成上，多くのちがい——たとえば，居住者の年齢やエスニシティ，教育水準など——があり，これらは，少なくとも部分的には，……なんらかの文化的，行動的なちがいを説明することが認められている。……それにもかかわらず，争点は，これらの要因に加えてアーバニズム（都市度）が意味のある原因であるかどうかである。　　　　　　　　　（Fischer 1975b＝2012: 130，括弧内は引用者）

このことから，フィッシャーの議論も，個人属性の効果を考慮したうえで，都市度の効果を検討するという手順を想定していることがわかる。そして実際に，自身による実証的な検討においても，個人属性を統制しながら都市度の効果を検証するという手順を採用しているのである（Fischer 1975a, 1982＝2002）。

以上のように，個人属性の効果を考慮したうえで都市度の効果を検討するという手順は，主要な都市理論のすべてにおいて共有されてきたと考えることができる。こうした手順は，「ワースらシカゴ学派による社会解体論」や「フィッシャー・ウェルマンによる第三の潮流」が述べるように都市度が人々の生活様式に差異をもたらすのか，それとも「ガンズらによる非生態学的立場」が述べるように，都市度は効果をもたないか，そもそも居住地間の生活様式の差異は個人属性の分布の差異に還元されるのか，ということを検証するために必要なものといえる。

これらの議論を受け，多くの計量研究によって，個人属性を統制しながら都市度の効果が検討されてきた。たとえばアメリカでは，フィッシャー（1982＝2002）に加え，M. アブラハムソンと V. J. カーター（1986），S. A. タッチ（1987），T. C. ウィルソン（1991, 1992）など，様々な研究によって同様の手順が踏まれている（Kasarda and Janowitz 1974; Tittle 1989）。また，日本においても，同様の手順による計量研究が蓄積されてきたといえる（立山 1998, 2001; 伊藤 2000; 松本 2002a, 2005b; 石黒 2010）。

よって本書でも，計量研究の立場から実証的な検討を行うにあたり，個人属性の効果を考慮したうえで，都市度の効果を検討するという手順をとることにしたい。

## 6　その他の前提

　そしてそれらに加え，主要な都市理論の分析視角を活かした検討を行うにあたって，理想的には，もう一つの前提を踏まえた検討を行うことができれば，より望ましいと考えられている。それは，生活様式について，個人間の差異ではなく，居住地間の差異に注目した検討を行うというものである。

　これまでも，都市社会学においては，都市度の効果を検討するにあたり，分析単位の問題に関する議論がなされてきた（倉沢 1994; Fischer 1995）。そのなかで，個人を単位とした検討を行うべきなのか，それとも居住地を単位とした検討を行うべきなのかという点が，重要な論点として位置づけられてきたのである。

　そうした議論に対し，都市の生態学的な影響を重視したフィッシャーは，個人間の差異ではなく，居住地間の差異に注目した検討がより好ましいことを指摘した（Fischer 1995）。その理由は，都市効果に関する生態学的な議論は，理論的には居住地を単位とした居住地水準の議論を行っているため，理論との整合性を保つことができるからである（Fischer 1972, 1995）。また，フィッシャーは分析単位を個人としてしまうことで，都市度の効果が過小評価されてしまう可能性も指摘し（Fischer 1995），居住地を単位とした検討を行うことによって，都市度のより本質的な効果が検出できると考えた（Fischer [1976] 1984=1996, 1982=2002）。そのことから，自身の議論を「ほんとうは人びとの違いではなく，場所の違いに関わるもの」（Fischer 1982=2002: ii）としたうえで，居住地を分析単位とした実証的検討が望ましいことを指摘したのである（Fischer [1976] 1984=1996, 1982=2002）。したがって，日本全国を対象とした都市効果の検討を行うにあたっては，理想的には，日本におけるすべての居住地のなかから居住地自体を無作為に抽出し，そのうえで，居住地間の差異に注目した分析を行う

ことができれば，より好ましいと考えられる。

ただしフィッシャー（1995）も，方法上の限界から，居住地間の差異に関する検討を行うのは難しい場合も多いことを指摘しており，多くの実証的研究において，実際には個人間の差異に関する検討が行われていることを認めている。よって，下位文化理論は居住地に関する都市理論ではあるものの，個人に関する研究を退けるものではないことを明示しているのである（Fischer 1995）。

このように，都市度の効果に関する検討を行う際には，理想的には居住地間の差異に注目した検討が望ましいと考えられてきた。しかしながら，方法上の限界もあり，これまでの多くの経験的研究は，居住地間ではなく，個人間の差異に関する検討を行ってきたのである。よって，居住地間の差異に注目した計量研究を行うことができれば，これまで以上に都市理論の問題意識を再現した検討が可能になるといえるだろう。そこで本書では，可能な限り，この前提も踏まえた検討を目指すことにしたい。[15]

## 7　ま　と　め

以上にみてきたように，主要な都市理論に共通する都市のとらえ方や分析視角として，（1）都市-農村を連続体（都市度）としてとらえていること，（2）都市度の異なる居住地を一つの国のなかで比較すること，（3）都市度を主に人口の集中の観点からとらえていること，（4）個人属性の効果を考慮したうえで都市度の効果を分析すること，という四つに加え，居住地間の差異に注目した検討がより好ましいと考えられていること，というものが挙げられる。

こうした前提の多くは，そもそもワース（1938＝2011）らシカゴ学派の議論から現在にいたるまでに引き継がれてきたものであり，いわば20世紀初頭の都市社会学における社会学的想像力を精緻化したものといえる。したがって，都市社会学における主要な都市理論をより緻密に検討するためには，これらの社会学的想像力を活かし，再現しながら実証的な検討を行うことが望ましいといえるだろう。

しかしながら，長いあいだ，様々な方法上の限界から上記の社会学的想像力

を実際に再現することは難しく，都市社会学における理論と方法のあいだの乖離を埋めるにあたり，多くの困難が存在していたといえる。ところが近年，社会調査法や統計解析手法において，様々な方法上の発展がもたらされることにより，都市社会学における理論と方法のあいだの乖離が急速に埋められていった。そこで次章では，そうした方法上の発展が，理論と方法のあいだの乖離をどのように埋めていったのかについて，議論しておくことにしよう。

**注**

1) 社会学の著名な古典であるテンニース（1887＝1957）も，都市コミュニティを冷たいゲゼルシャフトの典型として，そして農村コミュニティを温かいゲマインシャフトの典型として対比的に描くことで，都市と農村のコミュニティの違いをわかりやすく表現していたとされる（Hauser 1965）。また，デュルケム（1893＝1989）も都市と農村を対比的に議論するなど，社会学では古典的に，都市と農村が二分され，対比されながら議論されることが多かったという（Hauser 1965）。

2) 19世紀から20世紀前半の人口を推計したK. デーヴィス（1955）によれば，人口10万人以上の都市に住んでいたのは，1800年では世界人口の1.7％，1850年では2.3％，さらには1900年では5.5％であり，当時，都市は世界のごく一部の人のみが暮らす場所であったという。なお，デーヴィス（1955）によれば，1950年においては人口10万人以上の都市に住む人口は世界の13.1％であった。そのことから考えると，1900年から1950年までの時期は，世界における大きな都市化の進展の兆しが見え始めた時代といえる。また，都市の定義が異なるために厳密な比較はできないものの，United Nations（2014）によれば，世界における1950年の都市人口比率は29.4％であり，2000年の都市人口比率は46.7％とされている。このように，20世紀後半から21世紀初頭は，都市人口が急速に増加している時代であり（Giddens［1989］2006＝2009），人類史上で最も大きな都市化を体験した時代でもあったといえる（Fischer［1976］1984＝1996）。

3) この点に関しては，農村として位置づけられる居住地のなかでの差異についても同様であろう。

4) こうした理由によって，都鄙二分法説を採用した1920年代の議論は，様々な社会に適用できる普遍的な議論を行うよりも，特定の時代や社会において特定の都市の固有性を記述し，議論する傾向にあったとされている（Hauser 1965）。

5) レッドフィールドの専門は人類学であったが，レッドフィールドはシカゴ学派の代表的な論者の一人であるパークの娘婿であるなど，シカゴ学派都市社会学とは

相互に大きな影響を与えたとされている（Faris 1967＝1990）。
6）この点については，倉沢（1994）も以下のように述べている。
　　都市という環境要因が，そこに住む人々に，一定の影響を与えるとしても，そこに住む住民のすべてが，一定の意識的・社会心理的性向を示すということではない。一定の心理的特性が，相対的，確率的に多いということでなければならない。（倉沢 1994: 12）
　このような背景から，これまでワース批判を行う際に用いられてきた，例外的な事例の提示という方法は，厳密にはワース批判となりえていないことも指摘されている（鈴木 1987; 松本 2008a）。
7）本書では議論をよりわかりやすく展開するために「都市のほうが農村より〜である」という表現を用いているが，それは「都市度が高いほど〜である」という意味で用いている点に注意が必要である。
8）厳密に述べれば，①は各国の都市度の高い居住地同士を比較する枠組みであり，②はある国の都市度の高い居住地と他の国の都市度の低い居住地を比較する枠組み，③や④は一つの国のなかで都市度の異なる居住地を比較する枠組みといえるだろう。
9）なお，同じ国においても，複数の異なる時代を検討する際には，国の状況の変化の影響が含まれないように，付図3-1の③や④のような比較，すなわち「（同じ時代の）一つの国のなかにおける都市度の異なる居住地」を比較すべきといえる。つまり，③と④の効果を比較しながら，時代による都市効果の差異を検討するということになる。

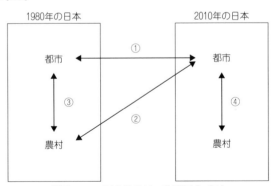

**付図3-1**　居住地比較の検討図式（2）

10）これらの点については，鈴木（1987）や松本（2008a）に詳しい。
11）なぜならば，封建社会における都市では，当時のシカゴと比べて社会解体が起こっていなかったとしても（Sjoberg 1960＝1968），封建社会の農村と比べると，

より社会解体が生じている可能性が考えられるからである。その場合には，むしろワースらシカゴ学派の社会解体論が，封建社会においても支持されるということになる。

12) なお，特定の地域を対象として都市理論の検討を行う際には，ここで「国」として扱っているものについて，たとえば東京と大阪，名古屋などの「地域」に読み替えながら扱うこともできる。そうした観点からは，たとえば「東京都のなかでの都市度の異なる居住地の比較」と「大阪府のなかでの都市度の異なる居住地の比較」の結果を比較し，地域によって都市度の効果がどのように異なるかを検討することが，2節で述べている③と④の比較と同様のものといえる。特定の地域を対象とした検討は，地域の詳細な情報を活かしながら検討を行う際に有効なものであり，これまでも様々な国で行われながら，都市社会学の発展に対して大きな成果をあげてきた（Fischer 1982＝2002; 松本編 1995; 森岡編 2000）。

13) こうしたフィッシャーの議論について，松本（1992）は，当初は人口規模により注目していたが，後に人口密度なども含めた「人口の集中」をもとにした都市度の定義を行うようになった点を指摘している。

14) さらに，日本都市社会学における第一世代の一人である安田（1959a, 1959b）によっても，都市度を人口の集中からとらえる考え方を支持する議論がなされている。安田（1959a, 1959b）は，15の居住地指標を用いた因子分析によって，そこから抽出される第一因子については，人口規模という人口の集中を表す変数が最も因子負荷量が大きいことを明らかにした。安田はその結果から，都鄙連続体の存在が裏付けられること，さらには都鄙連続体や都市度を人口の集中によって定義し，測定することの妥当性を指摘している。

15) ただし本書の第6章についてのみ，分析の設計上，やや異なる分析となっている。

# 第4章
# 都市の計量社会学の方法とその発展
―― 理論と方法の接合に注目して ――

## 1　都市理論を再現するための方法とその発展

　前章で述べたように，都市社会学における主要な都市理論は，都市のとらえ方や分析視角について，いくつかの共通した特徴をもつ。したがって，主要な都市理論に依拠した実証的検討を行う際には，これらの問題意識や分析視角を踏まえ，できる限り再現するかたちで検討することが望ましい。

　そして，都市の計量社会学の立場からそのような検討を行うためには，二つの条件がそろっている必要がある。第一に，「必要な社会調査データ」が利用可能であること，第二に，「必要な統計解析手法」が利用可能であることである。すなわち，都市理論とその分析視角を表現可能な社会調査データが集められたうえで，都市理論を分析の過程で再現可能な統計解析手法を用いて分析を行う必要があるといえる。

　これらのうち，前者の「必要な社会調査データ」に関する条件は，さらに二つのものに分けることができる。一つ目のものとして挙げられるのは，主要な都市理論の検討のために必要かつ適切な調査項目が調査票に含まれた社会調査が行われることである。つまり，調査票に人々の紐帯やパーソナリティに関する適切な項目と，社会階層や生活周期段階といった個人属性に関する項目が含まれた調査が行われる必要があるといえる。そして二つ目のものとして挙げられるのは，必要かつ適切な調査項目が含まれた調査票が用いられたうえで，日本全国のなかから居住地自体を無作為に抽出した，居住地ごとにまとまりのあるデータが集められるということである。[1]

また，後者の「必要な統計解析手法」に関する条件については，主要な都市理論の分析視角を，分析の過程で再現できる統計解析手法が普及していることが重要となる。すなわち，個人属性の効果を統制したうえで，人々の紐帯やパーソナリティに対する都市度の効果を検討可能な統計解析手法が必要だということである。さらには，それが居住地間の差異に注目した検討が可能な統計解析手法であれば，より望ましい。

　都市理論とその分析視角を活かした検討を行うためには，これらの条件のすべてがそろっている必要がある。しかしながら，こうした条件のすべてがそろうことはなかなか難しく，都市理論の問題意識や分析視角を活かした実証研究を行うことは，長いあいだ，事実上不可能であった。

　ところがそのような状況に対して，この数十年のあいだに，状況は大きく変化してきた。社会調査法の発展とそれを活用して集められたデータの蓄積，さらには統計解析手法の発展によって，20世紀の初頭から引き継がれてきた都市理論の社会学的想像力に，方法が大きく追いついてきたのである。

　そこで本章では，都市の計量社会学の観点から，主要な都市理論の分析視角を活かした実証研究を可能にした方法上の発展について，特に重要なものとその特徴をまとめておくことにしたい。本章で特に注目したいのは，社会調査法における「ネットワーク調査技法の発展」と「標本抽出法の発展」，さらには統計解析手法における「マルチレベル分析の発展と普及」である。これらの方法上の発展は，社会調査における測定の精度や効率，さらには分析の精度を向上させたという点で，より緻密な実態の把握を可能にしたという意義をもつ。それに加えて本書で重視したいのは，それらの方法上の発展が，主要な都市理論の分析視角を，実証過程上で再現することを可能にしたという点で，理論的にも大きな意義をもつものであったという点である。よって以下では，そうした理論的な意義に注目しながら，それぞれの方法上の発展とその特徴について確認していくことにしよう。

## 2 都市理論を表現可能なデータを集める（1）
――ネットワーク調査技法の発展と都市社会学における理論的意義――

　第1章でも述べたように，テンニース（1887＝1957），デュルケム（1893＝1989），ジンメル（1903＝2011）などの古典をはじめとして，そもそも社会学は，古くから「『関係』に着目する学問」（平松ほか 2010: 4）であった。そして現在にいたるまで，人々の関係，すなわち紐帯は，社会学における重要な研究対象であり続けている（安田 1997; 平松ほか 2010）。つまり，人々の紐帯に関する問いは，社会学の成立時期から現在にいたるまで問われ続けてきた，古くて新しい問いなのである。さらに，社会学の黎明期からの問題関心を引き継いで成立した都市社会学においても，都市と人々の紐帯のあいだの関連が中心的に問われながら，議論が展開されていくこととなる（Park 1915＝2011; Wirth 1938＝2011; Fischer 1975b＝2012）。

　しかしながら，古くからの問題関心である人々の紐帯については，実証的な検討を行うにあたり，長いあいだ，多くの点で方法論的な限界を抱えていたといえる。なぜなら，人々の紐帯はとても複雑かつ多面的であり，さらには目に見えるものではないため，実際に測定するのがとても難しいものだからである。特に，主要な都市理論の議論のなかにみられる，第一次的紐帯，紐帯の相互連結，さらには紐帯の強さや同類結合などについては（Fischer 1975b＝2012; Wellman and Leighton 1979＝2012），概念としては非常に魅力的ではあるものの，社会調査によってそれらを適切に測定する方法を確立していくことは，非常に難しいことであった。

　そうした状況に対して，フィッシャー（1982＝2002）やウェルマン（1979＝2006），さらにはR. バート（1984）らの手によって，ネットワーク調査技法が大きく発展したことにより，人々の紐帯に関する，より幅広い実証的検討が可能となっていった。そして，それらの発展を取り入れた都市研究が行われることにより，都市理論の検証可能性が大きく広がっていくこととなったのである。そこで本節では，社会的ネットワークと呼ばれるもののうち，特に都市社会学

において注目されているパーソナル・ネットワークの位置づけを確認した後に，フィッシャーらによってその調査技法にどのような発展がもたらされたのかという点についてまとめていく。そのうえで，主要な都市理論の実証可能性の向上という観点から，そうした方法上の発展がもつ理論的な意義について述べることにしたい。

### パーソナル・ネットワークと従来の方法の限界

様々なネットワークを対象とする社会的ネットワーク研究は[2]，J. A. バーンズ（1954=2006）をはじめとした社会人類学による研究や，E. ボット（1955=2006）をはじめとした家族社会学によるコミュニティ研究，さらには農村から都市への移民研究などをもとにして，発展してきたとされる（Wellman 1983; 金光 2003）。その後，社会的ネットワークの研究は，ホール・ネットワーク（whole network）に注目するものと，エゴセントリック・ネットワーク（ego-centric network）に注目するものの二つに分けられながら展開されていった（Wellman 1983; 安田 1997; 平松ほか 2010）。

一つ目のホール・ネットワークは，特定の範囲にあるすべての関係やつながりを俯瞰的かつ網羅的にとらえるものであり（平松ほか 2010），個人ではなく，ネットワーク全体の構造や，集団全体のネットワーク・パフォーマンスを対象とする（安田 1997; 平松 2010）。たとえば，ある地域全体のネットワークや，特定の組織や職場全体のネットワーク構造の分析などがこれにあたる。こうしたホール・ネットワークの分析は，ある特定の小地域や組織内部の人間関係など，全体像を見渡すことが可能な範囲の関係を網羅的に記述し，集団構造を分析する際に適しているとされる[3]（平松 2010）。なお，ホール・ネットワークは，社会や集団の全体像を問題にすることから，ソシオセントリック・ネットワークとも呼ばれている（Wellman 1983; 星 2010）。

また，二つ目のエゴセントリック・ネットワークとは，主に「個人を中心として広がっている個々の人間関係の有り様」（星 2010: 17），つまりは一人一人の個人がもつ紐帯に注目したものといえる。こうしたエゴセントリック・ネットワークに関する調査は，古典的な標本調査で行うことができるため[4]，より多

くの，そしてより広い範囲のデータを収集することができる点に特徴がある（Marsden 1990）。したがって，市区町村や都道府県，さらには日本全国など，より広い範囲の傾向を分析する際に適しているとされる（平松ほか 2010）。厳密には，エゴセントリック・ネットワークは個人を中心とした関係だけではなく，企業を中心とした関係や，国を中心とした関係なども含むものであるが，それらのうち，特に個人を中心とする，個人を単位としたネットワークを，パーソナル・ネットワークと呼ぶ（Wellman 1983）。

　これらの特徴から考えると，主要な都市理論の検証のためには，特に後者のエゴセントリック・ネットワークの一つである，パーソナル・ネットワークに関する調査を行うのが適切だといえるだろう。その理由としては，以下の二つのものが挙げられる。第一に，主要な都市理論の問題関心は，主に一人一人の個人がもっている紐帯にあるからである。また第二に，都市理論の検討の際には複数の居住地を比較する必要があるため，より大きなサンプルサイズの社会調査によって，全国または特定の広い地域を対象とするような，地理的に広い範囲のデータを集める必要がある（Fischer 1972; McCallister and Fischer 1978）[5]。これらの理由により，都市理論を実証的に検討する際には，標本調査で用いることのできる，パーソナル・ネットワークに関する調査技法が適していると考えられるのである（大谷 1995）[6]。

　そうした背景から，1950年代以降の都市社会学においては，特に標本調査によって，個人の取り結んでいるパーソナル・ネットワークの実態を明らかにする調査研究が蓄積されていった。このような研究としては，デトロイトの調査から，人々の親族，友人，近隣，職場の同僚などのインフォーマルな集団や社会参加に関する傾向を明らかにしたアクセルロッド（1956＝1978）や，ロチェスターの調査によって近隣関係や近隣友人，文化イベントなどへの参加を調べたS. グリア（1956）などが挙げられる。また，ミシガンにおいて近隣に対する親密度を検討したJ. スミスら（1954）の研究や，サンフランシスコにおいて近隣，同僚，親族，友人といったインフォーマル集団への参加を検討したW. ベルとM. D. ボート（1957）などもこれにあたる[7]。これらの研究は，この時期に様々なプロジェクトによって行われた，都市におけるフォーマル／インフォー

マル集団に関する一連の研究として位置づけられるものであり（大谷1995），主にワース（1938＝2011）らが主張した，都市における社会解体論を検証するためのものであった。そしてこれらの一連の研究は，その後の1970年代の研究にも引き継がれていくこととなる。たとえば，キャサーダとジャノヴィッツ（1974）は，近隣に住む親族や友人の数などを調査し，それらに対する都市度の効果を検討している。

　このように，パーソナル・ネットワークに関する1950年代から1970年代中盤までの調査研究は，標本調査によって個人のもつフォーマル／インフォーマルな紐帯を測定し，その実態を明らかにしていった点で，大きな意義をもつものであった。ところが，これら1970年代中盤までのパーソナル・ネットワーク研究は，主に三つの点で課題が残るものであったとされる。

　第一に，親族，近隣，職場，友人などの様々な関係について，それらの一部の種類のみを検討している研究が多く，その他の種類の関係が抜け落ちた検討となってしまっていたという点である（McCallister and Fischer 1978）。しかしながら，主要な都市理論が特に関心を寄せるのは，様々な種類の関係を含む，第一次的紐帯の総体である（Wirth 1938＝2011; Wellman 1979＝2006）。そうした観点から考えると，たとえば都市度が親族関係を弱める効果をもっていたとしても，その他の関係に対しては，都市度が紐帯を強める効果をもつかもしれない。したがって，都市理論の検討のためには様々な種類の関係を全体的にみていく必要があり，一部の種類の関係のみに注目した検討からは，どの都市理論が支持されるかどうかを適切に判断することはできないのである。

　また第二に，親族，近隣，職場，友人などの様々な関係について，それらを個別に測定している点が挙げられる（大谷1995）。ところが，様々な関係を個別に測定してしまうと，それらのあいだの関係が検討できないという課題を抱えることになる。よって，たとえば親族と友人など，種類の異なる相手同士が知り合いである傾向や，そうした傾向に都市度による差異があるかどうかを検討することはできないのである。このことは，1970年代中盤までの調査技法では，紐帯の相互連結を総合的に検討することが難しいことを意味している。したがって，主要な都市理論を検討するためには，人々を取り巻く第一次的紐帯

について，親族や近隣以外の関係も抜け落ちないような調査を行い，それらを総合的に扱ったうえで，そのあいだの紐帯の相互連結も検討する必要があるといえる。

そして第三に，この頃に用いられていた調査技法によっては，その後の議論で重要な論点となるネットワークの同質性，すなわち同類結合や，回答者がもつ紐帯一つ一つの強さといった関係そのものの特性を調べることができないという点が挙げられる。したがって，これらについての実証的な検討を行うためには，ネットワークを取り結んでいる相手の情報や，取り結んでいるネットワーク一つ一つの特性に関する情報も得ることのできる調査技法が必要であるといえるだろう。

これらの課題によって，当時の調査技法では，ワースらの議論における中心的命題や，その後の議論で重要となる論点に関して，適切な検証を行うことが難しかったのである（Granovetter 1976）。

### ネーム・ジェネレータの発展とその理論的意義

しかしながら，フィッシャー（1982＝2002）やウェルマン（1979＝2006），さらにはバート（1984）らの手によって，調査票におけるパーソナル・ネットワークの調査技法が発展していくことにより，状況が大きく変化していった。そのなかでも特に注目すべきなのは，彼らの手によって「ネーム・ジェネレータ（name generator）」と呼ばれる調査技法が大きく発展した点であろう。ネーム・ジェネレータとは，「特定の具体的な個人を何人か思い浮かべてもらい，それぞれのメンバーの属性を尋ねていく方法」（星 2010: 27）のことである。ネーム・ジェネレータにおいては，回答者（ego）に，ネットワークを取り結ぶ相手であるネットワーク他者（alter）を数人挙げてもらい，ネットワーク他者の一人一人について，回答者との間柄や関係性などの様々な情報を調査していく（図4-1）。

こうしたネーム・ジェネレータの利点としては，第一に，親族や近隣など，特定の種類の関係を前提とする必要がないため，人々を取り巻くネットワークを，特定の種類の関係に限定することなく調査できるという点が挙げられる。

第Ⅰ部　都市メカニズム解明のための理論と方法

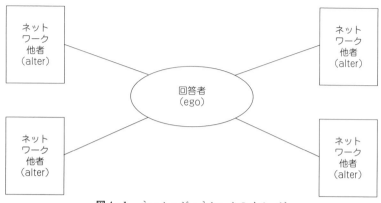

**図 4-1　ネーム・ジェネレータのイメージ**

したがって，一部の種類の関係のみの検討という問題を回避しながら，親族や近隣，職場の同僚，友人など，様々な種類の関係を含むかたちで，第一次的紐帯の総体を調査することが可能となったのである[9]。

そして第二に，ネーム・ジェネレータは，ネットワーク他者同士が知り合いか否かも尋ねることができる点にも特徴がある。よって，親族や近隣，職場の同僚，友人など，様々な関係を総合的にとらえながら，それらのあいだの紐帯の相互連結，すなわちネットワーク密度についても検討することができる（Wellman 1979＝2006; Marsden 1987; 星 2010）。このことは，従来の課題であった，様々な関係を含めたうえで紐帯の相互連結を検討するということを可能にするものであり，ワースらの議論や，ウェルマン（1979＝2006）によるコミュニティ解放論の中心的命題の検証も可能にした。このように，ネーム・ジェネレータにより，標本調査を用いて，個人を中心とした「個人が取り結ぶ人間関係総体としてのパーソナル・コミュニティ・ネットワーク」（大谷 1995: 28）を検討できるようになったことは，都市社会学にとって大きな意義をもつものだったのである。この点について，大谷は以下のように述べている。

　　このようなパーソナル・コミュニティ・ネットワークに関する研究は，
　　……これまでの研究のように人間関係を「親族関係」「近隣関係」「職場関
　　係」「友人関係」と個別に分析するのではなく，それらの相互関係も含め

て総合的に分析しようとするところにその特徴がある。（大谷 1995: 29）

　また，ネーム・ジェネレータの第三の利点としては，それぞれのネットワーク他者の属性に加え，会話頻度や親密度など，一つ一つの関係の特性についても調査できるという点が挙げられる（McCallister and Fischer 1978; Marsden 1987)。したがって，回答者とネットワーク他者の同質性や，回答者とネットワーク他者のあいだの紐帯の強さなどの関係特性についても，より詳細に検討することができるようになった。このことは，フィッシャー（1975b = 2012）の下位文化理論の議論において重要な論点である，都市度と同類結合の関連や，主要な都市理論における論点の一つである，紐帯の強さに関する検討を可能にするものであったといえる。

　以上のように，ネーム・ジェネレータの発展によって従来の限界が乗り越えられることにより，都市社会学における主要な三つの潮流の議論が検証可能になっていったのである。特にフィッシャーとウェルマンは，自身の新しい都市理論を提示するとともに，それを検証可能にするネットワーク調査技法も生み出していったことから，理論と方法の両面の発展に貢献した点は強調しておきたい。したがって，都市社会学においては，理論的な発展とネットワーク調査技法の発展が強く結びついていたといえるだろう。このように，都市理論の検討に必要な調査項目のうち，確立するのが最も難しかったのは人々のネットワークに関するものであり，ネットワーク調査技法の発展は，都市理論をより表現できるデータを集めるという点において，大きな前進をもたらすものであった。

　その後，こうした発展を受けて，ネーム・ジェネレータは全国調査でも行うことができるように，回答者の負荷や回答時間なども含めて検討しなおされた（Burt 1984)。そして，アメリカの全国調査である General Social Survey（以下 GSS）によっても取り入れられていくこととなる。特に，ネーム・ジェネレータが採用された1985年の GSS の調査データは，都市と同類結合の関連や，コミュニティ問題の検討にも用いられるなど（Deng and Bonacich 1991; White and Guest 2003)，都市社会学において大きな意義をもつものとなっている。

また，それらの影響を受けたパーソナル・ネットワーク研究は，1990年代以降，日本にも導入されていった。たとえば，ネーム・ジェネレータもしくはそれに近い方法が用いられている調査としては，大谷（1995）による中四国の調査，松本や野沢らによる朝霞・山形調査（野沢 1995），森岡らによる東京の調査（森岡編 2000），鵜飼孝造らによる神戸市東灘区の調査（鵜飼編 2008），安河内恵子らによる福岡市や徳島市の調査などが挙げられる（安河内編 2008）。このことから，近年ではむしろ日本の都市社会学研究において，ネーム・ジェネレータによる調査が活発になっているといえるだろう。

そして，奇しくも都市の世紀に突入した現代日本において，全国調査へのネーム・ジェネレータの導入が進められている（大阪商業大学比較地域研究所・東京大学社会科学研究所編 2005; 石黒 2010）。特に，JGSS 2003の相談ネットワークは，アメリカの1985年 GSS におけるネーム・ジェネレータにほぼ対応する内容になっているなど[10]，現代日本においても，全国調査によって主要な都市理論を検討する下地が整ってきている状況にあり，それを活かした実証研究が求められているといえるだろう。

## 3　都市理論を表現可能なデータを集める（2）
──標本抽出法の発展と都市社会学における理論的意義──

以上のようなネットワーク調査技法の発展に加え，都市理論を表現可能なデータを集めるためには，理想的には，日本全国のなかから居住地自体を無作為に抽出した，居住地ごとにまとまりのあるデータを集める必要がある。そしてその点において本節で指摘したいのは，意図せざる結果として，社会調査における標本抽出法の発展が大きな意義をもっていたという点である。そこで本節では，標本抽出法のうち，近年全国調査で用いられることの多い層化多段無作為抽出法に注目しながら，その都市社会学における理論的意義についてまとめていく。

## 標本抽出とその方法

　社会調査のうち，多くの人々を対象とする量的調査は，大きく二つのものに分けることができる。対象となる範囲（母集団）に含まれるすべての人々に対して調査を行う全数調査と[11]，母集団から一部の標本を取り出して調査を行う標本調査である（盛山［2004］2005）。これらのうち，特に後者の標本調査は，母集団から一部の標本を取り出した調査によって，母集団全体の傾向や性質を推測するものといえる。国勢調査などの一部の例外を除き，日本における多くの社会調査においては，全数調査ではなく標本調査が採用されている。その理由は，特に母集団が一定の範囲や規模を超えてしまう場合は，人的・金銭的なコストや時間の観点から，全数調査を行うことは不可能な場合が多いからである（盛山［2004］2005; 杉野 2013）。よって，母集団が全数調査を行うことができる範囲や規模を超えてしまう場合には，母集団から一部の標本を取り出した標本調査を行い，そこから母集団全体の傾向を推測するという手順が現実的といえるだろう。

　そして，標本調査を行う際に重要なのが，調査対象者の適切な選択方法，つまりは標本の抽出方法である。なぜならば，母集団のなかから若年層や高学歴者など，特定の特性をもつ人々ばかりを対象として調査を行ってしまうと，集められたデータは偏ったものとなってしまい，データから母集団全体の傾向を正しく推測することが困難になってしまうからである[12]。したがって，母集団のなかから標本を選ぶ際には，性別，年齢などの様々な特性において，母集団での構成比率と，選ばれた標本の構成比率のズレが小さくなるように，標本を選ぶ必要がある。つまり，集めたデータが母集団の縮図になるように標本を選ぶ必要があるといえる。

　そうした目的のために，20世紀の中頃から，母集団からランダムに標本を選び出す，無作為抽出法が多く用いられるようになっている[13]。無作為抽出法とは，「母集団に含まれるすべての個人について，標本に含まれる確率が等しくなるような方法」（杉野 2013: 98）であり，人々のあらゆる特性において，標本の構成比率を母集団の構成比率に近づけようとする方法といえるだろう。

## 都市社会学における層化多段無作為抽出法の理論的意義

また，日本における近年の全国調査では，無作為抽出法が用いられる際に，母集団全員のリストのなかから直接標本を無作為に抽出する単純無作為抽出法ではなく，多段抽出法と層別抽出法を組み合わせた，層化多段無作為抽出法と呼ばれるものが用いられるようになっている。多段抽出法とは，母集団全体のリストから直接個人を抽出するのではなく，まずは個人のかたまり（グループ）を抽出し，そのうえで，各グループから個人を抽出するような方法である（杉野 2013）。たとえば，全国のなかから地点を無作為に抽出し，そのうえで，抽出された地点ごとに個人を無作為に抽出するような場合がこれにあたる。また層別抽出法とは，全国の地点をいくつかの層に区分し，その構成比率を考慮しながら各層から地点を抽出するような方法である（盛山［2004］2005）。[14]

日本における全国調査の多くで，こうした層化多段無作為抽出法が用いられている理由としては，大きく二つのものが挙げられる。

第一に，多段抽出法によって，調査にかかるコストを抑えることができるという点である。たとえば，日本全国を対象とした調査を行う場合，標本一人一人を日本全体のリストから無作為に抽出すると，調査対象者は日本全国の広い範囲に散らばってしまい，調査員の体力的・時間的・金銭的なコストは多大なものになってしまう。それに対して，地点を無作為に抽出し，そのうえで地点ごとに個人を無作為に抽出する多段抽出法をとれば，対象者が地点ごとに地理的にまとまるため，調査が現実的に可能となる程度まで，調査員の体力的・時間的・金銭的なコストを小さくすることができる（盛山［2004］2005）。[15]

また第二の理由としては，層別抽出法によって，都会や田舎などの地点の偏りを小さくし，抽出される個人に関する標本誤差を小さくするということが挙げられる。[16]たとえば，日本全国から多段抽出を行う際に，偶然にも都市部の地点が多く抽出されてしまい，農村の地点が少なくなってしまう可能性も考えられるだろう。この場合，集められたデータには若年層や高学歴者などの都市部に多くみられる特性がより大きく反映されてしまい，標本誤差の大きいものになってしまう。それに対して層別抽出法では，図4-2のように，たとえば自治体の人口によって，区部／市部20万人以上／市部20万人未満／郡部の四つの

第4章　都市の計量社会学の方法とその発展

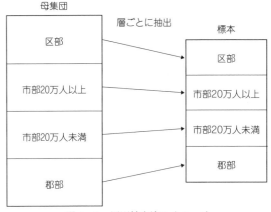

図4-2　層別抽出法のイメージ

層に層化し，それぞれの層ごとに地点数を決めたうえで地点を無作為に抽出する。そのうえで地点ごとに個人を無作為に抽出することにより，特に個人の特性についての偏りを小さくし，母集団の構成比率と標本の構成比率がより近くなるようにするのである。このことにより，標本誤差をより小さく抑えることができ，より精度の高い調査を行うことができる（盛山［2004］2005; 杉野 2013）。

このように，層化多段無作為抽出法は，調査コストを抑えながらも，より精度を保った調査を行うという調査上の効率のために普及した方法といえる。そしてそれに加えて本書で指摘しておきたいのは，層化多段無作為抽出法は，以下の二つの点において，都市社会学における理論的意義をもつものでもあるということである。

理論的な意義として第一に注目したいのは，多段抽出法によって，日本全国のなかから居住地自体を無作為に抽出した，居住地ごとにまとまりのあるデータを集めることができるという点である。したがって多段抽出法は，都市理論の分析視角に合致する方法といえる。また，居住地（地点）を無作為に抽出するという点において，多段抽出法は，「（都市度を含めた）居住地特性の効果」を検討し，母集団全体へ一般化するのに適したデータを集める方法でもある。

そして第二に，層別抽出法は，区部／市部20万人以上／市部20万人未満／郡部など，自治体の人口規模によって層化されることが多いため（盛山［2004］

2005; 大谷 2013)[17],実質的には,地点の特性について,特に都市度の偏りを小さくする方法となっているという点である。このことから考えると,多くの場合,層化多段無作為抽出法は,居住地特性のなかでも,特に都市度の効果の検討に適したデータを集める方法と考えることができるだろう。

これら層化多段無作為抽出法の二つの理論的意義は,居住地自体を無作為に抽出し,それらの居住地を都鄙連続体上に並べたうえで,居住地間の差異に注目しながら都市度の効果を検討することを可能にするものといえる。つまり,従来,調査コストを下げ,調査の精度を維持するための方法である層化多段無作為抽出法は,意図せざる結果として,主要な都市理論の分析視角をより表現できるデータを集めるにあたっても意義をもつことになったのである。そこで本書では,コストや精度という調査法上の意義だけではなく,都市理論の表現可能性を高めたという点において,層化多段無作為抽出法の都市社会学における理論的意義を強調しておきたい。

なお,層化多段無作為抽出法自体は,統計数理研究所による国民性調査によって1953年から用いられているほか(西平 1985; 統計数理研究所調査科学研究センター 2012)[18],「社会階層と社会移動」全国調査(SSM調査)によっても1955年から用いられるなど(日本社会学会調査委員会編 1958),日本においても長らく用いられてきたものといえる。しかしながら,層化多段無作為抽出法が,ネーム・ジェネレータを中心とした都市理論の検討に必要な調査項目と同時に用いられるようになったのは,ごく最近になってからだったのである。したがって,都市理論を表現可能な全国調査データは,近年になってようやく集められるようになったといえるだろう。

## 4 都市理論を再現するための統計解析手法
―― マルチレベル分析の普及と都市社会学における理論的意義 ――

これまでに述べてきた方法で集めた「必要な社会調査データ」に対して,「必要な統計解析手法」を用いた分析を行うことにより,都市理論の分析視角を活かした実証的検討を行うことが可能となる。そこで本節では,都市理論の

分析視角をより再現できる統計解析手法として，近年様々な分野で台頭し，用いられるようになってきているマルチレベル分析（multilevel analysis）に注目しながら，都市社会学における理論的な意義についてまとめておくことにしたい。こうした議論を行っていくにあたり，まずは従来の統計解析手法とその限界点についてまとめ，その後，従来の方法の限界を乗り越えるために台頭してきたマルチレベル分析の利点と，その理論的意義についてまとめていく。

**都市社会学における従来の統計解析手法**

都市社会学では，古くから社会調査と統計解析による研究が行われており，社会調査から得られたデータや，地域ごとの集計値を用いた分析によって，実証的な研究が進められてきた（Axelrod 1956; Keyes 1958）。そして，都市度の効果を検討するにあたり，早くから用いられていた分析手法が，クロス集計表や，$t$検定による平均値の比較である。たとえば，ロチェスターの調査を行ったグリア（1956）は，クロス集計表と$x^2$検定による分析から，都市度と親族への訪問頻度をはじめとした様々な関係性の関連について検討した。また，リース（1959）は，クロス集計表と$x^2$検定，さらには$t$検定による平均値の比較をとおして，都市度と個人間接触の関連について検討を行っている。

しかしながら，それらの分析は，都市度と人々の紐帯という2変数間の関連のみを検討したものとなっており，社会階層や生活周期段階などの個人属性の効果は考慮されていないという課題が残るものであった。したがって，これらの2変数間の関連から都市度の効果が確認されたとしても，それが本当に都市度の効果であるのか，それともその効果は個人属性の分布の差異に還元されるものなのかどうかが，判断できなかったのである。よって，特にガンズらの議論が行われた1960年代以降の都市社会学研究においては，個人属性の効果を考慮しながら，紐帯やパーソナリティに対する都市度の効果を検討できる統計解析手法が求められていくこととなる。

そうした目的のために都市社会学で採用されていったのは，3変数以上の関連を同時に検討する多変量解析が可能な統計解析手法であった。分散分析や重回帰分析による検討がこれにあたる[19]。

これらのうち分散分析は，都市度による従属変数の平均値の差異を[20]，グラフによってわかりやすく示しながら検討することができるため，都市社会学において多く用いられる分析手法となった。たとえば，フィッシャー（1973, 1982＝2002）やホワイトとゲスト（2003）は，アメリカにおいて都市度が人々の紐帯やパーソナリティに与える影響を網羅的に検討するにあたり，主に分散分析を用いて，都市度による紐帯やパーソナリティの平均値の差異を検討した。また日本においても，分散分析が多く用いられながら，都市度の効果が実証的に検討されてきたといえる。日本において分散分析や多重分類分析による検討を行った研究としては，都市度と人々の紐帯の関連を検討した，松本（2005a, 2005b, 2006），立山徳子（1998），浅川達人（2000）に加え，都市度と人々のパーソナリティの関連を検討した松本（2002a）などが挙げられる。これら日米の分散分析を用いた研究においては，年齢や学歴といった個人属性を統制した検討が行われており，そのうえで，都市度と従属変数の関連をグラフで示しながら，わかりやすい議論がなされている。

　さらに，個人属性の効果を統制したうえで都市度の効果を検討することが可能な統計解析手法としては，重回帰分析も多く用いられている。アメリカにおける重回帰分析を用いた研究としては，都市度と人種や思想の寛容性の関連を検討したS. A. タッチ（1987）やT. C. ウィルソン（1985, 1991）が挙げられる。また，日本においても，伊藤泰郎（2000）や立山（2001）は重回帰分析を用いながら，扶養意識をはじめとした家族意識に対する都市度の効果を検討している。これらの分析によっても，年齢や学歴などの個人属性を統制した検討がなされている[21]。

　このように，都市社会学における分散分析や重回帰分析といった多変量解析の普及は，より緻密な検討を可能にした点に加え，個人属性の効果を考慮したうえで都市度の効果を検討するという分析視角を再現する意味でも，重要な発展であったといえる。

### 従来の統計解析手法の限界

　ところが，都市社会学やその他の分野において広く用いられている，分散分

析や重回帰分析などの手法に関しても，分析上の限界があることが指摘されている。それは，それらの分析手法では標本間の独立性を仮定しており（筒井・不破 2008），分析するデータがグループごとに似た値をとることを想定していないという点である（Twisk 2006）。

この点について，層化多段無作為抽出法によって抽出されたデータを想定しながら述べると，以下のようになる。すなわち，重回帰分析をはじめとした従来の統計解析手法では，抽出された地点ごとに，ある変数の値が全体的に高い地点や，全体的に低い地点があることを想定していないのである。よって，すべての地点を含めた全体での分析結果と，地点ごとの分析結果が，ほぼ同じものになることを前提としているといえる。

しかしながら，多段抽出法によって集められたデータについては，たとえばある地点に住んでいる人は全体的に非伝統主義的であったり，それとは逆に，ある地点に住んでいる人は全体的に伝統主義的な傾向があるなど，同じ地点（グループ）に属する標本に，類似性がみられることも考えられるだろう。このように，同じグループに属する標本にみられる類似性のことを級内相関という（Snijders and Bosker [1999] 2012）。

年齢と伝統主義の関連を例にとりながら，標本間に独立性が成り立っているデータと，級内相関のあるデータをわかりやすく表現すると，図4-3の散布図のようになる。図4-3の左側の散布図は，標本間の独立性が成り立っているデータの例であり，同じ地点に属している標本のあいだに類似性はあまりみられない。つまり，どの地点に属しているかということはあまり関係なく，それぞれの標本が，（独立に）様々な値をとっていることがわかる。この場合，三つの地点を合わせた全体での回帰分析の結果と，地点ごとに別々に回帰分析を行った際の分析結果は，より近いものとなる。この例では，全体の分析でも地点ごとの分析でも，年齢と伝統主義には関連がみられないということになるだろう。

それに対して，図4-3の右側の散布図は級内相関がある（標本間の独立性が成り立っていない）データの例である。これはあくまで極端な例であるが，この場合，地点Aは年齢が全体的に高く，伝統主義は全体的に低い傾向があ

第Ⅰ部　都市メカニズム解明のための理論と方法

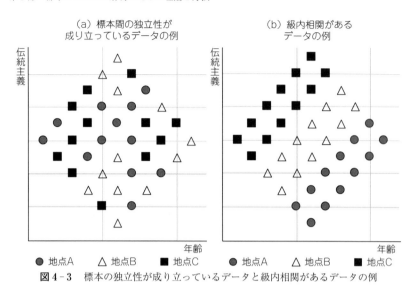

図4-3　標本の独立性が成り立っているデータと級内相関があるデータの例

ることがわかる。地点Bについては，年齢も伝統主義も平均的といえる。また，地点Cは年齢が全体的に若く，伝統主義は全体的に高い。したがって，右の散布図は，地点のなかでの類似性（級内相関）がみられ，各地点のあいだの差異が大きいデータであることがわかるだろう。そして特に右の散布図のような場合，三つの地点を合わせて回帰分析を行った場合と，地点ごとに分けて回帰分析を行った場合では，大きく異なる結果が算出されることになる。三つの地点を合わせた全体での分析結果では，左側の散布図と同じく，年齢と伝統主義のあいだに明確な関連はみられないであろう。しかしながら，地点A，地点B，地点Cで別々に回帰分析を行うと，いずれの地点においても年齢と伝統主義に正の関連を確認することができる。この場合，どの地点においても年齢と伝統主義のあいだには正の関連がみられるため，年齢と伝統主義のあいだには正の関連があるとみなすのが正しい（Snijders and Bosker [1999] 2012）。ところが，三つの地点をまとめて回帰分析を行うと，年齢と伝統主義のあいだには関連がみられないという結果になってしまうのである。

こうした結果が算出されてしまうのは，重回帰分析が独立性の仮定にもとづいているために，級内相関があるデータに対して，適切な処理を行うことがで

きないことによる (Twisk 2006)。しかしながら，前節で議論した，層化多段無作為抽出法で集められたデータについては，図4-3の右の散布図ほど極端ではないにしても，級内相関がしばしば確認されるのである。よって，層化多段無作為抽出法で集められたデータに対しては，従来の方法の限界を乗り越えながら，級内相関を適切に考慮できる統計解析手法が求められていたといえる (Snijders and Bosker［1999］2012)。特に，図4-3の右の散布図のようなデータの場合は，一度に全体で分析結果を算出するのではなく，地点ごとに分析結果を算出し，それらを集計するかたちで全体の結果を推定できるような統計解析手法があれば，より適切な分析結果が算出できると考えられるだろう。

**マルチレベル分析とその特徴**

　そうした要望に応え，級内相関があるデータをより適切に分析するために発展してきた統計解析手法が，マルチレベル分析と呼ばれるものである。マルチレベル分析とは，主に多段抽出法によって集められた図4-4のような入れ子状のデータに対して，各水準を適切に分けたうえで，同時に分析を行う方法である (Twisk 2006)。

　マルチレベル分析の特徴を知るためには，従来の手法である回帰分析と対比するとわかりやすい。個人 $i$ の従属変数を $Y_i$，個人 $i$ の独立変数を $X_i$，切片を $\beta_0$，回帰係数を $\beta_1$，誤差項を $r$ とすると，従来の回帰分析は以下の (1) 式によって表される。

$$Y_i = \beta_0 + \beta_1 X_i + r \quad \cdots\cdots \ (1)$$

　それに対して，地点 $j$ における個人 $i$ の従属変数を $Y_{ij}$，地点 $j$ における個人 $i$ の独立変数を $X_{ij}$，地点 $j$ の切片を $\beta_{0j}$，回帰係数を $\beta_{1j}$，誤差項を $r_j$ とすると，マルチレベルの重回帰分析である階層線形モデルの基本モデルは，以下の (2) 式と (3) 式によって表される。

$$Y_{ij} = \beta_{0j} + \beta_{1j} X_{ij} + r_j \quad \cdots\cdots \ (2)$$

第Ⅰ部　都市メカニズム解明のための理論と方法

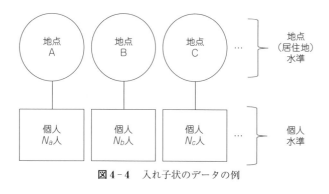

図4-4　入れ子状のデータの例

$$\beta_{0j} = \gamma_{00} + u_0 \quad \cdots\cdots \quad (3)$$

　これはマルチレベル分析では基本的な，グループごとに切片が異なることを想定するランダム切片モデルと呼ばれるものである（Snijders and Bosker［1999］2012）。この場合，（2）式は，地点 $j$ において，個人 $i$ の従属変数の値を予測する個人水準の回帰式となる。そして（3）式は，（2）式をもとに各地点で算出された切片自体を従属変数とした，地点（居住地）水準の回帰式である。なお，$\gamma_{00}$ は地点水準の（3）式の切片，そして $u_0$ は（3）式の誤差項を表している。このことから，従来の回帰分析である（1）式では個人の従属変数を予測する式が一つだけ算出されていたのに対し，マルチレベル分析では，第一段階としては（2）式のように各地点において個人を単位とした回帰分析を行い，第二段階では，（3）式のように各地点で算出された切片の値自体を従属変数として地域を単位とした回帰分析を行う。このように，マルチレベル分析という名称は，異なる水準の分析を同時に行うことに由来する。
　こうしたマルチレベル分析は，多段抽出法により集められたデータを適切に扱うという点において，大きく三つの特徴をもつ。
　第一に，マルチレベル分析は，（2）式のように地点（グループ）ごとに回帰分析を行い，それを集計しながら全体の分析結果を算出するモデルといえる。したがって，前項における図4-3の右の散布図のようなデータに対しても，一度に全体で分析結果を算出するのではなく，地点ごとに分析結果を算出し，

それらを集計するかたちで全体の結果を推定できる。このことから，分散分析や重回帰分析の限界を乗り越えながら，より適切な検討を行うことができるのである[22]。

そして第二に，マルチレベル分析は，（3）式のように，地点ごとに算出された切片（$\beta_{0j}$）についても誤差（$u_0$）を想定しており，地点ごとに切片の値に違いがあることを前提としている。そのことにより，切片の値が大きい（従属変数の値が全体的に大きい）地点や，それとは逆に切片の値が小さい（従属変数の値が全体的に小さい）地点があることを想定した検討を行うことができる。さらにはそれに加え，その差異が考慮に値するほど大きいかどうか（級内相関が考慮に値するほど大きいかどうか）自体も検討可能である[23]。その点においても，級内相関があるデータに対して，従来の方法よりも適切な検討を行うことができるのである[24]。それに対して，独立性の仮定を置く従来の統計解析手法では，どの地点も切片が同じであることを想定した分析を行うため，級内相関のあるデータは適切に扱うことができないことが指摘されている（Snijders and Bosker［1999］2012）。

また第三に，マルチレベル分析では，（3）式に地点の特性に関する独立変数を投入することにより，地点間の切片の差異自体を従属変数とした回帰分析を行うこともできる[25]。このように，切片の差異自体を従属変数とした，地点を単位とした分析を行うことで，地点による切片の差異を生み出す要因についても詳しく検討することができるのである。このことは，マルチレベル分析が，地点内の分散と地点間の分散を適切に分けたうえで，地点を単位とした検討を行うこともできるということを示すものといえる。

以上のように，マルチレベル分析は，多段抽出法で集められたデータに対して，級内相関を考慮したうえで，各水準の変数の効果を適切に分離し，緻密な検討を行うために発展してきた[26]。そうした背景から，多段抽出法によって集められた社会調査データに居住地データを接合し，マルチレベル分析を用いて，居住地特性の効果を検討した研究も多くなされてきた。たとえば，人口移動が地域の紐帯に与える効果に関する研究や（Sampson 1988; Guest et al. 2006），死刑制度への賛否に影響を及ぼす地域要因の研究（Baumer et al. 2003），青年の自殺

企図に関する研究など (Maimon and Kuhl 2008), 特に欧米で居住地効果を検討するための普及が進められている。また, 日本においても, 都道府県の外国人割合が外国人への偏見や排外意識に与える影響に注目した研究がなされるなど (中澤 2007; Nagayoshi 2009), 居住地効果の検討に, マルチレベル分析が少しずつ導入されてきている。[27]

## 都市社会学におけるマルチレベル分析の理論的意義

ところが意外なことに, 欧米と日本のいずれにおいても, 都市度の (主) 効果に焦点を合わせた検討において, マルチレベル分析はほとんど用いられてこなかった。その理由としては, マルチレベル分析の利点として, これまで以上に多様な居住地変数を検討できるという点に注目が集まったことが挙げられるだろう。つまりマルチレベル分析は, これまで重点的に検討されてきた居住地特性である都市度よりも, むしろそれ以外の居住地特性の効果を緻密に検討できる方法として用いられてきたのである。[28]

しかしながら本書では, 別の観点からマルチレベル分析に再注目し, 都市社会学研究への導入を提案したい。なぜなら, マルチレベル分析こそが, 主要な都市理論の分析視角を, これまで以上に再現しながら検討できる統計解析手法だからである。マルチレベル分析は, 各水準の独立変数として量的変数と質的変数のいずれも投入可能なことに加え, 個人レベルの変数として個人属性に関する変数を投入することで, グループごとの個人属性の分布の差異を統制することができる (Gelman and Hill 2007)。そしてそれに加えて, グループを単位とした, グループ間の差異に注目した分析も行うことができるのである (Snijders and Bosker [1999] 2012)。このことは, 居住地特性としての都市度を量的変数として投入することで都鄙連続体説をより忠実に再現し, そのうえで, 社会階層や生活周期段階といった個人属性の効果を統制した検討が可能であることを示している。また, 紐帯やパーソナリティといった生活様式に関して, 居住地間の差異に注目した分析も可能とするものなのである。したがって, マルチレベル分析は, 第3章で提示した分析視角を, これまで以上に再現できる統計解析手法ということができる。[29]

よって，都市社会学におけるマルチレベル分析の意義として，多段抽出法による社会調査データに対して精度の高い分析を可能にすることに加え，都市理論のより忠実な再現を可能にするという，理論的な意義を強調しておきたい。このことは，マルチレベル分析が，都市社会学における理論と方法の接合を進めるうえで，有益な統計解析手法であるということを意味している。そこで本書では，このマルチレベル分析を積極的に用いながら，現代日本における都市の実像を，主要な都市理論に依拠しながら明らかにしていくことにしたい。

## 5　ま　と　め

　これまでみてきたように，主要な都市理論の分析視角を踏まえた検討を行うためには，「必要な社会調査データ」を集めたうえで，「必要な統計解析手法」による検討を行うことが重要となる。

　そして本章では，主要な都市理論の分析視角を表現するにあたり，「必要な社会調査データ」を集めるための方法として，「ネットワーク調査技法の発展」と「標本抽出法の発展」に注目した。ネーム・ジェネレータなどの必要な項目が含まれた調査票が用いられたうえで，層化多段無作為抽出法によって日本全国のなかから居住地自体を無作為に抽出することにより，都市理論の検討に適した個票データを集めることができる。その個票データに都市度に関する居住地データを接合することで，「必要な社会調査データ」がそろうのである。

　また本章では，主要な都市理論の分析視角を再現できる「必要な統計解析手法」として，マルチレベル分析に着目した。「必要な社会調査データ」に対して，マルチレベル分析を用いることで，都鄙連続体説を忠実に再現しながら，個人属性の効果をより適切に考慮したうえで，居住地間の差異に注目した分析を行うことができ，主要な都市理論の分析視角をこれまで以上に再現した検討が可能となるのである。

　これら，本書で注目する方法上の発展のなかには以前から普及していたものもあるが，都市理論の分析視角を再現するためにはこれらの条件のすべてがそろう必要があり，それが日本において可能となったのは，奇しくも都市の世紀

である21世紀に入ってからであった。これら「ネットワーク調査技法の発展」「標本抽出法の発展」「マルチレベル分析の発展と普及」のうち,ネットワーク調査技法の発展以外は,社会調査の効率や精度を上げたり,従来の手法の限界を乗り越えるためなど,より緻密な調査や分析を可能にするために発展してきたものといえる。これらの発展の多くは,意図せざる結果として,主要な都市理論の分析視角を踏まえた実証研究を可能にしたのである。

そして,これらの条件のすべてを用いたうえで,主要な都市理論を再現し,かつ体系的に検討した研究は,世界的にみてもほとんど行われていない[30]。したがって,こうした条件がすべて整いつつある現代日本においてこそ,主要な都市理論の分析視角を踏まえた,体系的な実証研究を行うことが求められているといえるだろう。そこで次章以降では,これまで述べてきた理論と方法を総動員しながら,現代日本の都市メカニズムについて,実証的な検討を行っていく。

## 注

1) 前章でも述べたとおり,都市度の効果の検討のためには,都市度の異なる二つ以上の居住地を比較可能なデータを集める必要があり(Fischer 1972),理想的には,対象とする範囲のなかから無作為に居住地を抽出するという方法が考えられる。その点については,日本全国を対象とする際も,特定の地域を対象とする際も同様である。

2) 厳密には,社会的ネットワークとは,個人間のネットワークに加え,企業間のネットワークや国のあいだのネットワークなども含むものであり,「関係を取り結ぶ行為者が必ずしも『人』である必要はない」(星 2010: 16)とされている。つまり,個人間のネットワークは社会的ネットワークの下位概念の一つといえる。ここでは,社会的ネットワークのうち,個人間のネットワークに注目し,議論することにしたい。

3) ホール・ネットワークにおいても行為者は必ずしも人である必要はなく,企業や国であってもよい。

4) 標本調査は,母集団から一部の標本を取り出して行う調査である(盛山 [2004] 2005)。標本調査について,詳しくは次節で述べる。

5) この点については,全国を対象とした調査だけではなく,東京や名古屋,中四国など,特定の地域を対象とした調査においても同様である。なぜなら,東京などの範囲は,ホール・ネットワークで検討できる範囲を超えているからである。た

とえば，東京都全体を対象として，ホール・ネットワークによってすべての関係を網羅的に測定し，分析することは事実上不可能といえる。

6) この点について，大谷（1995）は以下のように述べている。

> （都市社会学の問題関心においては）トータル（ホール）・ネットワークを前提とすることは不可能であり，基本的に，個人をネットワークの固定点に据えるエゴセントリック・ネットワーク……を分析の対象としていかなければならないと考えられる。（大谷 1995: 26, 括弧内は引用者）

7) これらのパーソナル・ネットワーク研究の流れについては，大谷（1995）に詳しくまとめられている。

8) パーソナル・ネットワークに関するその他の調査技法としては，「ポジション・ジェネレータ（position generator）」や（Lin and Dumin 1986），「リソース・ジェネレータ（resource generator）」などもある（Van der Gaag and Snijders 2005）。詳しくは，安田雪（1997），平松闊ほか（2010）なども参照。

9) なお，E. O. ローマンらによってもネーム・ジェネレータを用いた社会調査は行われてはいたものの，それらは友人関係など限定された関係に関するものであった（Lauman 1973; Verbrugge 1977）。フィッシャーやウェルマンは，そうした方法をより広い関係に適用可能なかたちへ発展させることにより，主要な都市理論の検討に適した調査技法として確立していったといえる。

10) JGSS 2003のネットワークモジュールについては，詳しくは第5章で述べる。

11) 全数調査は悉皆調査ともいう（杉野 2013）。

12) こうした標本の偏りとその問題点については，谷岡（2000），盛山（[2004] 2005），大谷ほか（2013），轟・杉野編（[2010] 2013）などが詳しい。

13) その他の標本抽出法としては，割当法も挙げられる。割当法は母集団のなかでの構成比率が小さい人々に注目した調査を行う場合など，研究対象や目的によっては有効であることも多く，現在でも用いられている（杉野 2013）。

14) より厳密には，層別抽出法は，母集団の構成比率に関する情報を活用しながら，標本でも同じような構成比率になるよう，層ごとに無作為に抽出する方法である（大谷 2013）。したがって，地点の層化だけではなく，たとえば性別や年齢などで層化し，層別抽出を行うこともできる。ただし，多くの全国調査によって行われているのは，人口規模による地点の層別抽出である。

15) そしてそもそも，住民基本台帳は各自治体が管理しており，それらの利用には時間的・金銭的なコストもかかるため，すべての自治体からリストを集めて日本全国のリストを作成するのは，時間的・金銭的なコストの面からも現実的にはほぼ不可能である。そうした意味でも，全国調査においては，単純無作為抽出法よりも多段抽出法がより現実的な抽出方法といえる（盛山 [2004] 2005）。

16) 標本誤差とは，標本抽出による誤差のことである。
17) より厳密に述べれば，本書では都市度尺度として，多くの全国調査の層別抽出で用いられる各市区町村の人口規模とは異なる尺度（DID 人口比率）を用いている。しかしながら，人口規模による層別抽出法が適用されることにより，本書で用いる都市度尺度も含めてより偏りが小さくなり，検討を行いやすくなっていると考えることができるだろう。なお，地点の層別抽出については，人口規模以外を用いることも可能であり，本書で用いている都市度尺度に近い地域特性による層別抽出も可能である。そうした試みについては，金井（2009）を参照されたい。
18) 厳密には，第 7 回目までの国民性調査は，自治体人口と地域性，産業比率などを組み合わせるかたちで層化を行っていたとされている（西平 1985）。それに対して第 8 回目からは，自治体人口による層化となっている（統計数理研究所調査科学研究センター 2012）。
19) 分散分析と重回帰分析は，元々は異なる分析手法として発展してきたものであるが，現在ではいずれも最小二乗法（Ordinal Least Square）による推定が可能となっており，実質的には同じものとして位置づけられている（太郎丸 2010）。
20) 従属変数とは，「説明される 1 つの変数のこと」（岩井・保田 2007: 193）であり，独立変数とは，「それ（従属変数を）説明する一連の変数のこと」（岩井・保田 2007: 193，括弧内は引用者）である。
21) なお，都市度の効果を検討するにあたっては，2 値変数を従属変数としたロジスティック回帰分析を用いた研究もみられる。こうした研究としては，S. J. ヤンと R. D. アルバ（1992）やウィルソン（1992）が挙げられる。ヤンとアルバ（1992）やウィルソン（1992）は，非伝統主義に関する 2 値変数を従属変数として，年齢や性別，学歴などの個人属性を統制しながら，都市度の効果を検討している。
22) ただし，マルチレベル分析では，レベル 1 とレベル 2 のどちらの独立変数を重点的に検討するのかによって，変数の中心化（centering）の方法が異なる点に注意が必要である（Enders and Tofighi 2007）。
23) マルチレベル分析では，グループごとに回帰係数が異なることを想定したランダム係数モデルも検討することができる（Snijders and Bosker［1999］2012）。このように，マルチレベル分析では，グループごとに級内相関があるかどうかを，グループごとの切片や回帰係数の差異を検討することで確認するのである。
24) なお，マルチレベル分析ではグループごとのケース数などの情報を用いて，各グループの分析結果を補正しながら推定を行うなど，従来の方法では考慮できない情報も用いてより緻密な分析を行っている。このように，グループごとのケース数などの情報を用いてグループごとに信頼性係数を算出するような考え方を Best Linear Unbiased Prediction（BLUP）という（佐々木 2007）。マルチレベル分析で

は，この BLUP によって，ケース数の少ないグループの分析結果をより全体平均に近づけるように補正しながら推定を行っているのである。
25）また，ランダム係数モデルによって，各地点の回帰係数自体を従属変数とした分析（クロス水準交互作用の分析）も可能となる。
26）このような背景から，マルチレベル分析が最初に発展したのは，多段抽出法によって学校またはクラスを無作為に抽出し，そのうえで個人を無作為に抽出することの多い教育学の分野であったとされる（Goldstein 1987: Twisk 2006）。
27）また，マルチレベル分析とそのランダム係数モデルによって，都市度と社会階層の交互作用効果に注目した検討を行った研究として，三輪哲・小林大祐（2005）も挙げられる。
28）厳密には，マルチレベル分析を用いたサンプソン（1988）は，都市度も独立変数に含めた検討を行っている。しかしながら，サンプソンは特に居住地における居住の安定性に注目し，それが「都市化やその他の社会要因とは独立に影響を与えるという想定」（Sampson 1988: 768）で分析を行っていることから，都市度を統制変数として扱い，それ以外の要因の効果を詳細に検討したものとして位置づけられる。
29）ただし，第6章においてのみ，分析の設計上，マルチレベル分析をやや異なるかたちで用いている。
30）近年では，マルチレベル分析によって都市理論の一部の命題を検討したものとして，赤枝尚樹（2010），石黒格（2011），原田謙・杉澤秀博（2014）などの研究がなされている。

# 第Ⅱ部

# 現代日本の都市メカニズム

## 第5章
# 現代日本におけるコミュニティ問題の検討
―― コミュニティ喪失論・存続論・変容論の対比から ――

## 1 現代日本においてコミュニティ問題を問う意味

　農村と比べて，都市では人間関係が希薄であり，人々のつながりが失われているのではないか。こうした「都市＝つながりの失われた場所」というイメージは，コミュニティ喪失論として，学問的にも古くから議論がなされてきたものである（Wirth 1938＝2011）。そして，都市が人々の第一次的紐帯に与える影響に関する問い，すなわちコミュニティ問題は，このコミュニティ喪失論の影響を受け，都市では第一次的紐帯が失われているのか否かを大きな争点とするものであった（Wellman 1979＝2006）。

　また，「都市＝つながりの失われた場所」というイメージは，NHKによる無縁社会の議論によってもとりあげられ（プレジデント社 2011），反響を呼ぶなど，現代日本においてもリアリティをもつものといえるだろう。さらに，内閣府（2010）や犯罪白書によっても同様の指摘がなされるなど，コミュニティ喪失論の主張は，日本において政策を議論するうえでも影響力をもっていると考えられる。たとえば，平成18年度犯罪白書においても「最近の犯罪情勢悪化の背景として，都市化に伴う人間関係の希薄化等の要因によって地域社会の犯罪抑止機能の低下が生じている」（法務省法務総合研究所編 2006: 300）と論じられている。

　しかしながら，そのような議論が流布している現状に対し，野沢（2009）によって，重要な指摘がなされている。序章でも触れた内容であるが，本章の議論において特に重要な指摘であるため，再度引用しておこう。

都市化した地域に住む者は，人間関係が希薄化し，孤立した存在としてイメージされることが常である。……（けれども）こうした「常識」は，実は決して自明ではないにもかかわらず，経験的なデータによって検証されることはめったにない。　　　　　　　　　　（野沢 2009:i，括弧内は引用者）

　こうした野沢の指摘は，現代日本においてコミュニティ喪失論のイメージが独り歩きしている可能性があるために，それ以外の議論も含めながら，実証的な検討を行っていく必要性を説くものといえる。それでは，コミュニティ喪失論が主張する，「都市＝つながりの失われた場所」というイメージは，現代日本における都市の実像を正しく言い表しているのであろうか。さらには，実際に都市は人々の紐帯のあり方にどのような影響を及ぼしているのだろうか。古くから問われ続けてきたコミュニティ問題は，コミュニティ喪失論のイメージが独り歩きしている可能性がある現代日本においてこそ，実証的に問い直される意義の大きい問いといえるだろう。
　そこで本章では，都市が人々の第一次的紐帯に与える影響を総合的に検討しながら，三つの主要な都市理論がそれぞれ提示した，コミュニティ問題に対する三つの回答——コミュニティ喪失論，コミュニティ存続論，コミュニティ変容論——について，どれが現代日本において妥当なのかを明らかにしていくことを目的とする。そのような検討を行うにあたり，まずは次節でコミュニティ問題に対する三つの回答について，議論の相違をまとめていく。そして日本の先行研究と課題について確認した後に，実際に日本の全国調査データを用いながら，コミュニティ問題に関する総合的な検討を行っていくことにしたい。

## 2　コミュニティ問題に対する三つの回答と日本における先行研究

**第一次的紐帯の諸側面**
　本章の目的は，コミュニティ問題に対する三つの回答——コミュニティ喪失論，コミュニティ存続論，コミュニティ変容論——のうち，現代日本において，

どの議論が妥当であるかを検討することである。これらは，人々にとって特に親密で重要な，第一次的紐帯のあり方に関する議論とされる（Wellman 1979＝2006）[1]。

こうしたコミュニティ問題の実証的検討を行うにあたり，まず考えておかなければならないことは，人々の第一次的紐帯の多様な側面のうち，どの側面に注目しながら検討を行うべきなのかということである。その点について，今回は，アメリカの全国調査である GSS のデータを用いてコミュニティ問題に関する検討を行った，ホワイトとゲスト（2003）の議論を参考にしたい。

ホワイトとゲスト（2003）は，コミュニティ問題に関する体系的な議論を行うにあたり，従来の議論を，都市が人々の第一次的紐帯の五つの側面に与える影響に関するものとしてまとめた。第一次的紐帯の五つの側面は，第一次的紐帯の総数，非自発的紐帯，自発的紐帯，紐帯の相互連結，紐帯の強さ，である。これらのうち，非自発的紐帯は，非自発的に形成される親族的な紐帯を想定したものであり，自発的紐帯は，より自発的に形成される非親族的な紐帯を想定したものといえる。また，紐帯の相互連結は，紐帯を取り結んだ相手同士が知り合いである程度を表したものである。ホワイトとゲスト（2003）は，これら第一次的紐帯の五つの側面を想定しながら，1985年 GSS のネットワークデータを用いて[2]，都市度が相談ネットワーク総数，親族数，非親族数，ネットワークの密度，会話頻度に与える効果を総合的に検討している。このように，ホワイトとゲスト（2003）は，都市度が第一次的紐帯のこれらの側面に与える影響を幅広く分析することにより，都市と人々の紐帯に関する複数の命題を同時に検討し，アメリカにおいてコミュニティ問題の総合的な検討を行った。このホワイトとゲスト（2003）の研究は，コミュニティ問題に関する最も新しい知見の一つである（松本 2006）。

よって本章でも，現代日本においてコミュニティ問題の総合的な検討を行うにあたり，これら第一次的紐帯の五つの側面に対して，都市度の効果を検討していくことにしたい。

### コミュニティ問題に対する三つの回答と議論の相違

次に，これら第一次的紐帯の五つの側面をもとにしながら，コミュニティ問

題に対する三つの回答の主張とその相違について，まとめなおしておくことにしよう。

第1章でも述べたように，コミュニティ問題に対する第一の回答としてのコミュニティ喪失論は，シカゴ学派の理論的な支柱をなすものであり（Wellman and Leighton 1979＝2012），都市において「人間的結合の伝統的絆は弱体化する」（Wirth 1938＝2011: 113）ことを主張するものであった。そしてその後，パーソナル・ネットワーク論の観点から，コミュニティ喪失論の主張の要点は，都市における第一次的紐帯の数や密度，さらには強さの減少にあることが指摘されている（Wellman and Leighton 1979＝2012）。よって，コミュニティ喪失論の議論は，第一次的紐帯の五つの側面に対して，都市がいずれの側面も一様に減少させる効果をもつとする主張としてまとめることができるだろう。

それに対して，第二の回答としてのコミュニティ存続論は，「死亡宣告された都市の第一次的紐帯がまだ生命力を保ち続けていることをまさに経験的に証明するような研究」（Wellman 1979＝2006: 164）であった。こうしたコミュニティ存続論の議論は，パーソナル・ネットワーク論の観点から，都市でも農村と量的に同程度の第一次的紐帯が存続していることや，都市においても知り合い同士がつながっている密に編まれたネットワークがみられること，さらには，都市においても強い紐帯が存続していることを主張するものとしてまとめられている（Wellman and Leighton 1979＝2012）。したがって，コミュニティ存続論は，第一次的紐帯の五つの側面について，いずれの側面に関しても都市と農村で違いがみられないと考える立場としてまとめることができる。

しかしながら，都市と農村で人々の第一次的紐帯に違いがみられないとする議論においては，二つの主張が混在しているといえるだろう。一つ目は，都市と農村を含めて，そもそも居住地による第一次的紐帯の違い自体がみられないという主張である。そして二点目は，仮に居住地間の違いが存在したとしても，それは都市－農村の違いによるものではないという主張である。これらは厳密には異なる主張であり，この二つを分けて検討する必要があるだろう。いずれにせよ，これら二つの主張のうちのどちらかがあてはまれば，都市と農村のあいだに紐帯の違いがみられないとする，コミュニティ存続論の主張が支持され

**表 5-1** 三つの立場における都市効果の議論とその相違

| | 第一次的紐帯総数 | 非自発的紐帯 | 自発的紐帯 | 紐帯の相互連結 | 紐帯の強さ |
|---|---|---|---|---|---|
| コミュニティ喪失論 | 減少 | 減少 | 減少 | 減少 | 減少 |
| コミュニティ存続論 | 効果なし | 効果なし | 効果なし | 効果なし | 効果なし |
| コミュニティ変容論 | 効果なし | 効果なし | 増加 | 減少 | 効果なし |

たと考えることができる。

　また，第三の回答であるコミュニティ変容論は，「社会的紐帯の崩壊よりも，都市化によって社会的紐帯の性質が変容することを強調する」(White and Guest 2003: 241)立場であった。このコミュニティ変容論は，第三の潮流であるフィッシャーとウェルマンの議論を受け，大きく二つの主張を展開する。第一に，フィッシャー(1982=2002)の議論から，都市では選択性が増大するために，第一次的紐帯に関して，自発的な非親族による紐帯が興隆をみせることを主張する(White and Guest 2003)。そして第二に，ウェルマン(1979=2006)の議論から，都市では第一次的紐帯同士の相互連結，つまりは親密な相手同士が知り合いである割合が減少することにより，ネットワーク密度が減少し，第一次的紐帯がまばらで枝分かれした構造をもつようになることを主張するのである。

　このコミュニティ変容論は，都市の直接効果を認める都市効果論の議論を受け継ぐものであるが，コミュニティ喪失論とは異なり，必ずしも都市が人々の第一次的紐帯の諸側面に対して，一様な効果をもつことを想定していない点に特徴がある。また，自発的紐帯と紐帯の相互連結以外の側面については，都市と農村の違いはみられないと考え，むしろコミュニティ存続論と同じような議論がなされている(White and Guest 2003)。このように，第一次的紐帯の諸側面において，部分的には興隆をみせ，部分的には断片化を主張するなど，都市による両面の効果を主張していることに加え，それ以外の側面については都市効果がみられないとの主張を行っているのがコミュニティ変容論なのである。

these コミュニティ問題に対する三つの回答の議論を，第一次的紐帯の五つの側面からまとめると，表5-1のようになるだろう。本章では，表5-1でまとめた内容をもとにして，議論を進めていくことにしたい。

**日本における先行研究と課題**

そして日本においても，これらの新しい議論やパーソナル・ネットワークに関する調査技法が取り入れられながら，都市が人々の紐帯に与える影響に関する研究が進められてきた。

そうした研究として，まず挙げられるのが松本による一連の研究であろう。そのなかでも松本（1995, 2005a）は，都市度が親族関係に与える影響を検討し，東京の4地区では都市度が親族数に有意な効果をもたないこと，さらには，名古屋都市圏では都市度が親族関係を減少させる効果が地元出身者においてのみ限定的に生じていることを指摘している。これらは，東京や名古屋都市圏において，コミュニティ喪失論を反証するものといえるだろう。そして松本（2005b）は，親しい友人数に対して，都市度の効果だけではなく本人の移動履歴の効果にも注目した検討を行うなど，非常に緻密な検討によって，アーバニズム理論に時間的・空間的視点を組み込むことを試みている。

また，大谷（1995）は，中国・四国の5都市を対象とした調査を行い，それらの比較から，都市度が上昇すると親しい親族数は減少するのに対し，友人数は増加することを明らかにした。そのことから，おおよそフィッシャーの議論が支持されることを示唆しているのである。さらに，安河内や浅川も，東京や福岡，新潟などの5都市7地区の比較分析から，都市度が親族保有量を減少させるのに対し（安河内 2000），1時間以上の遠距離友人を増加させるとの議論を行っている（浅川 2000）。そして，福岡市と徳島市を比較した矢部拓也（2008）によって，本人や夫のきょうだい数や親しい友人数は都市度の高い福岡市のほうが多い傾向にあるとの議論もなされている。それらに加え，近年では原田・杉澤（2014）により，東京を含めた関東の30自治体のデータに対するマルチレベル分析が行われ，都市度が近距離親族数を減少させるのに対して，中距離友人数を増加させることが明らかとなっている。

さらに、これらの研究を受けながら、全国調査によるコミュニティ問題の検討も少しずつ行われてきている。立山（1998）は全国の有配偶女性を対象とした調査によって、親しいきょうだい数の減少が特に郡部と小都市のあいだで確認されることや、親しい近隣数は大都市よりもむしろ中都市のほうが少ないことを指摘した。そして近年では、全国調査データを用いた分析から、都市が人々の紐帯の空間分布を部分的に拡散させることや、サポートについては都市度による差がみられないことが明らかになっている（石黒 2010）。

このように、日本においては、様々な地域を対象とした研究の蓄積により、必ずしもコミュニティ喪失論が主張するような単純な事態が生じているわけではないことが指摘されてきたといえる。そしてそうした問題意識のもとで、今まさに全国調査データによる検討が着手されはじめている状況にある。よって、日本においても、全国調査データを用いて、コミュニティ問題の総合的な検討を行う段階に来ているといえるだろう。

そこで本章では、都市度が第一次的紐帯の五つの側面に与える影響を総合的に分析しながら、現代日本において、コミュニティ問題に対する三つの回答を検討していく。そのような検討を、主要な都市理論の分析視角を活かしながら行っていくことにしたい。

## 3　データとモデル・変数

**データとモデル**

本章では、日本版 General Social Survey 2003（以下 JGSS 2003）のデータを用いる。この調査は全国の20歳から89歳の男女を対象としたものであり、本章で用いる B 票の対象者は3622人、有効回収数は1706票、有効回収率は48.0%であった。なお、今回は JGSS 2003の B 票のうち、欠損値を含むケースを除外した1687人を対象として分析を行う[3]。本章の分析において JGSS 2003の B 票を用いる理由は、以下の三点である。

第一に、JGSS 2003は、パーソナル・ネットワークの調査技法の発展が取り入れられた、日本で数少ない全国調査のうちの一つだからである。特に JGSS

2003のB票のネットワークモジュールは，ネットワーク研究の礎として位置づけられ，ホワイトとゲスト（2003）でも用いられている，アメリカの1985年GSSのネットワークモジュールを参考にしたものとなっている。そしてJGSS 2003においてもネーム・ジェネレータが採用されながら，相談ネットワーク，政治ネットワーク，仕事ネットワークに関する調査が行われた（中尾 2005）[4]。第4章でも述べたとおり，ネーム・ジェネレータを用いることにより，ネットワーク密度に加え，ネットワークを取り結んでいる相手との会話頻度や親密度についても検討が可能となる（Wellman 1979=2006; Marsden 1987; 星 2010）。したがって，紐帯の相互連結や紐帯の強さを含めた検討を行うにあたり，適したデータと考えることができるだろう。

また，第二に，JGSS 2003では，学歴や職業といった社会階層に関する項目とともに，年齢や婚姻状態などの生活周期段階に関する項目が充実している。よって，個人属性の効果を踏まえた検討が可能なデータでもあるといえる。

そして第三に，JGSS 2003はそれらの項目が含まれていることに加え，標本抽出法として層化二段無作為抽出法が採用された全国調査データである（大阪商業大学比較地域研究所・東京大学社会科学研究所編 2005）。したがって，日本全国のなかから居住地自体を無作為に抽出した，居住地ごとにまとまりのあるデータといえるのである。

JGSS 2003がもつこれらのデータ特性は，第4章で議論した，主要な都市理論とその分析視角を表現するために「必要なデータ」の条件をまさに満たすものである。そのことから，JGSS 2003は都市理論の検討という点においても重要なデータとして位置づけることができるだろう。

なお，JGSS 2003では，層化二段無作為抽出法により489地点が抽出されている[5]。そこで今回は，個人レベルと，居住地レベルの二つの水準からなる，個人が居住地にネストされたデータを作成し，マルチレベルの重回帰分析である階層線形モデル（hierarchical linear model）を用いた分析を行っていく[6]。そのことにより，全国から無作為に抽出された居住地を連続体上に並べながら[7]，個人属性を統制したうえで，居住地間の差異に注目した検討を行うことができるのである。なお，本章では第一次的紐帯の諸側面に対する都市度の主効果を検討す

ることを目的としているため，切片のみにランダム効果を想定した，ランダム切片モデルを用いる。

**変　数**

　使用する変数について，まずは従属変数から説明する。

　本章の分析では，第一次的紐帯の五つの側面に対応した従属変数として，相談ネットワークに関する変数を用いる。JGSS 2003では，回答者に「重要なことを話したり，悩みを相談する人」について最大4人まで挙げてもらい，それぞれについて，間柄や会話頻度などの関係特性，さらには相手の個人属性などを回答してもらっている。この相談ネットワークは，重要なことを話したり，悩みを相談するということから，人々がもつネットワークのなかでも特に重要で親密なものとして位置づけられているため（池田 2005），第一次的紐帯として扱うことができると考えられる[8]。

　そこで，第一次的紐帯の諸側面のうち，まずは第一次的紐帯総数に関する指標として，相談ネットワーク総数を用いることとする。

　また，これら相談ネットワークに関しては，間柄も尋ねている。そこでホワイトとゲスト（2003）に倣い，「配偶者（夫または妻）」「親または子ども」「兄弟姉妹・その他の家族・親せき」を非自発的紐帯，つまりは親族として扱い，それ以外を自発的紐帯，つまりは非親族として扱うこととした[9]。分析の際には，親族数と非親族数は，各回答者の回答に1を加え，10を底とした対数変換を行った値を用いている（原田 2004; 松本 2005b）。

　さらに，紐帯の相互連結に関する指標については，ネットワーク密度を用いる[10]。今回の相談ネットワークに関する質問では，回答者が挙げた相手同士が知り合いであるかどうかも尋ねているため，ネットワーク密度を計算することができる。ちなみに，つながりの数については，「互いに知り合いである」を1，「知り合いではない」を0としたうえで計算し，「わからない」と「無回答」を含むケースは欠損値として扱った。

　そして，紐帯の強さの指標としては，会話頻度を用いる。会話頻度に関しては，相談ネットワークとして挙げた人たちについて，「その人たちとあなたは，

通常どのくらいの頻度で話をしますか（電話やメールも含みます）」という質問文で尋ねられ，「1：ほとんど毎日」「2：週に数回」「3：週に1回程度」「4：月に1回程度」「5：年に数回」の5件法で回答するかたちとなっている。そこで，ホワイトとゲスト（2003）に倣い，相談ネットワークのうち，週に1回以上の頻度で会話をしている人の割合を検討する。会話頻度についても，「無回答」を含むケースは欠損値として扱う。

次に，独立変数について，まずは個人レベルの独立変数から説明する。

個人レベルの独立変数としては，社会階層や生活周期段階を含む，年齢，女性ダミー，教育年数，職業威信スコア，有配偶ダミー，持ち家ダミーを用いる。なお，今回は無職のケースも分析に含めるため，職業威信スコアについては無職に平均値を割り当て，無職ダミーも投入する。これら個人レベルの変数は，個人属性を統制したうえで都市度の効果を検討するための，統制変数として扱う。

それらに対し，居住地レベルの変数としては，都市度を表す変数として，「人口集中地区（Densely Inhabited District）人口比率」（以下 DID 人口比率）を用いる。[11] 近年，市町村合併で新しい市が成立していくことにより，人口は多いが人口密度は低い自治体や，人口密度の高い都市的な地区と人口密度の低い非都市的な地区が混在している自治体も増えてきている。そうしたなかで，人口規模や，行政区分としての市は，必ずしも都市的特性の指標として妥当なものではなくなってきているとされる（小林 2004）。そこで本書では，近年，都市度を表す変数として用いられている，各市区町村の DID 人口比率を用いることとする（小林 2004; 三輪・小林 2005）。[12] これら，本章で用いる変数の記述統計については，表5-2のとおりとなっている。[13]

## 4　コミュニティ問題に関するマルチレベル分析

**第一次的紐帯に対する個人属性の効果**

本節では，第一次的紐帯の五つの側面をそれぞれ従属変数としたマルチレベル分析を行っていく。しかしながら，ガンズ（1962b＝2012）ら非生態学的立場

第Ⅱ部　現代日本の都市メカニズム

表5-2　本章で用いる変数の記述統計

|  | N | 平均値 | 標準偏差 | 最小値 | 最大値 |
|---|---|---|---|---|---|
| 個人レベル |  |  |  |  |  |
| 　年齢 | 1687 | 53.17 | 16.54 | 20.00 | 89.00 |
| 　女性ダミー | 1687 | 0.58 | 0.49 | 0.00 | 1.00 |
| 　教育年数 | 1687 | 11.98 | 2.67 | 6.00 | 18.00 |
| 　職業威信スコア | 1687 | 50.03 | 6.49 | 38.10 | 90.10 |
| 　無職ダミー | 1687 | 0.42 | 0.49 | 0.00 | 1.00 |
| 　有配偶ダミー | 1687 | 0.74 | 0.44 | 0.00 | 1.00 |
| 　持ち家ダミー | 1687 | 0.81 | 0.39 | 0.00 | 1.00 |
| 　相談ネットワーク総数 | 1687 | 2.36 | 1.31 | 0.00 | 4.00 |
| 　親族数 | 1687 | 1.42 | 1.16 | 0.00 | 4.00 |
| 　非親族数 | 1687 | 0.94 | 1.17 | 0.00 | 4.00 |
| 　ネットワーク密度 | 1509 | 0.92 | 0.15 | 0.40 | 1.00 |
| 　会話頻度 | 1526 | 0.80 | 0.30 | 0.00 | 1.00 |
| 居住地レベル |  |  |  |  |  |
| 　DID人口比率 | 468 | 0.63 | 0.37 | 0.00 | 1.00 |

によって，そもそも居住地による生活様式の差異は個人属性の分布の違いに還元されるのではないかとの議論もなされている。したがって，居住地の都市効果を検討するにあたり，まずは第一次的紐帯の居住地間の差異が個人属性の分布の差異に還元されるか否かを確認する必要があるだろう。

そこで，相談ネットワーク総数，親族数，非親族数，ネットワーク密度，会話頻度を従属変数として，個人属性のみを投入したマルチレベル分析を行うと，表5-3のとおりの結果となる。

この表5-3において，Residual Varianceは，従属変数の居住地間の差異を表すものとして考えることができる[14]。表5-3をみてみると，相談ネットワーク総数，親族数，非親族数，ネットワーク密度についてはResidual Varianceが1％水準で有意となっていることがわかる。よって，第一次的紐帯のこれらの側面については，個人属性を統制しても，1％水準で有意な居住地間の差異が確認されたといえる[15]。

それに対して，紐帯の強さを表す会話頻度については，個人属性を統制するとResidual Varianceが有意とならないこと，すなわち居住地間の差異が確認されないことがわかる。このことから，そもそも会話頻度の居住地間の差異は，社会階層や生活周期段階などの個人属性の効果に還元されると考えることがで

## 第5章 現代日本におけるコミュニティ問題の検討

表5-3 個人属性のみを投入したマルチレベル分析の結果

| | 相談ネットワーク総数 | | 親族数 | | 非親族数 | | ネットワーク密度 | | 会話頻度 | |
|---|---|---|---|---|---|---|---|---|---|---|
| | B | S.E. | B | S.E. | B | S.E. | B | S.E. | B | S.E. |
| 切片 | 2.086** | .102 | .208** | .018 | .271** | .018 | .908** | .012 | .713** | .029 |
| 個人レベル | | | | | | | | | | |
| 年齢 | -.016** | .002 | .000 | .000 | -.004** | .000 | .002** | .000 | -.002* | .001 |
| 女性ダミー | .451** | .060 | .060** | .011 | .038** | .011 | -.016* | .008 | .043** | .017 |
| 教育年数 | .089** | .014 | .007** | .003 | .010** | .003 | -.005** | .002 | -.008* | .004 |
| 職業威信 | -.015** | .004 | -.001 | .001 | -.002 | .001 | .001 | .001 | -.001 | .001 |
| 無職ダミー | -.136 | .071 | .010 | .012 | -.039** | .012 | .006 | .008 | .016 | .017 |
| 有配偶ダミー | .060 | .068 | .091** | .013 | -.072** | .013 | .030** | .009 | .030 | .019 |
| 持ち家ダミー | .045 | .083 | .021 | .014 | -.007 | .017 | -.008 | .011 | .040 | .022 |
| *Random Effect* | | | | | | | | | | |
| Residual Variance | .200** | .039 | .008** | .001 | .004** | .001 | .002** | .001 | .004 | .002 |
| -2Loglikelihood | 5375.846 | | -424.994 | | -349.014 | | -1653.912 | | 641.62 | |
| N | 1687 | | 1687 | | 1687 | | 1509 | | 1526 | |

**$p<.01$, *$p<.05$
注)Bは非標準偏回帰係数,S.E.は標準誤差。

きるのである。

### 第一次的紐帯に対する都市効果

　そこで次に,個人属性を統制しても残る,第一次的紐帯の居住地間の差異について,都市効果を確認していくことにしよう。個人属性を統制しても居住地間で違いがみられた,相談ネットワーク総数,親族数,非親族数,ネットワーク密度に関して,居住地レベルの変数としてDID人口比率を投入すると,表5-4のような結果となる。

　この表5-4をみてみると,まず,相談ネットワーク総数と親族数に関しては,DID人口比率,すなわち都市度の効果が有意となっていないことが確認できる。よって,第一次的紐帯のこれらの側面については,都市度による違いはみられないことがわかった。

　それに対して,非親族数についてはDID人口比率の有意な正の効果がみられる。したがって,都市度が高くなるほど,自発的に形成する非親族的な紐帯は豊富になると考えることができる。

**表 5-4** 居住地レベルの変数を投入したマルチレベル分析の結果

| | 相談ネットワーク総数 | | 親族数 | | 非親族数 | | ネットワーク密度 | |
|---|---|---|---|---|---|---|---|---|
| | B | S.E. | B | S.E. | B | S.E. | B | S.E. |
| 切片 | 2.082 ** | .103 | .211 ** | .018 | .267 ** | .018 | .911 ** | .012 |
| 居住地レベル | | | | | | | | |
| 　DID 人口比率 | .031 | .099 | -.023 | .018 | .034 * | .016 | -.025 * | .010 |
| 個人レベル | | | | | | | | |
| 　年齢 | -.016 ** | .002 | .000 | .000 | -.004 ** | .000 | .002 ** | .000 |
| 　女性ダミー | .450 ** | .060 | .061 ** | .011 | .038 ** | .011 | -.016 * | .008 |
| 　教育年数 | .089 ** | .014 | .007 ** | .003 | .009 ** | .003 | -.004 ** | .002 |
| 　職業威信 | -.015 ** | .004 | -.001 | .001 | -.002 | .001 | .001 | .001 |
| 　無職ダミー | -.137 | .071 | .010 | .012 | -.041 ** | .012 | .007 | .008 |
| 　有配偶ダミー | .060 | .069 | .091 ** | .013 | -.072 ** | .013 | .029 ** | .009 |
| 　持ち家ダミー | .049 | .084 | .019 | .014 | -.002 | .017 | -.011 | .011 |
| *Random Effect* | | | | | | | | |
| 　Residual Variance | .200 ** | .039 | .008 ** | .001 | .003 ** | .001 | .002 ** | .001 |
| -2Loglikelihood | 5375.744 | | -426.120 | | -353.318 | | -1658.518 | |
| N | 1687 | | 1687 | | 1687 | | 1509 | |

\*\**p* <.01, \**p* <.05
注) B は非標準偏回帰係数, S.E.は標準誤差。

　また，ネットワーク密度に関しては，逆に，DID 人口比率の有意な負の効果を確認することができる。このことは，都市が人々の第一次的紐帯における相互連結を減少させることを示しており，都市においては紐帯が断片化し，枝分かれした構造をもつ傾向が強まることを表しているといえるだろう。

　これら，自発的紐帯に関する結果と，紐帯の相互連結に関する結果は，それぞれフィッシャーとウェルマンの議論に対応した結果と考えることができる。つまり，コミュニティ変容論の主要な二つの議論である，フィッシャーによる自発的紐帯の興隆の議論と，ウェルマンによる紐帯の断片化の議論の両方が支持されたといえるのである。また，第一次的紐帯総数，非自発的紐帯，紐帯の強さといったそれ以外の側面に関しては，都市と農村で違いがみられないという結果として解釈することができる。よって今回の分析からは，現代日本において，コミュニティ変容論の議論が支持されると考えることができるだろう。

## 5 まとめと議論

本章では,現代日本において,コミュニティ問題に関する総合的検討を行うことを目的とした。そのために,マルチレベル分析を用いながら,主要な三つの都市理論が提示した三つの回答——コミュニティ喪失論,コミュニティ存続論,コミュニティ変容論——のうち,どれが現代日本の全国調査データにおいて支持されるのかということについて,検討してきた。本章の議論を締めくくるにあたって,分析結果をまとめ,解釈と今後の課題を述べたい。

本章ではマルチレベル分析を行うにあたり,まずは個人属性のみを投入した分析を行い,第一次的紐帯の諸側面における居住地間の差異が,個人属性の分布の差異に還元されるか否かを確認した。その結果,紐帯の強さの指標である会話頻度については,個人属性を統制するとそもそも居住地間の差異自体が有意とならず,居住地間の差異は個人属性の分布の差異に還元されることがわかった。

そこで,個人属性を統制しても居住地間の差異が確認された,相談ネットワーク総数,親族数,非親族数,ネットワーク密度に関しては,DID人口比率を投入したマルチレベル分析を行い,都市度の効果を検討した。その結果,自発的紐帯としての非親族数に対しては有意な正の効果がみられ,紐帯の相互連結の指標であるネットワーク密度に対しては有意な負の効果がみられた。そして,それ以外の側面である,相談ネットワーク総数と親族数に関しては有意な効果はみられなかった。これら,本章での分析結果をまとめると,表5-5のようになる。

この表5-5でまとめられている分析結果は,コミュニティ喪失論,コミュニティ存続論,コミュニティ変容論の主張の違いをまとめた表5-1のうち,コミュニティ変容論の主張とほぼ合致することがわかるだろう[16]。よって本章の分析結果は,農村と比べて,都市では第一次的紐帯の総数,非自発的紐帯(親族数),紐帯の強さが失われているとはいえないこと,さらにはむしろ都市のほうが自発的紐帯(非親族数)が豊富であることを示しているといえる。この

表5-5 本章での分析結果

| 第一次的紐帯の諸側面 | 第一次的紐帯の総数 | 非自発的紐帯 | 自発的紐帯 | 紐帯の相互連結 | 紐帯の強さ |
|---|---|---|---|---|---|
| 指標 | 相談ネットワーク総数 | 親族数 | 非親族数 | ネットワーク密度 | 会話頻度 |
| 都市効果 | 効果なし | 効果なし | 増加 | 減少 | 効果なし |

ことから，現代日本において広く流布し，我々の実感にも合致する，「都市＝コミュニティの喪失された場所」というイメージ，すなわちコミュニティ喪失論の主張を支持する結果は得られなかったと考えることができるだろう。したがって本章の分析結果は，これまでコミュニティ喪失論に対して懐疑的な議論を行ってきた日本の研究の知見をより補強し，一般化するものとしても位置づけることができる。

しかしながら，以上のような分析結果は，ある疑問を想起させるものでもある。それは，コミュニティ喪失論が，なぜ現代日本においてここまでのリアリティをもつに至ったのであろうかという疑問である。このように，実際には都市でコミュニティが失われていないのにもかかわらず，コミュニティ喪失論がリアリティをもつという現象については，カナダのイースト・ヨークの調査を行ったウェルマンによっても指摘されている。そしてウェルマンによって，以下のような示唆的な議論が行われているのである。

　　このように様々な面での結合が存在するにもかかわらず，しかも自分自身も多くの人と結合しているというのに，なぜこれほど多くの都市生活者が喪失論の主張を信じてしまうのかという点についても，私たちの調査データはヒントを与えてくれる。イースト・ヨーク住民たちは，凝固してしまいそうなほど連帯性の強い単一のコミュニティにどっぷりと帰属しているのではなく，いまや生活が複数のネットワークの間で分割されてしまっている。そして，……自分の所属する集団は（多数であるうちの）どれなのかを単純明快に決められない状況は，生きる意味やアイデンティティの喪失をもたらさないとも限らない。都市生活者は人びとや資源との

共同的つながりを失ったわけではない。そうした結合の範囲はむしろ拡大してさえいる。だがその反面，単純で整然としたヒエラルヒー的な集団構造のなかに連帯を希求する人々にとっては，いまやコミュニティはすっかり失われてしまったと感じられるのではないだろうか。

(Wellman 1979＝2006: 189)

つまり，都市においては，紐帯の断片化と枝分かれした構造によって特徴づけられる解放されたコミュニティが存在する反面，逆の側面として人々の一体感や一枚岩の連帯も生じにくくなっている。そのことが，都市のほうが紐帯自体は多い可能性すらあるにもかかわらず，コミュニティ喪失論がリアリティをもつ要因になっているということであろう。そして上記のような示唆は，コミュニティ喪失論がリアリティをもつ現代日本の現状に関する示唆とともに，別の意味でも我々に非常に貴重な示唆を与えてくれる。

それは，私たちを取り巻く紐帯の構造，つまりは相互連結やネットワーク密度のあり方が，私たちの意識や世界観に与える影響に関する示唆である。そういった点については，ネットワーク分析の古典中の古典であるボット（[1957]1971）も，紐帯が密に編まれているかどうかが人々の規範や行動に影響を与えることを指摘し，そうしたメカニズムに関して重点的な議論を行っているのである。よって現代日本においても，都市が紐帯を断片化させることをとおして，人々の意識や規範にいかなる影響をもたらすのかという点について，検証していく必要性があるといえよう。その点についても，後の章で議論を行っていくことにしたい。

以上のように，現代日本においては「都市＝つながりの失われた場所」とはいえず，むしろ従来のイメージとは逆に，都市では紐帯が部分的に豊富であることが明らかとなった。さらに近年では，かえって農村のほうが社会的孤立に陥るリスクが高いことも指摘されている（石田 2007，2011）[17]。このような現状を鑑みると，我々はコミュニティ喪失論という神話を離れ，都市と人々の紐帯の関連について，新しい視点と科学的根拠にもとづいた議論を，今後も蓄積していく必要があるといえるだろう。

注

1）これに対して第二次的紐帯（secondary ties）は，利害や打算にもとづいた，より道具的な紐帯のことといえる。第一次的紐帯と第二次的紐帯は，ゲマインシャフトとゲゼルシャフトに対応するものとして，理解することができるだろう。これまで第一次的紐帯としては，親密な親族，親密な友人，親密な同僚や顧客，さらには良き友人などが挙げられており，第二次的紐帯としては，関係性の薄い同僚や知人，さらには単なる顧客などが挙げられている（Reiss 1959）。

2）厳密には，ホワイトとゲスト（2003）が用いたのは，1985年の GSS のネットワークモジュールにおける「過去6ヶ月のあいだに，個人的に重要な事柄を話し合った人」に関するデータである。こうしたネットワークは，個人的に重要な事柄を話し合うことからコア・ディスカッション・ネットワーク（core discussion network）とも呼ばれ（Burt 1984; Marsden 1987），第一次的紐帯の指標として用いられている（White and Guest 2003）。

3）ただし，ネットワーク密度を分析する際には1509ケース，会話頻度に関しては1526ケースによる分析となっている。

4）相談ネットワークは「重要なことを話したり，悩みを相談する人」，政治ネットワークは「日本の政治家や選挙・政治について話をする人たち」，仕事ネットワークは「仕事について相談したり，仕事上のアドバイスをもらう人たち」に関するものとなっている。詳しくは，大阪商業大学比較地域研究所・東京大学社会科学研究所編（2005）や中尾（2005）を参照。

5）欠損値の関係から，分析の際の地点数は468となっている。

6）コミュニティ問題に関する先行研究においても，全国調査データをマルチレベル分析によって検討することが課題とされている（松本 2005b）。

7）第3章でも述べたとおり，そうした議論は都鄙連続体説と呼ばれるものである（Redfield 1947）。

8）ホワイトとゲスト（2003）の分析においても，1985年 GSS のネットワークモジュールにおける「過去6ヶ月のあいだに，個人的に重要な事柄を話し合った人」のデータを用いた分析がなされている。JGSS 2003のネットワークモジュールのうち，特に相談ネットワークは「重要なことを話したり，悩みを相談する人」に関するものであり，上記の1985年 GSS のネットワークモジュールに対応したものであるため（池田 2005），日本におけるコミュニティ問題の分析を行うにあたり適切な項目といえるだろう。

9）ここで非親族数は，相談ネットワーク総数から，親族数を引いたものとして作成している。ちなみに非親族には，「職場の上司または部下」「職場の同僚（上司・部下以外）」「その他の仕事関係」「同じ組織や団体に加入している人」「近所の人」

「友人」「その他」が含まれる。なお，この項目ではあてはまるものすべてに○をつけてもらっているため，たとえば，配偶者と職場の同僚など，複数の間柄を兼ねているケースも存在する。しかし，そうしたケースはごくわずかであったため，複数の間柄を兼ねている場合には，より上記の選択肢を優先し，一つの間柄のみになるようにリコードした。

10) ネットワーク密度（$D$）は，ノードの数を $N$，実際のつながりの数を $N_a$ とすると，以下の式で表される（Scott 1991）。

$$D = \frac{N_a}{N(N-1)/2}$$

ノードの数に回答者を含めるかどうかは分析者の判断によるが（安田 1997），含めなければ相談ネットワーク総数が2以上の回答者のみを対象とした分析となってしまい，ケース数が少なくなってしまう。そこで今回の分析では，回答者もノードに含めたかたちで，ネットワーク密度を計算することとした。

11) 人口集中地区（DID）とは，「1）原則として人口密度が1平方キロメートル当たり4,000人以上の基本単位区等が市区町村の境域内で互いに隣接して，2）それらの隣接した地域の人口が国勢調査時に5,000人以上を有する」（総務省統計局 2010）地区のことである。

12) 本章における各市区町村の DID 人口比率の値については，総務省統計局（2005）から2000年国勢調査のデータを用いた。

13) DID 人口比率については，回帰係数が0になってしまわないように，敢えて100をかけないで用いる。また，本章では個人レベルの独立変数は統制変数として扱うため，年齢，教育年数，職業威信スコアについては，全体平均で中心化を行ったうえで分析する（Enders and Tofighi 2007）。なお，居住地レベルの変数である DID 人口比率についても，全体平均で中心化して用いている。

14) Residual Variance は，残差分散を示すものである。また，相談ネットワーク総数，親族数，非親族数，ネットワーク密度，会話頻度について，居住地間の差異の大きさを表す級内相関係数（intra-class correlation coefficient：以下 ICC）についても確認したところ，ヌルモデルでの ICC の値は，相談ネットワーク総数では.151，親族数では.144，非親族数では.087，ネットワーク密度では.120，会話頻度では.049であった。また，分析で用いたソフトウェアは Mplus ver. 5 （Muthén and Muthén 2007），推定方法はロバスト最尤法である。

15) 個人属性の効果自体は，ほぼホワイトとゲスト（2003）と同じ結果となっている。

16) また，紐帯の強さとしては，相手に対する感情的なコミットメントも考えられる（Granovetter 1973 = 2006）。そこで，相談ネットワークの相手に対する親密度についても，各回答者の平均値の検討を行ったところ，有意な都市効果はみられな

かった。このことは，紐帯の強さには都市と農村の違いがみられないとする本章の結果を，より補強するものと考えることができる。

17) こうした農村や田舎における孤立については，石田光規 (2011) によってデータ分析から明らかにされているほか，聞き取り調査によっても指摘されている。特に，地方山村の孤立に関しては，布団詐欺師から布団を売りつけられる単身高齢女性のケースについて，以下のように述べられている。

　　「詐欺だからお金を払わないように」と諭しても彼女は耳を貸さない。それどころか「お金を払ってもいい」という。調査対象者によれば，布団詐欺師は彼女にとって「話を聞いてくれるいい人」なのだということだ。詐欺とわかっていながらもお金を払ってまで対話を求める彼女の姿に孤立の深刻さが窺える。
（石田 2011: 173）

## 第6章
# 都市は同類結合を促進するか
── 同類結合に対する都市効果の検討 ──

## 1 日本における下位文化理論の適用可能性

　都市はネットワークの選択性を向上させることにより，「生活周期」「エスニシティ」「宗教」「階層」「趣味・娯楽」などの側面で，似たもの同士で結びつく傾向，すなわち同類結合を促進させる。そのような議論を行ったのは，下位文化理論を提示した，フィッシャー（1975b＝2012, 1982＝2002）である。フィッシャーは，都市が同類結合を促進させること，さらにはそれが様々な文化的制度の発展を支えることにより，都市では多様な下位文化が生成・維持されやすくなることを指摘した（Fischer 1982＝2002）。そのことを前提として，都市が紐帯に与える影響と，都市がパーソナリティに与える影響の両面を含んだ，体系的な都市理論を展開したのである。

　このように，都市が人々の同類結合を促進させるという命題は，フィッシャー下位文化理論の中心的な命題であり，この命題を日本で検証することは，下位文化理論の日本への適用可能性を議論するうえで重要な作業といえる。さらにそうした作業は，現代日本において，都市はコミュニティを喪失させるのか，それとも逆に活発なコミュニティをもたらすのか，ということを明らかにするためにも重要なものといえるだろう。ところが日本においては，都市と同類結合の関連について，これまでに十分な検討が行われていないことが指摘されている（森岡 2013）。

　それでは，現代日本において，都市は人々の同類結合を促すのか。そして促すとすれば，人々の多様な側面のうち，どの側面の同類結合を促すのであろう

か。そのような問題関心から，本章では，日本の全国調査データを用いながら，同類結合に対する都市効果の検討を行うことを目的とする。

しかしながら，以上のような検討を行う際に，ネットワークデータの分析に特有の課題を踏まえておく必要がある。同類結合の分析においては，これまで，ネーム・ジェネレータによって集められた，エゴセントリック・ネットワークデータが用いられてきた（Marsden 1988; Beggs et al. 1996）。そしてこれまでのエゴセントリック・ネットワークデータの分析において，同じ回答者がもつネットワーク同士の相関が考慮されていないことを含めた，いくつかの課題が指摘されているのである（Marsden 1988; Van Duijn et al. 1999）。

そこで本章においてのみ，他の章とは異なり，マルチレベル分析をエゴセントリック・ネットワークデータに適用しながら，検討を行っていくことにしたい（Van Duijn et al. 1999）[1]。このようにマルチレベル分析を用いることにより，上記の課題を考慮し，エゴセントリック・ネットワークデータを適切に扱いながら，同類結合に関する検討を行うことが可能となるのである。

そうした検討を行うにあたり，次節では下位文化理論と同類結合の関係についてまとめ，第3節で本章での検討課題を明らかにする。そして第4節でデータ・変数・分析方法について説明し，第5節で同類結合の規定構造に関する分析を行う。その後，第6節において，議論と今後の課題を述べる。

## 2　下位文化理論と同類結合

**同類結合の議論と下位文化理論**

「類は友を呼ぶ（birds of a feather flock together）」という有名なことわざがある。このような，人は自分と似た相手と結びつきやすいのではないかという議論は，学問的にも古くから行われており，プラトンやアリストテレスを嚆矢とするものである（ΠΛΑΤΩΝΟΣ [n.d.] 1907; ΑΡΙΣΤΟΤΕΛΟΓΣ [n.d.] 1959）。その後，そうした議論は，H. ボット（1928）やB. ウェルマン（1926）といった初期の構造分析を経て，P. F. ラザースフェルドとR. K. マートン（1954）によって「同類結合（homophily）」という表現が用いられながら，問題関心が引き継がれて

いった。

　そして，その同類結合の概念を都市理論に取り入れたのが，フィッシャー（1975b＝2012, 1982＝2002）である。第2章で述べたとおり，フィッシャーは下位文化理論を展開するにあたり，選択−制約モデル，都市における選択性の高さ，同類結合原理という三つの前提を導入した（Fischer 1975b＝2012, 1977, 1982＝2002）。フィッシャーは，これらの三つの前提から，選択性の高い都市ではより快適な同類結合が促進されるはずだと考え，そのことが，都市が多様な下位文化を生成・維持するための原動力となるとした。

　こうしてフィッシャーは，都市では社会解体が生じていると考えたワースら社会解体論や，都市と農村のあいだに差異はみられないとするガンズら非生態学的立場といったそれまでの有力な議論に対し，都市ではむしろ紐帯は豊富であり，同類結合が促進されるとの議論を行ったのである。そのようなフィッシャーの議論を受け，特にアメリカにおいて，都市と同類結合の関連についての研究が蓄積されている（Deng and Bonacich 1991; Beggs et al. 1996）。

**同類結合の諸側面**

　しかしながら，ひとえに同類結合といっても，それには様々な側面に関するものが考えられる。その点についてフィッシャーは，自身の議論に関して「社会階級，職業集団，ライフサイクル集団，そして関心を共有する集団のなかにその証拠がある」（Fischer 1975b＝2012: 136-7）と述べ，その後の実証的検討においては，「生活周期段階」「エスニシティ」「宗教」「職業」「娯楽」といった側面について議論を行っている（Fischer 1982＝2002）。よって本章においても，これらの側面の同類結合に関して，都市効果を検討していくことにしたい。そこで以下では，これらの側面について，具体的にどのような検討が行われてきたのかをまとめていく。

　第一に，生活周期段階における同類結合については，年齢や婚姻状態にもとづくものが挙げられる（Fischer 1982＝2002）。フィッシャーは，それらのなかでも，特に都市ほど「回答者と彼または彼女の交際相手との間の年齢の幅が狭まっていること」（Fischer 1982＝2002: 266）を指摘し，わずかではあるものの，

都市が年齢の同質性を高めることを示唆している。しかしながら,その後の検討においては年齢同類結合に対する都市効果は確認されていないなど(Beggs et al. 1996),都市効果に関する証拠はあまり強くは確認されていない側面といえる。

また,第二に挙げられるのが,エスニシティと宗教に関する同類結合である。これらの側面は,これまでも都市の下位文化として特に注目されてきた,エスニシティや宗教にもとづく下位文化に対応する側面であり,重点的に議論が行われてきたものといえる(Fischer 1982=2002)。エスニシティと宗教の同類結合については,多くの実証的検討によって都市効果が確認されており(Laumann 1973; Deng and Bonacich 1991; Beggs et al. 1996),都市はエスニシティや宗教に関するコミュニティを崩壊させる場所ではなく,むしろ支える場所であることが指摘されている(Fischer 1982=2002)。

これまでにみてきた「年齢」「エスニシティ」「宗教」は出自によって大きく規定されている生得的な属性といえる。それらに対し,より自発的に獲得していく,獲得的な属性に関する同類結合としての「職業や趣味の共有に基づく関係」(Fischer 1982=2002: 311)も挙げられているのである。そこで次に,そうした側面の同類結合についてもみていこう。

フィッシャー(1982=2002)は,同類結合に関する議論を行うにあたり,職業の観点からも検討を行った。ただし,フィッシャーは職場仲間に関する実証的検討を行ったものの,都市が職場仲間の同類結合に影響を与える証拠はあまりみられないことを指摘している。そこで,社会階層に関する同類結合としては,職業に加え,これまでの議論においても重要な位置を占めてきた,学歴同類結合にも対象を広げ(McPherson et al. 2001),都市効果を検討する必要があるといえるだろう[2]。

そして最後に,娯楽としての余暇活動や趣味といった側面の同類結合についても議論がなされているが,アメリカにおいては,この側面の同類結合に対する都市効果は部分的に支持されるにとどまっている(Fischer 1982=2002)。しかしながら,同類結合が文化的な制度を支え,下位文化を発展・維持させていくという議論からすると,娯楽としての余暇活動や趣味の共有にもとづく同類結

合は重要な側面と考えられるため，現代日本においても検討する必要があるだろう。

## 3　本章での検討課題

　以上のように，「都市が同類結合を促進する」という命題は下位文化理論における中心的な命題であり，それを受け，これまでアメリカを中心に，都市と同類結合に関する研究が蓄積されてきた。それに対して日本では，同類結合の検討に必要な，ネットワーク他者の情報が含まれたデータが蓄積されてこなかったこともあり，同類結合の分析はほとんどなされてこなかったといえる（森岡 2013）。

　しかしながら近年では，日本においても同類結合に関する研究が少しずつ着手されるようになってきた。たとえば，出身地の同質性に関する研究が行われているほか（大谷 1995），価値観の同類結合に対する都市効果の検討も行われている（石黒 2011）。そうした研究の蓄積に加え，JGSS 2003によって，ネットワーク他者の情報についても検討可能な，ネーム・ジェネレータを用いたネットワークモジュールが組まれたことにより，日本の全国調査データによって都市と同類結合の関係を問う下地が整ってきているといえる。そこで本章では，日本の全国調査であるJGSS 2003を用いながら，現代日本において，同類結合に対する都市効果の総合的な検討を行っていくことを目的とする。

　そして，日本においてそうした検討を行っていくにあたり，考えておかなければならない点がある。それは，日本で同類結合の分析を行う際に，人々のどの側面に関する同類結合を扱うべきかという点である。先述したように，これまでアメリカでは，都市との関連を検討するにあたり，生活周期段階，エスニシティ，宗教，職業，趣味・娯楽に関する同類結合が検討されてきた。しかしながら，日本での検討ということを考えると，エスニシティや宗教についての検討を行うことは難しい。なぜならば，日本は移民が少なく，さらには宗教性が低い国だからである（OECD 2010; 電通総研・日本リサーチセンター編 2008）。そこで本章では，それ以外の側面に学歴を加えた，「年齢」「学歴」「職業」「趣

味・娯楽」という四つの側面の同類結合に関して，都市効果を検討していくこととする。本章では，そうした検討を，エゴセントリック・ネットワークデータの分析に特有の課題にも応えながら，行っていくことにしたい。

## 4 データ・変数・分析方法

### データ

本章においても，前章と同じく JGSS 2003 のデータを用いる[3]。

この調査においては，留置票の B 票で，ネーム・ジェネレータによる相談ネットワーク，すなわち「重要なことを話したり，悩みを相談する人」についての調査がなされている[4]。そして本章の検討において特に注目すべきなのは，回答者自身に加え，ネットワーク他者の属性や間柄などについても回答してもらっていることから，回答者とネットワーク他者の同質性を検討することが可能なデータということである。

そこで本章では，回答者とネットワーク他者のあいだの同類性や関係性，さらには各回答者がもつネットワーク数の情報を活用するために，ネットワーク他者を最小単位としたデータを作成した。このようなデータは，各回答者に1～4人のネットワーク他者がネストされた，入れ子状のデータであることがわかる（図6-1）。そこで今回は，図6-1のように回答者水準とネットワーク他者水準の二つの水準からなるデータを作成して，分析を行っていく[5]。

### 変 数

今回は，JGSS 2003 の相談ネットワークにおいて，回答者の情報とネットワーク他者の情報の両方を用いながら，「年齢」「学歴」「職業」「趣味・娯楽」という四つの側面について，同類結合を表す変数を作成する。そこで以下では，それらの従属変数について説明を行っていくことにしたい。

まず，ライフサイクル段階に関する同類結合としては，年齢同類結合をとりあげる。JGSS 2003では，回答者の年齢とともに，ネットワーク他者の年齢も質問しているため，回答者年齢とネットワーク他者年齢の差の絶対値を算出す

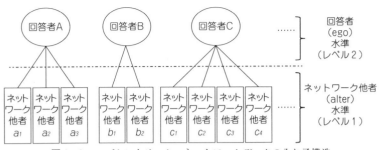

図 6-1　エゴセントリック・ネットワークデータの入れ子構造

ることができる。そこで今回は，回答者年齢とネットワーク他者年齢の差の絶対値を算出し，これにマイナスをかけた値を年齢同類結合スコアとした。[6]

　また，学歴同類結合については，JGSS 2003ではネットワーク他者の学歴も尋ねているため，回答者の学歴とネットワーク他者の学歴が一致しているかどうかを確認することができる。よって今回は，回答者とネットワーク他者の学歴を，それぞれ初等教育，中等教育，高等教育の3カテゴリに分けたうえで，回答者とネットワーク他者の学歴が一致した場合を1とした学歴同類結合ダミーを作成した。[7]

　そして，JGSS 2003では，ネットワーク他者の職業についても尋ねているため，回答者の職業とネットワーク他者の職業についても，一致しているかどうかを確認することができる。そこで，回答者とネットワーク他者の職業について，専門・管理，事務・販売，ブルーカラー，農業，無職の5カテゴリを作成し[8]，回答者とネットワーク他者の職業が一致した場合を1とした職業的同類結合ダミーを作成している。

　これら，年齢，学歴，職業について，回答者とネットワーク他者の属性に関するクロス表を作成すると，表6-1，表6-2，表6-3のとおりとなる。それらを確認すると，年齢，学歴，職業のいずれにおいてもきれいに対角セルが多くなっており，先行研究が指摘しているように，回答者属性とネットワーク他者属性のあいだに，同類結合が生じている傾向を確認することができる（Marsden 1988; 石黒 2009）。本章では，都市がそれらの傾向を強めるか否かに関する検討を行うが，後の分析では，年齢の場合は回答者とネットワーク他者の

表6-1 回答者年齢とネットワーク他者年齢のクロス表[9]

| 回答者年齢 | ネットワーク他者の年齢 | | | | | | | 合計 |
|---|---|---|---|---|---|---|---|---|
| | 30歳未満 | 30代 | 40代 | 50代 | 60代 | 70代 | 80代以上 | |
| 20代 | **271** (52.9%) | 68 (14.8%) | 25 (5.5%) | 73 (15.9%) | 18 (3.9%) | 3 (0.7%) | 0 (0.0%) | 458 |
| 30代 | 40 (5.8%) | **354** (51.3%) | 98 (14.2%) | 64 (9.3%) | 119 (17.2%) | 15 (2.2%) | 0 (0.0%) | 690 |
| 40代 | 19 (3.3%) | 43 (7.4%) | **274** (47.2%) | 124 (21.3%) | 43 (7.4%) | 68 (11.7%) | 10 (1.7%) | 581 |
| 50代 | 52 (7.2%) | 53 (7.4%) | 76 (10.6%) | **347** (48.2%) | 122 (16.9%) | 47 (6.5%) | 23 (3.2%) | 720 |
| 60代 | 6 (0.8%) | 114 (16.0%) | 55 (7.7%) | 96 (13.5%) | **309** (43.5%) | 116 (16.3%) | 15 (2.1%) | 711 |
| 70代 | 1 (0.3%) | 13 (3.4%) | 78 (20.1%) | 54 (13.9%) | 67 (17.3%) | **149** (38.4%) | 26 (6.7%) | 388 |
| 80代 | 0 (0.0%) | 2 (2.1%) | 9 (9.5%) | 26 (27.4%) | 15 (15.8%) | 20 (21.1%) | 23 (24.2%) | 95 |
| 合計 | 389 (10.7%) | 647 (17.8%) | 615 (16.9%) | 784 (21.5%) | 693 (19.0%) | 418 (11.5%) | 97 (2.7%) | 3643 |

$x^2 = 3419.58$, d.f. = 36, $p = .000$, 一致率 = 47.4%
注)値は度数,括弧内は行%.太字は調整済み残差が1.96以上のセルを表す。

表6-2 回答者学歴とネットワーク他者学歴のクロス表

| 回答者学歴 | ネットワーク他者の学歴 | | | 合計 |
|---|---|---|---|---|
| | 初等教育 | 中等教育 | 高等教育 | |
| 初等教育 | **271** (42.5%) | 313 (49.1%) | 53 (8.3%) | 637 |
| 中等教育 | 204 (11.8%) | **1134** (65.6%) | 390 (22.6%) | 1728 |
| 高等教育 | 68 (5.3%) | 530 (41.5%) | **680** (53.2%) | 1278 |
| 合計 | 543 (14.9%) | 1977 (54.3%) | 1123 (30.8%) | 3643 |

$x^2 = 849.64$, d.f. = 4, $p = .000$, 一致率 = 57.2%
注)値は度数,括弧内は行%.太字は調整済み残差が1.96以上のセルを表す。

差を,学歴と職業についてはクロス表の対角セルを1とし,それらを従属変数とした分析を行っていくこととなる。

また,こうした属性的な同類結合に加え,本章では,趣味・娯楽の同類結合に関しても検討を行う。JGSS 2003のネットワークモジュールでは,回答者に,

表6-3 回答者職業とネットワーク他者職業のクロス表

| 回答者職業 | ネットワーク他者の職業 | | | | | 合計 |
|---|---|---|---|---|---|---|
| | 専門・管理 | 事務・販売 | ブルーカラー | 農業 | 無職 | |
| 専門・管理 | **175** (39.9%) | 76 (17.3%) | 62 (14.1%) | 7 (1.6%) | 119 (27.1%) | 439 |
| 事務・販売 | 248 (27.3%) | **251** (27.6%) | 164 (18.0%) | 8 (0.9%) | 238 (26.2%) | 909 |
| ブルーカラー | 163 (20.2%) | 151 (18.7%) | **266** (33.0%) | 21 (2.6%) | 205 (25.4%) | 806 |
| 農業 | 15 (9.5%) | 16 (10.1%) | 22 (13.9%) | **66** (41.8%) | 39 (24.7%) | 158 |
| 無職 | 195 (14.7%) | 202 (15.2%) | 199 (15.0%) | 40 (3.0%) | **695** (52.2%) | 1331 |
| 合計 | 796 (21.9%) | 696 (19.1%) | 713 (19.6%) | 142 (3.9%) | 1296 (35.6%) | 3643 |

$x^2$ = 1051.25, d.f.=16, $p$ = .000, 一致率=39.9%
注)値は度数,括弧内は行%,太字は調整済み残差が1.96以上のセルを表す。

 ネットワーク他者と共通の趣味や娯楽をもっているかどうかも質問しているため,趣味・娯楽に関する同類結合も検討することができる。そこで今回は,共通の趣味や娯楽をもっている場合を1とした,趣味・娯楽同類結合ダミーを作成し,検討を行っていく。

 続いて独立変数について,回答者水準の変数から説明する。本章では,回答者水準の独立変数として,都市度,年齢,性別,学歴,職業,持ち家に関する変数を用いることとする。

 都市度を表す指標としては,前章と同様に DID 人口比率を用いる。DID 人口比率については,総務省統計局(2005)から各市区町村の2000年国勢調査の値を用いた。また,年齢は実年齢の値を用い,性別については女性を1,男性を0とした女性ダミーを作成した。学歴については,初等教育ダミー,中等教育ダミー,高等教育ダミーを作成している。職業については,専門・管理ダミー,事務・販売ダミー,ブルーカラーダミー,農業ダミー,無職ダミーを作成した。そしてこれらに加え,持ち家の有無に関する持ち家ダミーも作成し,分析に用いることとする。

 さらに,これまでの同類結合の議論において,回答者とネットワーク他者の関係性の効果も検討されてきた(Mollenhorst et al. 2008; 石黒 2011)。そこで本章

表6-4　本章で用いる変数の記述統計

| | N | 平均値 | 標準偏差 | 最小値 | 最大値 |
|---|---|---|---|---|---|
| レベル2：回答者(ego)水準 | | | | | |
| 　DID人口比率 | 1488 | 0.58 | 0.37 | 0.00 | 1.00 |
| 　年齢 | 1488 | 52.16 | 16.52 | 20.00 | 89.00 |
| 　女性ダミー | 1488 | 0.60 | 0.49 | 0.00 | 1.00 |
| 　初等教育 | 1488 | 0.22 | 0.42 | 0.00 | 1.00 |
| 　中等教育 | 1488 | 0.47 | 0.50 | 0.00 | 1.00 |
| 　高等教育 | 1488 | 0.31 | 0.46 | 0.00 | 1.00 |
| 　専門・管理 | 1488 | 0.11 | 0.32 | 0.00 | 1.00 |
| 　事務・販売 | 1488 | 0.23 | 0.42 | 0.00 | 1.00 |
| 　ブルーカラー | 1488 | 0.22 | 0.41 | 0.00 | 1.00 |
| 　農業 | 1488 | 0.04 | 0.20 | 0.00 | 1.00 |
| 　無職 | 1488 | 0.40 | 0.49 | 0.00 | 1.00 |
| 　持ち家ダミー | 1488 | 0.81 | 0.40 | 0.00 | 1.00 |
| レベル1：ネットワーク他者(alter)水準 | | | | | |
| 　配偶者ダミー | 3643 | 0.23 | 0.42 | 0.00 | 1.00 |
| 　親または子ダミー | 3643 | 0.24 | 0.43 | 0.00 | 1.00 |
| 　親子以外の親族ダミー | 3643 | 0.16 | 0.36 | 0.00 | 1.00 |
| 　職場関係ダミー | 3643 | 0.07 | 0.25 | 0.00 | 1.00 |
| 　隣人ダミー | 3643 | 0.03 | 0.17 | 0.00 | 1.00 |
| 　友人ダミー | 3643 | 0.23 | 0.42 | 0.00 | 1.00 |
| 　その他の関係ダミー | 3643 | 0.05 | 0.22 | 0.00 | 1.00 |
| 　年齢同類結合スコア | 3643 | -10.11 | 11.23 | -58.00 | 0.00 |
| 　学歴同類結合ダミー | 3643 | 0.57 | 0.49 | 0.00 | 1.00 |
| 　職業的同類結合ダミー | 3643 | 0.40 | 0.49 | 0.00 | 1.00 |
| 　趣味的同類結合ダミー | 3643 | 0.50 | 0.50 | 0.00 | 1.00 |

の分析では，ネットワーク他者水準の変数として，回答者とネットワーク他者の関係性に関する変数も用いる。JGSS 2003では，「重要なことを話したり，悩みを相談する人」に関して，「その人たちは，あなたにとってどのような間柄ですか」という質問で，回答者との間柄についても選択してもらっている[12]。そこで，ケースが少ないカテゴリを統合し，「配偶者」「親または子」「親子以外の親族」「職場関係」「隣人」「友人」「その他の関係」の7カテゴリに分け[13]，それぞれのダミー変数を作成した。

　これら，本章で用いる変数の記述統計については，表6-4のとおりとなっている。

## 分析方法

　本章では,エゴセントリック・ネットワークデータの分析から,同類結合に対する都市効果の検討を行うことを目的としている。しかしながら,これまでの重回帰分析や対数線形モデルによるエゴセントリック・ネットワークデータの分析に関して,分析上の三つの課題が指摘されている。それは,(1) 同じ回答者がもつネットワーク同士の相関が考慮されていないこと,(2) 各回答者がもつネットワーク数の違いが考慮されていないこと,(3) 回答者自身の効果と回答者がもつ紐帯の効果が適切に分離されていないこと,というものである (Marsden 1988; Van Duijn et al. 1999)。

　そこで本章では,エゴセントリック・ネットワークデータが入れ子状のデータであるという特性を活かし,エゴセントリック・ネットワークデータにマルチレベル分析を適用していくことで,上記の三つの課題を考慮した分析を行っていくことにしたい。エゴセントリック・ネットワークデータへのマルチレベル分析の適用は,M. A. J. ファン・ダインら (1999) によって提案され,それ以後,いくつかの研究によっても実際に用いられるようになっている方法である (Wellman and Kenneth 2001; Mollenhorst et al. 2008)。

　こうしたマルチレベル分析は,第一に,独立性の仮定を置かない分析を可能にする。これまでの重回帰分析などによるエゴセントリック・ネットワークの分析では,同じ回答者がもつネットワーク同士の独立性(無相関)を仮定してしまうことが知られている (Van Duijn et al. 1999)。しかしながら現実には,似た人ばかりと結びつく傾向をもつ回答者がいることから,同じ回答者がもつネットワークに相関があることを考慮した分析を行うことが望ましい。それに対して,マルチレベルモデルを用い,同じ回答者がもつネットワーク同士の誤差相関を統制し,誤差を補正することにより,独立性の仮定を置かず,同じ回答者がもつネットワーク同士の相関を考慮した分析が可能となるのである (Gelman and Hill 2007)。

　また第二に,マルチレベル分析では,グループごとのケース数の情報を用いて,各クラスターの切片や傾きについての信頼性係数を算出することができる。つまり,各回答者がもつネットワーク数の違いから,切片や定数項の信頼性係

数を算出し，信頼性係数が小さいクラスターの切片や定数項を全体平均の方向に補正することにより，回答者がもつネットワーク数を考慮した分析を行うことできるのである（Gelman and Hill 2007）。

さらに第三に，マルチレベル分析によって，回答者水準とネットワーク他者水準を分けたうえで，回答者自身の効果と回答者がもつ紐帯の効果を適切に分離した分析が可能となる。

このように，第4章でも言及したマルチレベル分析の特徴は，エゴセントリック・ネットワークデータの分析においても，分析上の三つの課題を乗り越えるものであったといえる。そこで今回は，年齢同類結合については階層線形モデルを用い，学歴同類結合，職業的同類結合，趣味的同類結合については，従属変数が2値のため，マルチレベルロジスティック回帰モデル（multilevel logistic regression model）を用いる。また，本章では都市度の主効果に関する検討を主な目的としているため，切片のみにランダム効果を仮定した，ランダム切片モデルによる検討を行っていく。

なお，本章の分析では，ネットワーク他者水準（レベル1）の変数の効果も解釈できるようにするために，ネットワーク他者水準の変数はグループ平均で中心化する（Enders and Tofighi 2007）。そして，回答者ごとのネットワーク他者水準の変数の平均値を回答者水準（レベル2）の変数として投入し，これらを統制したうえで検討を行っていく[14]。こうした分析は，ハイブリッドモデル（hybrid model）として知られているものである（Allison 2009; 三輪・山本 2012; 藤原 2012）[15]。

## 5 分　析

**都市度と同類結合の2変数間の関連**

本節では，都市度と同類結合の関連について，実証的に検討していく。そこで，まずは都市度と同類結合の2変数間の関連を確認することにしたい。都市度と同類結合の2変数間の関連は，以下の表6-5から表6-8のとおりとなっている[16]。

**表 6-5** 都市度と年齢同類結合（年齢差）に関する一元配置分散分析

|  |  | 平均値 | 度数 | 標準偏差 | F値 | イータ 2 乗 |
|---|---|---|---|---|---|---|
| 都市度<br>（DID 人口比率） | 高（0.8以上） | 10.32 | 1474 | 11.60 | 3.302* | 0.002 |
|  | 中（0.4以上0.8未満） | 9.38 | 1058 | 10.78 |  |  |
|  | 低（0.4未満） | 10.54 | 1111 | 11.11 |  |  |

\*\*$p<.01$, \*$p<.05$

**表 6-6** 都市度と学歴同類結合に関するクロス表

| 都市度（DID 人口比率） | 学歴同類結合ダミー | | 合計 |
|---|---|---|---|
|  | 0 | 1 |  |
| 高（0.8以上） | 616<br>(41.8%) | 858<br>(58.2%) | 1474 |
| 中（0.4以上0.8未満） | 443<br>(41.9%) | 615<br>(58.1%) | 1058 |
| 低（0.4未満） | 499<br>(44.9%) | 612<br>(55.1%) | 1111 |
| 合計 | 1558<br>(42.8%) | 2085<br>(57.2%) | 3643 |

$x^2=3.014$, d.f.$=2$, $p=.222$

注）値は度数，括弧内は行%
　　太字は調整済み残差が1.96以上のセルを表す。

表 6-5 は，都市度と年齢同類結合（年齢差）に関する，一元配置分散分析の結果である。この表をみてみると，都市度が中程度であれば年齢同類結合が生じやすい（年齢差が小さい）傾向が確認できるが，都市度とのあいだに線形の関連は確認することができない。

そして表 6-6 は，都市度と学歴同類結合の，2 変数間の関連についてのクロス表である。これを確認すると，$x^2$ 検定が有意ではなく，都市度と学歴同類結合のあいだには関連がみられないことがわかるだろう。

その点については，都市度と職業的同類結合の，2 変数間の関連を確認した表 6-7 も同様である。表 6-7 を確認すると，$x^2$ 検定が有意ではないことから，都市度と職業的同類結合のあいだには関連がみられないことがわかる。

それに対して，都市度と趣味的同類結合について，2 変数間の関連をみた表 6-8 をみてみると，$x^2$ 検定が有意であり，関連が確認されることがわかる。そこで各セルの調整済み残差の値を確認すると，都市度が高ければ趣味的同類結合が生じているセルの度数が多くなっていること，さらには，都市度が低け

表6-7 都市度と職業的同類結合に関するクロス表

| 都市度（DID 人口比率） | 職業的同類結合ダミー | | 合計 |
|---|---|---|---|
| | 0 | 1 | |
| 高（0.8以上） | 872 (59.2%) | 602 (40.8%) | 1474 |
| 中（0.4以上0.8未満） | 634 (59.9%) | 424 (40.1%) | 1058 |
| 低（0.4未満） | 684 (61.6%) | 427 (38.4%) | 1111 |
| 合計 | 2190 (60.1%) | 1453 (39.9%) | 3643 |

$x^2 = 1.554$, d.f. = 2, $p = .460$
注）値は度数，括弧内は行％
太字は調整済み残差が1.96以上のセルを表す。

表6-8 都市度と趣味的同類結合に関するクロス表

| 都市度（DID 人口比率） | 趣味的同類結合ダミー | | 合計 |
|---|---|---|---|
| | 0 | 1 | |
| 高（0.8以上） | 684 (46.4%) | **790 (53.6%)** | 1474 |
| 中（0.4以上0.8未満） | 510 (48.2%) | 548 (51.8%) | 1058 |
| 低（0.4未満） | **624 (56.2%)** | 487 (43.8%) | 1111 |
| 合計 | 1818 (49.9%) | 1825 (50.1%) | 3643 |

$x^2 = 25.868$, d.f. = 2, $p = .000$
注）値は度数，括弧内は行％
太字は調整済み残差が1.96以上のセルを表す。

れば趣味的同類結合が生じていないセルの度数が多くなっていることがわかる。したがって，都市度が高くなるほど趣味的同類結合が生じやすい傾向が確認されたといえるだろう。

**同類結合の規定構造に関するマルチレベル分析**

次に，マルチレベル分析を行い，他の変数を統制しても，2変数間の関連と同様の傾向がみられるかどうかを確認していくことにしたい。

マルチレベル分析を行うにあたり，まずは，年齢同類結合，学歴同類結合，

表6-9 ネットワーク他者水準の変数のみを投入した際のResidual Variance

|  | 年齢同類結合 | 学歴同類結合 | 職業的同類結合 | 趣味的同類結合 |
| --- | --- | --- | --- | --- |
| *Random Effect* | | | | |
| Residual Variance | 45.589 ** 2.313 | 1.647 ** .226 | 1.050 ** .167 | 6.351 ** .743 |
| -2Loglikelihood | 24906.29 | 4675.74 | 4736.36 | 4303.22 |
| N | 3643 | 3643 | 3643 | 3643 |

**$p<.01$, *$p<.05$

注) 年齢同類結合のみ階層線形モデル。学歴同類結合・職業的同類結合・趣味的同類結合はマルチレベル二項ロジスティック回帰分析。
Residual Varianceの右の数値はその標準誤差。この表6-9では,ネットワーク他者水準の回帰係数の表記は割愛している。

職業的同類結合,趣味的同類結合について,Residual Varianceを確認する。ネットワーク他者水準の変数のみを投入した表6-9をみてみると,年齢同類結合,学歴同類結合,職業的同類結合,趣味的同類結合のいずれも,Residual Varianceが有意となっていることがわかる[17]。つまり,同類結合の四つの側面のいずれについても,同じ回答者がもつネットワークには（級内）相関があるため,マルチレベルモデルを用いる必要があると考えられるだろう。

そこで次に,すべての独立変数を投入した分析から,特に都市度の効果を重点的にみていく。すべての変数を投入したマルチレベル分析の結果は,表6-10のとおりである。

表6-10について,まずは,都市度を表すDID人口比率の効果をみていこう。それぞれの分析についてDID人口比率の効果を確認すると,年齢同類結合,学歴同類結合,職業的同類結合に対しては有意な効果をもたないことがわかる。よって都市は,年齢,学歴,職業の側面に関する同類結合については,促進する効果をもたないと考えることができるだろう。

それらに対し,趣味的同類結合に対するDID人口比率の効果をみてみると,個人属性を統制しても有意な正の効果を確認することができる。回帰係数は.447であり,オッズ比を計算すると,都市度が一番低い居住地と比べて,都市度が一番高い居住地では,趣味的同類結合が1.56倍起こりやすい。したがって都市は,年齢,学歴,職業にもとづく同類結合は促進しないのに対し,趣味の共有にもとづく同類結合は促進するといえるだろう[18]。

次に,DID人口比率以外の変数の効果についても,同類結合の諸側面ごと

第Ⅱ部　現代日本の都市メカニズム

**表6-10　同類結合の規定要因に関するマルチレベル分析**

|  | 年齢同類結合 | | 学歴同類結合 | | 職業的同類結合 | | 趣味的同類結合 | |
|---|---|---|---|---|---|---|---|---|
|  | B | S.E. | B | S.E. | B | S.E. | B | S.E. |
| 切片（定数項） | -6.751** | .860 | .442 | .391 | .812* | .330 | -.167 | .613 |
| 回答者水準（レベル2） | | | | | | | | |
| 　DID人口比率 | -.311 | .258 | .045 | .140 | .147 | .128 | .447* | .223 |
| 　年齢 | -.033** | .010 | -.002 | .004 | .001 | .004 | -.030** | .007 |
| 　女性ダミー | .359 | .205 | .169 | .107 | .103 | .098 | .124 | .171 |
| 　学歴（ref. 初等教育） | | | | | | | | |
| 　　中等教育 | .210 | .287 | .964** | .147 | -.060 | .128 | .465* | .235 |
| 　　高等教育 | .023 | .333 | .231 | .179 | -.287 | .154 | .843** | .281 |
| 　職業（ref. 専門・管理） | | | | | | | | |
| 　　事務・販売 | .202 | .303 | .024 | .181 | -.666** | .163 | .120 | .278 |
| 　　ブルーカラー | .531 | .335 | -.216 | .187 | -.408* | .173 | .174 | .294 |
| 　　農業 | .574 | .637 | -.005 | .271 | .204 | .264 | .215 | .465 |
| 　　無職・学生 | -.190 | .313 | .040 | .183 | .664** | .163 | -.129 | .292 |
| 　持ち家ダミー | .367 | .244 | .061 | .138 | .047 | .128 | .044 | .215 |
| ネットワーク他者水準（レベル1） | | | | | | | | |
| 　回答者からみた関係性（ref. 親子以外の親族） | | | | | | | | |
| 　　配偶者 | 3.986** | .449 | .633** | .176 | .081 | .171 | 1.885** | .238 |
| 　　親または子 | -19.525** | .539 | -1.045** | .182 | -.803** | .180 | -.639** | .214 |
| 　　職場関係 | .829 | .666 | .368 | .248 | 1.117** | .268 | .599 | .355 |
| 　　隣人 | 1.608 | .936 | .075 | .425 | 1.026** | .370 | 1.847** | .553 |
| 　　友人 | 4.481** | .474 | .485* | .192 | -.086 | .184 | 1.532** | .250 |
| 　　その他の関係 | -.469 | 1.151 | .083 | .330 | -.004 | .314 | .755 | .385 |
| *Random Effect* | | | | | | | | |
| 　Residual Variance | 1.744** | .647 | 1.189** | .190 | .698** | .142 | 5.135** | .628 |
| -2Loglikelihood | 22691.58 | | 4498.28 | | 4532.23 | | 4117.54 | |
| N | 3643 | | 3643 | | 3643 | | 3643 | |

**$p<.01$, *$p<.05$

注）年齢同類結合のみ階層線形モデル。学歴同類結合・職業的同類結合・趣味的同類結合はマルチレベル二項ロジスティック回帰分析。Bは非標準偏回帰係数，S. E. は標準誤差。
　　ネットワーク他者水準の変数については，グループごとの平均値をレベル2に投入し，回答者間の差異も統制している。

に確認する。

　まず，年齢同類結合については，年齢が有意な負の効果をもち，若いほど，年齢同類結合が生じやすいことがわかる。そしてネットワーク他者水準では，親子以外の親族と比べ，特に配偶者と友人で年齢が近く，親または子で年齢差が大きいことがわかる。別途行ったt検定からも，最も年齢が近い傾向にあるのは配偶者と友人であり，親または子は最も年齢差が大きい関係性であること

が確認された。

　また，学歴同類結合の結果をみていくと，中等学歴が有意な正の効果をもつことから，初等学歴と比べ，中等学歴で学歴同類結合が生じやすいといえる。さらにネットワーク他者水準では，年齢同類結合と同様に，親子以外の親族と比べ，特に配偶者と友人で学歴同類結合が生じやすく，親または子で学歴同類結合が生じにくいことがわかった。

　そして，職業的同類結合についてみていくと，職業の効果を確認することができる。専門・管理と比べて，事務・販売やブルーカラーは異なる職業の人と結びつきやすく，無職は無職同士でつながる傾向が強い。さらに，ネットワーク他者水準を確認すると，別途行った $t$ 検定の結果，職場関係と隣人で特に職業的同類結合が生じやすく，そして，親または子は特に職業的同類結合が生じにくいことがわかった。

　最後に，趣味的同類結合についてみていく。趣味的同類結合については，年齢が有意な負の効果をもっており，若いほど趣味的同類結合が生じやすい。そして学歴の効果も確認することができ，初等学歴と比べ，特に高等学歴で趣味的同類結合が起こりやすい。学歴が高く教育年数が長いと，それだけ学校や同窓会で人と知り合う機会が多くなるため（Fischer 1982＝2002），学歴が高いほど選択性が高くなり，趣味や娯楽を共有するネットワークを形成しやすいと考えられる。さらにネットワーク他者水準については，別途行った $t$ 検定から，配偶者，隣人，友人といった関係性で特に趣味的同類結合が生じやすいことがわかった。そして，親または子については，特に趣味的同類結合が生じにくい傾向が確認された。

　このように，同類結合のどの側面をみていくかによって，それぞれ規定構造が異なることがわかる。そのなかでも，特に都市度の効果に注目してみると，年齢，学歴，職業といった側面の同類結合には都市効果は確認されず，それに対して趣味的同類結合は都市によって促進されることが明らかとなった。[19]

## 6 まとめと議論

　現代日本において，都市は人々の同類結合を促進するのか。そして，促進するとすれば，どの側面の同類結合を促進するのか。本章では，その問いに答えることを目的とした。そしてその問いに答えるために，エゴセントリック・ネットワークデータにマルチレベル分析を適用し，複数の側面の同類結合について，都市度の効果を検討した。その結果，年齢，学歴，職業に関する同類結合には都市効果がみられないのに対し，趣味・娯楽に関する同類結合は都市によって促進されることが明らかとなった。

　このように，同類結合について，都市によって促進される側面と，促進されない側面があるという結果は，われわれに示唆を与えてくれる。なぜなら，アメリカではエスニシティや宗教の同類結合が注目されているのに対し，日本では，アメリカではあまり都市効果がみられなかった，趣味的同類結合に都市効果がみられるという対比的な結果が現れてきたからである。そのことは，アメリカと日本で，下位文化理論における重要な同類結合の側面が異なる可能性を示唆しているといえるだろう。

　では，なぜ日本において，趣味的同類結合に対してのみ，都市効果が確認されたのだろうか。

　その理由としては，日本において，趣味的な同類性への選好が相対的に高いことが考えられよう。これまで，日本は移民が少ない国であり，さらには，アメリカと比べて宗教の重要度が低いのに対し，余暇の重要度はアメリカと同等か日本のほうがやや高いことが指摘されている (OECD 2010; 電通総研・日本リサーチセンター編 2008)。したがって，アメリカと比べて，日本ではネットワークを選択する際にエスニシティや宗教の重要性が相対的に低く，その反面，趣味や娯楽の重要性が相対的に高い可能性がある。よって日本では，選択性が上昇すると，特に趣味に関する同類結合が生じやすくなると考えられるだろう。この点が日本の特徴であり，都市度や年齢，学歴という選択性に関わる変数の効果が，特に趣味・娯楽の側面の同類結合に現れた理由として解釈することが

できる。

　しかしながら，年齢，学歴，職業の同類結合に関しては，複数のメカニズムによる同類結合が混在することによって，見かけ上，都市度の効果が確認されなかった可能性がある[20]。これまでの同類結合の議論において，選択性の高さによる同類結合のほかに，むしろ集団の同質性が高い（＝多様性が低い）ことによる同類結合も指摘されているのである（Feld 1981; McPherson and Smith-Lovin 2001）。よって，都市度の高い居住地では選択性の高さによる選択的な同類結合が生じているのに対し，都市度の低い居住地では，選択性の低さにより自分と異なる属性の他者を選択できないことから，いわば強制的に同類結合が生じていると考えることもできるだろう。そしてそのことから，見かけ上，都市度の効果が確認されなかった可能性がある。したがって今後は，それらの異なるメカニズムによる同類結合を，分離したうえで検討を行っていくことも考えられる。その点は，今後の課題としたい。

　また，今回は検討することができなかったが，都市が特にマイノリティの同類結合を促すというフィッシャーの議論からすれば，日本においても都市がエスニシティや宗教の同類結合を促す可能性も否定できない。そのような検討も，今後の課題といえる。

　このように様々な課題はみられるものの，むしろ本章での一番の示唆は，日本においても都市が促進する同類結合が発見されたことによって，フィッシャーの下位文化理論を，北米以外の日本に適用する可能性が開けた点にあるのではないだろうか。つまり，重要な同類結合の側面は異なれども，都市が同類結合を促し，多様な下位文化が生成・維持しやすくなるという命題は，より普遍的である可能性が示唆されたのである。

　したがって今後は，国によって，下位文化理論において重要な同類結合の側面が異なるという独自性と，都市が同類結合を促し，多様な下位文化を生成・維持させるという普遍性の両面から，検討を重ねていく必要があるだろう。このように，独自性と普遍性の両面から議論を行っていくことは，フィッシャーの下位文化理論をより発展させ，さらなるインプリケーションを導いていくために重要な作業であると考えられるのである。

## 注

1) よって,本章においてもマルチレベル分析を用いるが,分析設計は他の章とはやや異なるものとなっている点に注意されたい。分析設計については後述する。
2) 先に述べたように,フィッシャー自身も,下位文化として「社会階級,職業集団,ライフサイクル集団,そして関心を共有する集団」(Fischer 1975b＝2012: 137) を想定しているため,学歴や職業階層の同類結合に対する都市効果を検討していくことは,元々の問題関心にも合致していると考えられる。
3) JGSS 2003の調査概要は,第5章や大阪商業大学比較地域研究所・東京大学社会科学研究所編 (2005) を参照されたい。
4) 第5章でも述べたとおり,JGSS 2003では,相談ネットワークのほかにも「日本の政治家や選挙・政治について話をする人たち」や「仕事について相談したり,仕事上のアドバイスをもらう人たち」についても同様の質問を行っている。それらのうち,本章の分析においても,アメリカにおける同類結合の検討の際に広く用いられてきた (Marsden 1988; Deng and Bonacich 1991; Beggs et al. 1996),1985年GSSのコア・ディスカッション・ネットワークに対応する,相談ネットワークを用いることとした。
5) 本章で用いるデータは,他の章とは異なり,各回答者にネットワーク他者がネストされている点に注意が必要である。
6) よって,プラスの効果があった場合に,同類結合を促進する効果があるという解釈になる。
7) JGSS 2003では,ネットワーク他者の学歴を「中学校(旧制小学校)」「高校(旧制中学校・高等女学校・実業学校・師範学校)」「短大・高専」「専門学校」「大学(旧制高校・大学)・大学院」の五つの選択肢から回答するかたちとなっている。ここでは,中学校(旧制小学校)を初等教育,高校(旧制中学校・高等女学校・実業学校・師範学校)と専門学校を中等教育,短大・高専と大学(旧制高校・大学)・大学院を高等教育とした。
8) JGSS 2003では,ネットワーク他者の職業は「上級管理職(経営者,役員,部長など)」「中級管理職(課長,店長など)」「専門・技術(技術者,教員,弁護士など)」「事務(総務,経理,企画,営業事務など)」「販売(小売店主,店員,外交員など)」「サービス(理美容,調理,家事サービスなど)」「運輸・通信(運転手,船員,通信人,郵便外務など)」「保安・警備(守衛,警官,自衛官など)」「製造・建設(工場現場・建設作業者など)」「農林漁業・鉱業」の10の選択肢から回答するかたちとなっている。これらのうち,特にサービス,運輸・通信,保安・警備については,職業5カテゴリにおいて,厳密には異なるカテゴリに属するものが含まれる。そこで,ここでは例に挙がっている職業も加味したうえで,サービス

と運輸・通信をブルーカラーに，保安・警備を事務・販売として扱った。なお，さらに細かい検討を行うために，上記の10カテゴリに無職を追加した11カテゴリによる分析を行っても，本章の分析結果とほぼ同じ結果となった。

9) 後の分析では，年齢同類結合の指標は回答者とネットワーク他者の年齢の差分にマイナスをかけた値を用いるが，ここでは同類結合の傾向をわかりやすく示すために，10歳刻みのカテゴリでクロス表を作成した。

10) ただしこの項目では，ネットワーク他者と共通の趣味や娯楽をもっているか否かの情報しか含まれていないため，回答者とネットワーク他者のあいだのクロス表は作成することができなかった。

11) 本章では，関係性として配偶者も扱うため，内容の重複を避ける目的で，有配偶ダミーは扱わないこととした。ただし有配偶ダミーを投入しても，基本的な分析結果は変わらない。

12) 本章の分析においても，複数の間柄を兼ねている場合にはより上記の選択肢を優先し，一つの間柄のみになるようにリコードした。

13) ここで「親子以外の親族」は「兄弟姉妹・その他の家族・親せき」を指す。また，「職場関係」は「職場の上司または部下」「職場の同僚（上司・部下以外）」を統合したものとして作成した。さらに，「その他の関係」は，「その他」に加え，数が少なかった「その他の仕事関係」「同じ組織や団体に加入している人」も含めている。

14) なお，居住地をレベル3とした3レベルの分析も考えられたが，回答者とそのネットワーク他者全員が同じ居住地に属する（ネストされる）という仮定がやや強すぎると判断し，今回は慎重な立場から，都市度を回答者の属性として用い，2レベルの分析を行うこととした。

15) 用いるソフトウェアは Mplus ver. 5，推定方法はロバスト最尤法である。

16) 2変数間の関連の分析では，ケース数がなるべく均等になるように，都市度を高（DID 人口比率が0.8以上），中（DID 人口比率が0.4以上0.8未満），低（DID 人口比率が0.4未満）の三つに分けて関連を確認している。

17) Mplus ver. 5 では，マルチレベルロジスティック回帰分析を行う際に，null モデルの Residual Variance の出力を得ることができない。そのため，表6－9では一律に，グループ平均で中心化したネットワーク他者水準の変数のみを投入し，その際の Residual Variance を示した。グループ平均で中心化した変数を投入しても，グループ間の分散は説明されないため (Gelman and Hill 2007)，表6－9の結果は，ほぼヌルモデルと同じものといえる。

18) なお，趣味的同類結合に対する都市度の効果について，回答者水準に投入した友人ダミーの平均値（友人比率）による媒介効果を確認すると，その媒介効果は1

%水準で有意であった（Baron and Kenny 1986）。よって都市は，人間関係を親族から友人を中心とした非親族へ移行させることをとおしても，趣味的な同類結合を促進させていたといえるだろう。

19) また，選択性の低い親族ダイアドが都市度の効果を弱めている可能性を考慮し，親族と非親族に分けて同様の分析を行ったところ，いずれに対しても表6-10とほぼ同じ都市効果が確認された。

20) この点については，第50回数理社会学会大会において，佐藤嘉倫先生から非常に示唆的なコメントをいただいた。記して感謝申し上げたい。

# 第 7 章
# 現代日本と都市疎外理論
――都市は人々のパーソナリティに悪影響をもたらすのか――

## 1 古典的議論としての都市疎外理論と現代日本

　一般に流布し,世界中で広く共有されている都市のイメージは,「身体的にも,社会的にも,道徳的にも,心理的にも,不自然で不健康である」(Fischer 1982=2002: 76) というものであろう。特に欧米においては,古くから,都市は人々の人間関係だけでなく,道徳や人格,さらには精神をも崩壊させるものとしてとらえられてきた (White and White [1962] 1977)。そのような背景から,都市は様々な社会問題が生じる場所として扱われてきたのである。

　そうした都市のネガティブなイメージは,日本においても同様に,様々な時代において,広く共有されてきたものといえる。たとえば,1980年代の警察白書のなかに,都市での疎外感の高まりや規範の崩壊に関する,以下のような記述をみつけることができる。

> 都市では,……人間関係の希薄化により,そこに住む人々の疎外感を募らせるとともに,規範意識の低下をもたらした。これに伴い,都市の死角を利用した犯罪やいわれなき殺人事件が多発するようになった。
> 　　　　　　　　　　　　　　　　　　　　　　　(警察庁編 1983: 5-6)

　そして,2000年代の現代日本においても,都会では人々の疎外感や孤立感が高まっていると述べられるなど (文部科学省編 2006: 16),都市が人々に悪影響をもたらすことが指摘されている。このように,都市のネガティブなイメージ

は，日本においても様々な時代で共有されてきたものといえる[1]。

また，都市が人々に及ぼすネガティブな影響については，学問的な立場からも，都市社会学において古くから議論が行われてきた。特に，シカゴ学派の中心的な論者であるワース（1938＝2011）は，以下のように指摘している。

　個人的解体，精神異常，自殺，非行，犯罪，汚職，無秩序は，村落コミュニティよりも都市コミュニティで広くいきわたっていると予想される。
（Wirth 1938＝2011: 113-4）

こうした議論を行うことで，ワースはアーバニズムの結果としての「社会解体と個人の疎外」（Fischer 1975b＝2012: 129）を提起したのである。前者の「社会解体」は，都市が実体としての紐帯に与える影響に関する議論であり，コミュニティ喪失論として議論が精緻化されているものといえる（Wellman 1979＝2006）。それに対して後者の「個人の疎外」は，都市が人々のパーソナリティに悪影響を及ぼすことをとおして疎外を引き起こすという「都市疎外理論」（Fischer 1982＝2002: 77）として，議論が精緻化されるに至っているのである。このことから，都市における個人の疎外，すなわちパーソナリティへの悪影響は，都市における社会解体やコミュニティの喪失と並んで，都市社会学において古典的に議論され，重要な争点の一つとして位置づけられてきたものといえるだろう。

ところが，世界中で共有されている都市のネガティブなイメージや，それと重なるワースらの都市疎外理論に関しては，現代日本において実証的に支持されるかどうかは必ずしも自明ではない。その理由としては，大きく二つのものが挙げられる。

第一の理由は，ワースらシカゴ学派の指摘した都市のネガティブな影響については，それ以後の議論において，必ずしも理論的・実証的に支持されているわけではないというものである。都市疎外理論についても，ガンズらによる非生態学的立場や，フィッシャーらによる第三の潮流によって，批判的な議論がなされている。

また第二に，これまで日本においては，全国調査データを用いた都市疎外理論の実証的検討がほとんど行われてこなかったという点も挙げられる。したがって，現代日本において都市が疎外を引き起こすか否かは，それ自体が実証的に検討されるべきものであり，まさにエビデンスにもとづく議論が必要とされているものといえるのである。

それでは，現代日本において，都市は人々のパーソナリティに悪影響を与え，疎外を促進するのであろうか。それとも，実際にはそういった悪影響はみられないのであろうか。そうした問題関心から，本章では，ワースらによって古典的に議論がなされてきた都市のネガティブな効果のうち，特にパーソナリティに対する都市効果の中心的な議論である，都市疎外理論に焦点を当てる。そして，現代日本の全国調査データを用いて，都市的疎外に対する都市効果の検討を行うことを目的とする。

このような検討を行うにあたって，まずは次節で都市疎外理論とその問題意識についてまとめていく。また，第3節で使用するデータとモデル，変数について説明し，第4節で実際に都市効果を検討していく。その後，第5節において，まとめと議論を行う。

## 2 都市疎外理論と都市的疎外の諸形態

**疎外に関する議論と都市疎外理論**

疎外（alienation）は，社会哲学や社会学をはじめとした様々な学問分野によって，古典的に議論がなされてきた概念であり，様々な視点から，数多くの研究が積み重ねられてきたものといえる（Fischer 1973）。疎外とは，「自分がまわりの社会から切り離されているという感覚」（Fischer [1976] 1984＝1996: 234）のことであり，特に，人々の主観的なもの，つまりは社会心理学的なものとして位置づけられている（Seeman 1959）。疎外については，これまでも資本主義社会における疎外を論じたK. マルクス（[1844] 1968＝2010）や，大衆社会との関連で論じたリースマン（1953＝1961），さらにはコミュニティの衰退との関連で議論したM. R. ステイン（1964）など，様々な現象と結びつけられながら議

論が行われてきた。すなわち，周囲を取り巻く様々な社会的要因によって，人々が疎外され，主体性が失われていくとの議論がなされてきたのである。

それらに対して，都市社会学の観点から，都市に注目した疎外論も展開されていくこととなる。都市がもたらす疎外は「都市的疎外」（Fischer［1976］1984＝1996: 213）と呼ばれ，それに関する理論を都市疎外理論という。都市疎外理論は，都市社会学において，都市が人々のパーソナリティに与える悪影響を象徴するものとして位置づけられていった。

このような都市疎外理論は，ジンメル（1903＝2011）を嚆矢とし，シカゴ学派のパーク（1915＝2011）やワース（1938＝2011）によって引き継がれていったものである。そのなかでも，特にワースの議論は，都市疎外理論の原型を示したものとして重要といえる。そしてその後，ワースらの議論のうち，都市が人々のパーソナリティに与える悪影響に関する部分を取り出しながら，M. シーマン（1959, 1971）やフィッシャー（1973,［1976］1984＝1996, 1982＝2002）によって，都市疎外理論が精緻化されていくこととなる。

そうした精緻化のなかで，都市的疎外には，「個人が社会のどの部分あるいは諸部分から遊離していると感じるかによって，さまざまな形態がある」（Fischer［1976］1984＝1996: 234）と考えられるようになり，特に，「無力性」「無規範性」「社会的孤立」の三つが主要な形態として位置づけられていった。したがって本章では，フィッシャー（［1976］1984＝1996）によってまとめられている，「無力性」「無規範性」「社会的孤立」という都市的疎外の主要な三つの形態について，都市効果を検討していくことにしたい。そこでまずは，それら三つの形態について，確認をしておくことにしよう。

### 都市的疎外の諸形態（1）——無力性

都市がもたらす疎外のうち，第一の形態としては，「無力性（powerlessness）」が挙げられる。無力性とは，「人々が首尾よく行動して目標を達成できると信じる度合い」（Fischer［1976］1984＝1996: 235）の欠如とされるものである。都市は人々を歯車の一つに変えていき，さらには多くの挫折や落胆の経験を与える。そのことをとおして，人々に無力感を生じさせ，さらにはそれを増

大させていく。そして、「成功できないと考える者は、そのための努力をあまりしないし、努力した場合でもしばしば失敗してしまう」(Fischer [1976] 1984 = 1996: 234) ようになってしまうのである。このことから無力性は、自分の行動の結果からの疎外といえるだろう。

このような都市における無力性は、たとえばチャップリンの映画「モダン・タイムス」を思い浮かべてみるとわかりやすい。都市は人々を歯車の一つに変えていき、それによって、人々は自身の努力や行動ではどうしようもないことに翻弄され、押しつぶされていくのである。それに加えて、第1章でも紹介した、ゾーボー (1929=1997) で描かれている少女の例のように、都市は人々に挫折経験をもたらすことで、無力感を抱かせ、それを強めていく。その少女は、音楽家になる夢が破れたのちに、無力感にさいなまれながら、空虚な毎日を過ごしていくこととなったのである (Zorbaugh 1929=1997)。こうしたメカニズムにより、「都市生活は、無力感を生み出すはずであるとみなされてきた」(Fischer [1976] 1984 = 1996: 214) といえる。

この無力性は、そもそも疎外全般の議論において、主要な形態として位置づけられてきたものである (Seeman 1959)[2]。よって、都市が引き起こす都市的疎外においても、無力性は主要な形態として考えられてきた。都市が人々にもたらす無力感や無力性に関しては、ワースのほか、G. ブリオネスとF. B. ワイサネン (1969)、さらにはK. J. ゲイスとC. E. ロス (1998) によっても議論が行われているなど、都市的疎外のなかで最も集中的に研究された形態といえる。そのことからも、重要な位置を占めていることがわかるだろう (Fischer [1976] 1984 = 1996)。そこで、都市的疎外に関する検討を行うにあたって、まずはこの無力性に対する都市効果を検討する必要があると考えることができる。

### 都市的疎外の諸形態（2）――無規範性

また、都市がもたらす疎外の第二の形態としては、「無規範性 (normlessness)」が挙げられる。無規範性は、「社会的規範あるいは規則から乖離しているという感覚」(Fischer [1976] 1984 = 1996: 235) のことであり、規範からの疎外といえる。そして、「『なんでもあり』あるいは『結果が手段を正当化する』

と考える人は，無規範的である」（Fischer［1976］1984＝1996: 236）とされている。よって，そのような人たちは，規範に従う理由や義務自体を感じないのである。

　この都市的疎外の第二の形態は，無規制状態を表したデュルケム（1897＝1985）のアノミー概念から派生したものとされている（Seeman 1959）。ここでいうアノミーとは，「規範——何が適切で許容された行動であるかを示す規範と通念——が弱くなっているような社会状態」（Fischer［1976］1984＝1996: 50）と定義されるものであるが，都市とアノミーの関係について，ワース（1938＝2011）は以下のように述べている。

> （都市における）個人は，……自発的な自己表現，モラール，統合された社会に生活することにともなう参加の感覚を失う。このことは，本質的に，デュルケムが技術的社会における社会解体の多様な形態を説明しようとして指摘したアノミー状態，すなわち社会的真空状態を構成する。
> 
> （Wirth 1938＝2011: 103, 強調点は原文ママ，括弧内は引用者）

　こうした無規範性に関する議論において，特に重要なのは，都市住民がいかなる規範からも乖離しているのか否かという点である。ワースらによる都市疎外理論は，都市での無規範性，すなわちアノミーを主張した。よって，都市住民は規範から乖離しており，結果さえ良ければよいと考えている人々として描かれているのである。しかしながら，ガンズやフィッシャーをはじめとした都市疎外理論に批判的な論者は，都市住民の有規範性，つまり，都市の人々も何らかの規範に従って行動していることを主張しているのである。その意味で，この都市的疎外の第二の形態の検討——都市住民は無規範的か有規範的か——は，都市でアノミーが生じているのか，それともそれ以外のメカニズムが働いているのかどうかを考察する際に，一つの基準となるものして考えることができるだろう。

## 都市的疎外の諸形態（3）——社会的孤立

　さらに，都市がもたらす疎外の第三の形態としては，「社会的孤立（social isolation）」が挙げられる。社会的孤立とは，「孤独感や他者から拒絶されているという感覚」（Fischer [1976] 1984 = 1996: 237）のことであり，他者からの疎外といえる。このような議論は，リースマン（1953 = 1961）の議論を思い浮かべると理解しやすいだろう。都市疎外理論によれば，都市住民は，群衆のなかで孤独を感じ，孤立感を高めていくのである。そうした指摘は，ワース（1938 = 2011）の以下の記述にも表れている。

　　　物理的に近接しているが社会的には距離が大きい接触が頻繁に起こると，孤独な諸個人がたがいに控えめな態度をとるようになり，他の反応機会によって埋め合わせられることがなければ，孤独感を生みだす。
　　　　　　　　　　　　　　　　　　　　　　　　　　　（Wirth 1938 = 2011: 106）

　実体としての紐帯に関しては，特に北米を中心に都市と第一次的紐帯の関連についての検討が行われ，都市においても人々の第一次的紐帯は失われていないことがたびたび指摘されてきた（Wellman 1979 = 2006; Fischer 1982 = 2002; White and Guest 2003）。そして本書の第5章の分析から，現代日本においても，都市の第一次的紐帯は失われていないことを示す分析結果が提出されているのである。したがって，現代日本においても，都市住民は実際には孤立していないと考えることができる。

　しかしながら，本章での関心は実体としての紐帯に対する都市効果ではなく，あくまで主観的な孤立感に対する都市効果である。都会人は街ですれ違う人々に関して名前や顔を知らない人の割合が多く，見知らぬ人々のなかで生活しているとされる（Jacobs 1961 = 2010）。そして E. クルパットによれば，ここまで見知らぬ人々が溢れているなかで生活するという都市的体験は，人類史上ほとんど体験してこなかったものであり，「ごく近年に至って出現した歴史的発展の産物」（Krupat 1986 = [1994] 2003: 70）なのである。よって，見知らぬ人々が溢れていることから，都市は人々の第一次的紐帯を喪失させないのにもかかわ

らず，人々の主観的な孤立感には影響を与えているのかもしれない。そこで，都市的疎外の第三の形態である社会的孤立についても，実際に都市効果を検討していく必要があるだろう。

### 先行研究と議論の争点

このように，都市疎外理論が主張する「都市＝疎外をもたらす場所」というイメージは，序章で紹介した「都会に押しつぶされる若者たち」というモチーフも含めて，様々な国や時代で広く共有されてきた都市のイメージに近いものといえるだろう。ところが，都市疎外理論は，その後の研究によって批判にさらされていくこととなる。

そうした批判としては，第一に，ガンズ（[1962a] 1982＝2006, 1962b＝2012）を中心とした非生態学的立場による批判が挙げられる。非生態学的立場は，紐帯やパーソナリティに関して都市と農村の差異はみられないか，もしくは，居住地間の差異自体が個人属性の分布の違いに還元されることを主張する（Gans 1962b＝2012）。その点は疎外についても同様であり，ガンズらの主張が正しければ，都市は人々の疎外に対して直接の効果をもたないか，もしくは居住地間の疎外の程度の違い自体が個人属性の分布の違いに還元されると考えることができる。したがって，ガンズら非生態学的立場によれば，都市は人々に無力感を抱かせることもなく，無規範にするわけでもなく，さらには，孤立感を高めることもないのである。

また第二に，都市疎外理論に対しては，フィッシャー下位文化理論によっても批判的な議論が行われている。下位文化理論によれば，都市ではネットワークの選択性が高いために，自発的に形成していく非親族的な紐帯がむしろ豊富であり，さらに，同類結合が生じやすくなる。そのことによって，都市では多様な下位文化が生成・維持されやすくなるのである（Fischer 1975b＝2012, 1982＝2002）。よって，こうした観点から都市疎外理論について考えてみると，都会人はむしろ活発なコミュニティのなかで過ごし，様々な活動をしていくことにより，無力感にさいなまれることはないはずなのである。そして，都市住民は多様な下位文化に属しながら，その規範を受け入れ，行動指針をもつはずで

あり，無規範というわけでもない。それに加え，都会人はそもそもより多くの紐帯や下位文化に触れながら生活しているため，孤立感も生じないとするのである (Fischer [1976] 1984=1996)。また，アメリカにおいては，フィッシャーによる都市疎外理論の実証的検討も行われており，都市は人々の疎外を直接促進する効果をもたないとする証拠が提出されている (Fischer 1973, 1982=2002)。

それに対して日本においては，都市がパーソナリティに与える悪影響に関する研究の蓄積は浅いものの，関西圏の調査から，パーソナリティに対するネガティブな都市効果については疑問が投げかけられているほか (渡部・金児 2004)，東京における都市度の異なる五つの地域の比較からも，ストレス経験率には都市度による差がみられないことが明らかとなっている (稲葉 2004)。したがって，現代日本において都市は人々の疎外を促進するのか否かについて，全国調査データを用いながら，総合的な検討を行う段階に来ているといえる。そこで本章では，実際に日本の全国調査データを用い，先述した都市的疎外の三つの形態に対する都市効果を検討することをとおして，現代日本における都市疎外理論の総合的な検討を行っていく。

しかしながら，そうした検討を行う際に，都市が疎外を促進しないという観点からは，二つの結果が考えられる点に注意する必要がある。そのうちの一つ目は，疎外について，そもそも都市と農村を含めて，居住地間の差異自体がみられないというものである。そして二つ目は，疎外の居住地間の差異自体は存在するが，それが都市度の違いによってもたらされているわけではないというものである。これらの主張は厳密には異なるものであるため，分けて考える必要があるだろう。いずれにしても，これら二つの結果のうち，どちらかの結果が三つの形態のすべてで得られた場合に，現代日本において都市疎外理論は棄却されるという結果となる。

## 3　データとモデル・変数

**データとモデル**

本章の分析では，2001年に大阪大学大学院人間科学研究科経験社会学研究室

によって実施された「情報化社会に関する全国調査（JIS 2001）」のデータを用いる[3]。この調査は全国の20歳から89歳の男女を対象としたものであり，抽出標本数は1500，有効回収数は1011，有効回収率は67.4％であった。

そしてJIS 2001においても，標本抽出法としては層化二段無作為抽出法が採用され，102の地点が抽出されている。よってJIS 2001データも，日本全国のなかから居住地自体を無作為に抽出した，居住地ごとにまとまりのあるデータといえる。そこでJIS 2001データを用い，個人レベルと居住地レベルの二つの水準からなるデータを作成した。このデータは，各居住地に個人がネストされた，入れ子状のデータといえる。したがって，マルチレベルモデルの一つである階層線形モデルを用いる。なお，本章においても都市度の主効果の検討を目的としているため，切片のみにランダム効果を想定した，ランダム切片モデルによって分析を行っていくこととする。

### 変　数

本章では，無力性，無規範性，社会的孤立という都市的疎外の三つの形態に関して，都市効果の検討を行うことを目的としていた。そこで，まずはこれら都市的疎外の三つの形態を表す従属変数について説明する。

都市的疎外の第一の形態である無力性については，自己卑下と呼ばれるパーソナリティに関する項目を用いる。具体的な項目は，「ほんとうに確信のもてることがらは，ほとんどない」「私はときどきほんとうにだめな人間だと思う」「自分が無用な人間だと思う」の三つである。これらの項目によって測定される自己卑下は，自己有能感（self efficacy）の一つとされており（米田 2006），「人々が首尾よく行動して目標を達成できると信じる度合い」（Fischer [1976] 1984＝1996: 235）の欠如，つまりは無力性を示す指標として考えることができるだろう。これら三つの項目は「1．いつもある」「2．よくある」「3．ときどきある」「4．たまにしかない」「5．まったくない」という5件法で質問されているため，反転し，スコアが高いほど無力性が高くなるようにした。そして，それらの項目を用いて主成分分析を行うと，その結果は表7-1のようになる。表7-1をみると，固有値が1以上の主成分は一つのみであり，負荷量

**表 7-1** 無力性に関する主成分分析の結果

|  | 無力性主成分 |
|---|---|
| 私はときどきほんとうにだめな人間だと思う | .888 |
| 自分が無用な人間だと思う | .871 |
| ほんとうに確信のもてることがらは，ほとんどない | .402 |
| 固有値 | 1.708 |
| 分散% | 56.946% |

N = 721

は十分な値であることから，分析に用いるにあたって問題はないといえる。そこで，合成された主成分を「無力性主成分」と名付け，分析をしていくこととする。

また，都市的疎外の第二の形態である無規範性については，道徳性の基準と呼ばれるパーソナリティに関する項目を用いる。道徳性の基準に関する項目は「うまくいきさえすれば，正か悪かは問題ではない」「実際に法を破らないかぎり，法の網をくぐってもいっこうにさしつかえない」「自分が困らないかぎり，好きなことを何でもやってよい」という三つが挙げられる。「『何でもあり』あるいは『結果が手段を正当化する』と考える人は，無規範的である」(Fischer [1976] 1984 = 1996: 236) とされていることから，これら三つの項目を，無規範性を表す指標として考えることができるだろう。[4] 道徳性の基準に関する三つの項目は「1．そう思う」「2．ややそう思う」「3．どちらともいえない」「4．あまりそう思わない」「5．そう思わない」という5件法による回答となっているため，各項目のスコアを反転し，得点が高いほど無規範的であるようにした。そして，それら三つの項目を用いて主成分分析を行うと，表7-2のようになる。表7-2をみると，固有値が1以上の主成分は一つのみであり，負荷量は十分な値であることから，分析に用いるにあたって問題はない。よって，合成された主成分を「無規範性主成分」として分析していく。

さらに，都市的疎外の第三の形態である社会的孤立に関しては，社会的孤立が「孤独感や他者から拒絶されているという感覚」(Fischer [1976] 1984 = 1996: 237) であることから，孤立感に関する項目を用いる。この項目は，「あなたは，まわりの人から孤立していると感じることがありますか」という質問に対し，

第Ⅱ部　現代日本の都市メカニズム

**表7-2　無規範性に関する主成分分析の結果**

| | 無規範性主成分 |
|---|---|
| うまくいきさえすれば，正か悪かは問題ではない | .809 |
| 実際に法を破らないかぎり，法の網をくぐってもいっこうにさしつかえない | .801 |
| 自分が困らないかぎり，好きなことを何でもやってよい | .797 |
| 固有値 | 1.932 |
| 分散% | 64.385% |

N＝921

**表7-3　本章で用いる変数の記述統計**

| | N | 平均値 | 標準偏差 | 最小値 | 最大値 |
|---|---|---|---|---|---|
| 個人レベル | | | | | |
| 　年齢 | 990 | 50.03 | 16.48 | 20.00 | 89.00 |
| 　女性ダミー | 990 | 0.51 | 0.50 | 0.00 | 1.00 |
| 　教育年数 | 990 | 12.21 | 2.62 | 6.00 | 18.00 |
| 　職業威信スコア | 990 | 50.20 | 6.82 | 38.10 | 90.10 |
| 　無職ダミー | 990 | 0.34 | 0.47 | 0.00 | 1.00 |
| 　有配偶ダミー | 990 | 0.74 | 0.44 | 0.00 | 1.00 |
| 　持ち家ダミー | 990 | 0.80 | 0.40 | 0.00 | 1.00 |
| 　無力性主成分 | 721 | 0.00 | 1.00 | -1.57 | 3.67 |
| 　無規範性主成分 | 921 | 0.00 | 1.00 | -0.75 | 4.37 |
| 　社会的孤立スコア | 862 | 1.71 | 0.90 | 1.00 | 5.00 |
| 居住地レベル | | | | | |
| 　DID人口比率 | 102 | 0.63 | 0.38 | 0.00 | 1.00 |

「1. いつもある」「2. よくある」「3. ときどきある」「4. たまにしかない」「5. まったくない」という5件法による回答となっている。そこで，この項目の回答を反転し，スコアが高いほど社会的孤立感が高くなるように，「社会的孤立スコア」を作成した。社会的孤立については，この社会的孤立スコアを用いて，分析を行っていくこととする。

次に，独立変数について述べる。まず，個人レベルの独立変数としては，年齢，女性ダミー，教育年数，職業威信スコア，有配偶ダミー，持ち家ダミーを用いる。なお，今回は無職のサンプルも分析に含めるため，職業威信スコアについては無職に平均値を割り当て，無職ダミーも分析に含めることとした。これら個人レベルの変数は，統制変数として取り扱う。

表7-4 個人属性のみを投入したマルチレベル分析の結果

|  | 無力性主成分 | | 無規範性主成分 | | 社会的孤立スコア | |
| --- | --- | --- | --- | --- | --- | --- |
|  | B | S.E. | B | S.E. | B | S.E. |
| 切片 | .088 | .112 | .250* | .123 | 1.984** | .115 |
| 個人レベル |  |  |  |  |  |  |
| 年齢 | -.013** | .003 | -.009** | .002 | -.010** | .002 |
| 女性ダミー | .053 | .069 | -.181** | .056 | -.195** | .062 |
| 教育年数 | -.066** | .017 | -.050** | .016 | -.014 | .017 |
| 職業威信 | -.001 | .007 | -.002 | .004 | -.002 | .004 |
| 無職ダミー | -.046 | .080 | .123 | .076 | .017 | .074 |
| 有配偶ダミー | -.103 | .107 | -.218** | .084 | -.067 | .072 |
| 持ち家ダミー | -.013 | .084 | -.049 | .090 | -.166* | .083 |
| Random Effect |  |  |  |  |  |  |
| Residual Variance | .082* | .041 | .039 | .022 | .011 | .013 |
| -2Loglikelihood | 1990.644 | | 2561.378 | | 2207.116 | |
| N | 721 | | 921 | | 862 | |

** $p<.01$, * $p<.05$
注)Bは非標準偏回帰係数,S.E.は標準誤差。

それらに対し,居住地レベルの変数としては,これまでの章と同様に,都市度を表す変数として,DID人口比率を用いる。DID人口比率については,総務省統計局(2002)から,2000年国勢調査の値を用いた。これら,本章で用いる変数の記述統計については,表7-3のとおりとなっている。

## 4 都市的疎外の三つの形態に関するマルチレベル分析

### 都市的疎外に対する個人属性の効果

本節では,都市的疎外の三つの形態を表す無力性主成分,無規範性主成分,社会的孤立スコアを従属変数として,都市効果に関するマルチレベル分析を行っていく。ところが,非生態学的立場によって,そもそもこれらの居住地間の差異は個人属性の分布の違いに還元されるのではないかとの議論もなされている。そこで,都市度の効果を検討していく前に,都市的疎外の三つの形態である無力性,無規範性,社会的孤立のそれぞれの居住地間の違いが,そもそも個人属性に還元されるか否かを確認する必要があるだろう。よって,まずは無

力性主成分,無規範性主成分,社会的孤立スコアに対して,個人属性のみを投入した分析を行うことにしたい。そうしたマルチレベル分析の結果は,表7-4のようになる。

表7-4をみてみると,個人属性を投入しても,無力性主成分については,Residual Varianceが5％水準で有意となっていることがわかる。したがって,無力性主成分に関しては,居住地間の差異が個人属性の分布の差異には還元されないと考えることができるため,居住地間の差異について,都市度の効果を検討する必要があるといえる。

それに対して,無規範性主成分と社会的孤立スコアを従属変数としたマルチレベル分析の結果を確認すると,個人属性を投入した際にResidual Varianceが有意とならないことがわかる。このことから,無規範性主成分と社会的孤立スコアについては,居住地間の差異自体が個人属性の分布の違いに還元されるといえる[6]。よって,これら二つの形態に関しては,個人属性を統制すると,都市と農村を含めてそもそも居住地間の差異がみられないと考えることができるだろう。

## 都市的疎外に対する都市効果

そこで次に,個人属性を統制しても居住地間の有意な差異が確認された無力性主成分について,都市度の効果を確認していくことにしたい。無力性主成分を従属変数として,個人レベルの独立変数に加えて居住地レベルの独立変数のDID人口比率を投入したマルチレベル分析を行うと,表7-5のような結果となる。

表7-5をみると,無力性主成分に対して,DID人口比率が有意な効果をもたないことがわかるだろう。したがって,個人属性を統制しても居住地間の差異がみられた,無力性主成分に関しても,都市と農村のあいだの違いはみられないということができる。これらのことから,日本の全国的な傾向を検討してみると,無力性,無規範性,社会的孤立といった都市的疎外の三つの形態に関して,都市が疎外を促進するという証拠はみつからず,現代日本において,都市疎外理論は棄却されることが明らかとなった。

表7-5 居住地レベルの変数を投入したマルチレベル分析の結果

|  | 無力性主成分 | |
| --- | --- | --- |
|  | B | S.E. |
| 切片 | .078 | .115 |
| 居住地レベル | | |
| 　DID 人口比率 | -.049 | .130 |
| 個人レベル | | |
| 　年齢 | -.013 ** | .003 |
| 　女性ダミー | .055 | .069 |
| 　教育年数 | -.065 ** | .016 |
| 　職業威信 | -.001 | .006 |
| 　無職ダミー | -.042 | .079 |
| 　有配偶ダミー | -.096 | .107 |
| 　持ち家ダミー | -.012 | .085 |
| *Random Effect* | | |
| 　Residual Variance | .082 * | .041 |
| -2Loglikelihood | 1990.506 | |
| *N* | 721 | |

** $p<.01$, * $p<.05$
注) B は非標準偏回帰係数, S.E. は標準誤差。

## 5　まとめと議論

　本章では，都市が人々の疎外を促進するという都市疎外理論が，現代日本の全国調査データにおいて支持されるか否かを明らかにすることを目的とした。そしてそのために，無力性，無規範性，社会的孤立という都市的疎外の代表的な三つの形態をとりあげ，それらに対する都市効果を検討することとした。

　そうした検討を行うにあたり，まずはそれらの居住地間の差異が，個人属性の分布の差異に還元されるか否かを確認した。その結果，都市的疎外の代表的な三つの形態のうち，無規範性と社会的孤立の二つに関しては，社会階層や生活周期段階などの個人属性を統制すると，居住地間の差異自体が確認されないことが明らかとなった。よって，それらの居住地間の差異は個人属性の分布の違いに還元されるといえる。

表7-6 本章の分析結果のまとめ

| 概念 | 無力性 | 無規範性 | 社会的孤立 |
|---|---|---|---|
| 指標 | 無力性主成分 | 無規範性主成分 | 社会的孤立スコア |
| 都市効果 | 効果なし | 効果なし | 効果なし |

　そこで次に，居住地間の差異が個人属性の分布に還元されなかった無力性については，都市度を表すDID人口比率を投入し，その効果を検討した。その結果，DID人口比率の有意な効果は確認されず，無力性についても，都市効果はみられないとの結論に至った。それらの結果をまとめると，表7-6のようになる。

　この表7-6から，現代日本の全国的な傾向を確認すると，都市的疎外の代表的な三つの形態である無力性，無規範性，社会的孤立のいずれの側面に対しても，都市効果がみられないことがわかるだろう[7][8]。したがって，現代日本において，都市は人々を無力感にさいなませるわけでもなく，規範を崩壊させるわけでもない。さらには，都市では人々の孤立感が高まっているというわけでもないのである。このことから，都市が人々の疎外を促進するという都市疎外理論は，現代日本においては支持されないことが明らかになったといえる[9]。

　そして第5章と本章の分析結果を合わせて考えると，現代日本においては，ワースらシカゴ学派による社会解体論の議論の両輪である「コミュニティ喪失論」と「都市疎外理論」のいずれもが棄却されるという結果になっていることがわかる。つまり，ワースらの議論に関しては，現代日本において，都市が人々の紐帯に対する影響だけではなく，都市が人々のパーソナリティに与える影響についても，支持されないのである。よって，ワースらシカゴ学派の想定していた都市のネガティブなイメージは，北米だけではなく現代日本においてもほぼ棄却されると考えることができる。そのことから，一般に流布し，多くの時代や国によって共有されてきた都市の悪性に関するイメージは，現代日本においては，都市の実態や実質を言い表しているものというよりも，むしろ神話といえるのではないだろうか。

　さらにそのことは，都市は社会解体や心理的解体をもたらすというワースら

の議論よりも，都市のネガティブな影響に関する議論を批判したガンズら非生態学的立場や，都市のポジティブなイメージを提示したフィッシャー・ウェルマンによる第三の潮流の議論を支持するものといえるだろう。では，都市型パーソナリティについて，都市が悪影響をもたらすというネガティブなイメージではなく，それ以外のイメージを表す概念を用いて検討すると，どのような結果になるであろうか。そこで次章では，都市疎外理論以外の都市型パーソナリティに関する検討を行いながら，ガンズら非生態学的立場と，フィッシャー・ウェルマンによる第三の潮流のどちらが現代日本において支持されるのかについて，確認していくことにしたい。

**注**
1) また，1970年代のザ・タイガースの「都会」をはじめとしたポピュラーソングでも都会の孤独が表現されている。
2) 疎外論では一般に，無力感は，人種や貧困などといった面で不利な立場に置かれることによって引き起こされると考えられてきた（Fischer 1973）。
3) 調査の詳細については，直井優編（2005）を参照されたい。
4) これら，自己卑下と道徳性の基準は，M. コーンと K. スクーラーを中心とした，職業とパーソナリティに関する研究で用いてきた11の態度に含まれるものである（Kohn and Schooler 1983）。
5) なお，本章の分析では個人属性は統制変数として扱うため，量的変数は全体平均で中心化を行ったうえで用いることとする（Enders and Tofighi 2007）。本章においても，ソフトウェアは Mplus ver. 5 を用い，ロバスト最尤法による推定を行う。
6) 厳密に述べると，社会的孤立スコアに関しては，ヌルモデルの時点で有意な Residual Variance は確認されなかった。よって，社会的孤立スコアについては，そもそも居住地間の差異自体がみられないと考えることができる。なお，無力性主成分，無規範性主成分，社会的孤立スコアのそれぞれについて，ヌルモデルにおける ICC を算出すると，無力性主成分は.091，無規範性主成分は.058，社会的孤立スコアは.015であった。
7) 無力性の異なる尺度として，自尊心も考えられる。そこで，同じ JIS 2001のデータを用いて，自尊心に関する項目である「私は自分自身を望ましい人間だと思う」「私は，すくなくとも他の人々と同じくらい価値のある人間だと思う」「私は，たいていのことなら他の人々と同じくらいできる」という三つの項目から主成分を

合成し，本章と同様の分析を行った。その結果，個人属性を統制した時点でResidual Varianceが有意とならず，そもそも居住地間で有意な差がみられなかった。また，無力性の異なる解釈としては，運命論的な態度も考えられる（Fischer [1976] 1984=1996）。そこで同じくJIS 2001のデータを用いて「ものごとがうまく行かなくなった時，それは自分が悪いせいだと思うことがありますか」「あなたは，自分が悩んでいるさまざまな問題について，それらが全体としてどの程度自分のせいで起こっていると思いますか」「あなたは身の上に起こっていることは，大部分みずからが招いた結果だと思っていますか，それとも自分ではどうしようもないことがらの結果だと思っていますか」という三つの質問項目から，運命主義主成分を合成して同様の分析を行ったところ，自尊心と同じく，個人属性を統制した時点でResidual Varianceが有意ではなく，そもそも居住地間の有意な差異が確認されなかった。これらの結果は，無力性に関して，都市と農村の違いがみられないとする本章の結果をより補強するものといえるだろう。

8) また，社会的孤立の指標については，これまで信頼の低さや用心深さなども用いられてきた。そこでJIS 2001を用いて，信頼と用心深さにあたる「大部分の人々は信頼できる」「用心していないと，人につけこまれるだろう」という項目を用い，同様の分析も行ったところ，それらについては，個人属性を投入した時点でResidual Varianceが有意とならなかった。したがって，社会的孤立に関しても，本章の結果は妥当であると考えられる。

9) さらに，都市がパーソナリティにもたらすネガティブな効果として，ディストレスや不安感の増大も挙げられる（Fischer 1982=2002）。そこで不安感についても同様の分析を行ったところ，都市効果はみられなかった。よって，現代日本においては，そもそも都市が人々の精神的安寧を損なわせるという議論全体が，支持されなかったといえるだろう。

## 第8章
# 現代日本における非通念性の規定構造
——多様性への指向と変化への指向に注目して——

## 1 非通念性に対する複数の視点

**新しい都市型パーソナリティとしての非通念性**

　近年注目を集めている都市型パーソナリティとして，フィッシャー（1975b = 2012; 1982 = 2002）によって提示された，非通念性というものがある。これまでにも述べたとおり，非通念性とは，「一般社会のもつ中心的……あるいは伝統的な規範に違背するような行動」（Fischer 1975b = 2012: 132）であり，「単に逸脱や解体をもたらすばかりではなく，創造的・革新的行動といったプラス面」（大谷 1995: 185）も含む概念である。フィッシャーは，新たな都市型パーソナリティとしての非通念性を提示し，それが都市の活発な下位文化によって生成されるとする下位文化理論を主張していくことで，ワースらシカゴ学派やガンズら非生態学的立場とは異なる都市のイメージを示したのである。

　そのことから，都市型パーソナリティとしての非通念性は注目を集め，特にアメリカで都市効果の検証が進められてきた（Fischer 1982 = 2002; Wilson 1985, 1991）。また，日本においては非通念性に関する研究は実証の蓄積が浅いとの指摘がなされているものの（立山 2001），特に非通念的な家族意識を対象とした検証が少しずつ進められており，これまでも都市効果が確認されている（伊藤 2000; 立山 2001; 松本 2002a）。よって，アメリカと日本の両国において，都市と農村のあいだで非通念性の程度に差異があることが確認されてきたといえる。そして近年では，非通念性に関して，マルチレベル分析を用いながら複数の居住地特性の効果を同時に検討する試みもなされている。そのなかで，日本の全

国調査データの検討から，権威主義的伝統主義に対して，フィッシャーの指摘した都市的特性が効果をもつことが明らかにされるなど（赤枝 2010），非通念性の規定構造に関する実証的な検討は，下位文化理論を中心とした観点から進められてきたといえる。

**非通念性の規定構造に関する複数の視点と本章のアプローチ**

ところが，非通念性の規定構造に関しては，必ずしもフィッシャー下位文化理論にもとづく議論のみが行われてきたわけではない。ウェルマンのコミュニティ解放論の観点から，都市における紐帯の断片化と，それによる通念的・伝統的価値観からの解放プロセスに注目した議論も行われているのである（野沢 2001）。

したがって，非通念性の規定構造に関する議論には二つのものがあり，必ずしも見解は一致していないといえる。それでは，非通念性に関する議論について，下位文化理論とコミュニティ解放論によるもののうち，どちらか一方のみが正しく，どちらかが誤っていると考えるべきなのであろうか。

しかしながら本章では，それらのうちのどちらか一方のみが支持されるとは考えず，むしろ非通念性の規定構造に関する議論の不一致が，非通念性という概念の広さに起因するという可能性を考えてみたい。つまり，非通念性があまりにも広い概念であることにより，論者によって異なる側面が想定されながら議論がなされてきたために，規定構造に関する見解が異なった可能性があると考えるのである。そのように考えると，非通念性を複数の側面に分けることで，異なる規定構造が浮かび上がり，下位文化理論による議論とコミュニティ解放論による議論について，いずれの議論も正しいことが明らかになる可能性がある。

よって本章では，非通念性を複数の側面に分けたうえで，下位文化理論とコミュニティ解放論が想定する生成メカニズムを比較検討するというアプローチを試みることにしたい。こうしたアプローチは，従属変数としての非通念性に関する概念的整理を進めるという意義とともに，それに対する独立変数や生成メカニズムについての議論を精緻化していくという点でも意義をもつと考える

ことができる。したがって本章での検討は，非通念性に関する，今後の発展的な議論に向けた第一歩として位置づけることができるだろう。

そこで次節では，非通念性を二つの下位概念に分けることを提案し，それらの特徴について説明する。そして第3節では，それらの生成メカニズムとして，二つの仮説，すなわち下位文化仮説とコミュニティ解放仮説を提示する。その後，第4節でデータと変数，さらには分析で用いるモデルを説明し，第5節で実際に非通念性の二つの側面の規定構造を検討していく。最後の第6節では分析結果をまとめ，議論を行う。

## 2　非通念性と二つの下位概念

本章では，非通念性を複数の側面に分けたうえで，その規定構造を比較検討していくことを試みる。では，非通念性の中心的な下位概念として，どのような側面に注目していくべきであろうか。

その点を議論していくにあたり，ここでは，非通念性を提示したフィッシャー自身の議論を参考にしたい。フィッシャー（[1976] 1984 = 1996）は，非通念的な都会人に関する議論を行うにあたり，その特徴として大きく二つのものを挙げている。第一に，多様なライフスタイルを許容する傾向，第二に，発明や流行の産出・採用など，変化や革新に対する努力をより行う傾向である。そこで本章では，これら二つの特徴に対応した非通念性の側面として，「多様性への指向」と「変化への指向」という二つの下位概念を提示したい。以下では，それらについて詳しく述べる。

### 非通念性の第一の側面――多様性への指向

非通念性の第一の側面としては，多様なライフスタイルを許容する傾向に対応する側面として，「多様性への指向」を提示する。ここでは多様性への指向を，「多様な生き方を肯定し，許容する態度」と定義しておきたい。

このような多様性への指向は，非通念性のなかでも，そもそもフィッシャーが想定していた側面に近いと考えることができる。なぜならば，フィッシャー

（[1976] 1984＝1996）は非通念的な都会人に関する議論を行う際に，婚前交渉，非婚の同棲カップル，さらには同性愛などを許容する傾向に特に注目しているからである。そして，フィッシャー自身による実証的な検討においても，非通念性の指標として，婚外交渉の是非，妊娠中絶やマリファナの合法化，同性愛の教師の是非など，多様な生き方に対する寛容性を測るものが用いられている（Fischer 1982＝2002）。

さらに，その後の研究によっても，非通念性や都市型パーソナリティを検討する際には，様々な生き方に対する寛容性に注目が集まってきた。たとえば，アメリカでは人種的寛容性や同性愛に関する寛容性が検討されているほか（Wilson 1985; Tuch 1987），思想的寛容性や性別役割意識などについても検討がなされている（Wilson 1991; Carter and Borch 2005）[1]。また，日本においては，非婚や離婚，さらには子どもをもたないことに対する許容度など，主に家族のあり方に関する寛容性が検討されてきた（伊藤 2000; 松本 2002a; 原田 2004）。このように，多様性への指向は，非通念性のなかでも特に検討が重ねられ，重要な位置を占めてきた側面といえるだろう。

### 非通念性の第二の側面――変化への指向

また本章では，非通念性の第二の側面として，「変化への指向」を提示することにしたい。ここでは，変化への指向を，「より変化を好み，新しいことを評価する態度」と定義する。つまり，変化への指向は，現状維持と変化との対比において，変化をより好む傾向の強さとして考えることができる。

この点についてフィッシャーは，非通念的な都会人に関する議論を行う際に，都会人は発明や芸術的創造に加え，新しい流行やライフスタイルの採用についてもより努力を行っていることを指摘した（Fischer [1976] 1984＝1996）。そうした観点から，都市と農村の違いを，伝統と変化の対比によってまとめているのである。

また，そもそも非通念性が提唱された際には，革新的行為も含むとのかたちで「『非通念的』行動のもうひとつの側面は革新」（Fischer [1976] 1984＝1996: 270）と述べられるなど，非通念性の議論において，変化や革新は重視されて

きた観点といえる（Fischer 1975b = 2012）。したがって変化への指向も，非通念性において重要な側面と考えられるだろう。

**非通念性の二つの側面の位置づけとその関係**

こうした，多様性への指向と変化への指向は，都市が創造性を発揮する条件として語られてきたものとも重なるものといえる。

それらのうち，多様性への指向に関わるものとしては，多様なライフスタイルへの許容が挙げられる。特に，都市の創造性に関する中心的な論者であるR. フロリダやジェイコブズは，多様なライフスタイルが許容されることによって，様々な背景をもつ人がより才能を発揮しやすくなることを指摘した（Florida 2002 = 2008; Jacobs 1961 = 2010)[2]。その結果，これまでになかった新しい資源やアイデアが生まれやすくなると考えたのである。

しかしながら都市がより創造的な場であるためには，新しい資源やアイデアが生まれるだけでなく，それがより多くの住民に支持され，受容されていくことが必要となる。そのことによって，都市はより広い意味での変化を生み出す場所となるのである。そうした点についてジェイコブズ（1961 = 2010, 1984 = 1986）は，都市が創造性を発揮するために，人々が新しいアイデアを抑圧せずに受け入れていくこと，さらにはそれを活かして変化を生み出していくセンスをもつことの重要性を指摘している。

これらの点から，多様性への指向は新しい資源やアイデアがより生み出されやすくなるための条件として，そして変化への指向は生み出された新しい資源やアイデアを住民が取り入れながら生活の変化を生じさせる条件として考えることができよう。これらの条件がそろうことにより，都市が創造性を発揮しやすくなるのである。

よって，多様性への指向と変化への指向は都市が創造性を発揮するうえで特に重要な側面と考えることができ，これら二つを非通念性の中心的な側面として提示することは，創造性というポジティブな側面も含めながら都市的生活様式としての非通念性をとらえた，フィッシャーの意図にも適うものであろう。そこで本章では，これら非通念性の二つの側面について，その規定構造を比較

検討していくことにしたい。

## 3  非通念性の規定構造に関する二つの仮説

本節では,これまでに提示した非通念性の二つの側面の規定構造を検討するにあたり,それらの生成メカニズムとして,下位文化仮説とコミュニティ解放仮説という二つの仮説を提示する。

### 仮説（1）——下位文化仮説

非通念性の生成メカニズムとしては,まずはその概念を提示した,フィッシャー下位文化理論が想定するメカニズムが挙げられるだろう。下位文化理論は,特に都市のマクロな生態学的効果に着目する点に特徴があり,そのことから,ネオ・シカゴ学派,もしくはネオ・アーバニズム理論として位置づけられている（Fischer 1975b = 2012; 松本 1992）。そしてフィッシャーは,非通念性を高め,促進していく生態学的要因として,大きく二つのものに注目した。

第一に,人口集積を中心とした「都市度そのもの」である。これまでも述べてきたように,フィッシャーは,人口集積がネットワークの選択性を向上させて同類結合を促し,それが文化的諸制度を支えることにより,都市では様々な下位文化が生成・維持されやすいことを指摘した（Fischer 1975b = 2012, 1982 = 2002）。さらに,下位文化同士が接触・強化し,伝播しあうことにより,都市住民の非通念性が高められていくと考えたのである。したがって,下位文化理論の観点からは,居住地の都市度そのものが,非通念性を高める直接効果をもつと考えることができる（Fischer 1975b = 2012）。

そして第二に,フィッシャーは,居住地における「人口移動」にも注目している。都市では人口移動が多く生じることによって,より多様な下位文化をひきつける。そのことから,都市においては下位文化の多様性が維持・再生産されやすくなり,より人々の非通念性が高められやすい状況になると考えたのである（Fischer 1975b = 2012）。

このようにフィッシャーは,都市度そのものと人口移動という二つの生態学

的要因が下位文化の多様性を生み出し，それによって非通念性が高められると考えた。これらは，「関連してはいるものの単独でも十分な過程をとおして生じる」(Fischer 1975b = 2012: 136) メカニズムとされているため，下位文化理論の観点からは，都市度と人口移動という二つの生態学的要因が，それぞれが独自に非通念性を高める直接効果をもつことが想定される。そこで本章では，そうしたメカニズムを下位文化仮説と呼び，検討を行っていくことにしたい。なお，非通念性のうちでも，フィッシャーの想定していたものに近い側面である多様性への指向については，特にこの下位文化仮説による規定構造を想定することができるだろう。

### 仮説（2）──コミュニティ解放仮説

また，非通念性の生成メカニズムとしては，第二に，ウェルマンのコミュニティ解放論の観点によるもの，すなわち「地理的に分散し，多様な他者（友人など）に接続する（おそらく構造的に分岐的な）ネットワークが……意識を伝統や通念の拘束から解放する」(野沢 2001: 293) というメカニズムが挙げられる。このコミュニティ解放論的なメカニズムは，第一に，都市が紐帯の相互連結を減少させるコミュニティの解放プロセス，第二に，紐帯の相互連結の減少によるコミュニティの解放が人々の非通念性を高めるプロセス，という二つの段階が考えられる。

第一のプロセスは，ウェルマンがコミュニティ解放論によって主張した，都市が人々を知り合い同士も知り合いであるような密に編まれた単一の連帯から解放し，人間関係を「空間的に分散し，枝分かれした……構造」(Wellman 1979 = 2006: 166) にしていくとの議論による。なぜなら，特に都市では人口が集積しており，さらには交通機関や通信技術が発達していることによって，紐帯が空間的に分散していくからである。そしてコミュニティ解放論の主張は，都市における紐帯の相互連結の減少と断片化の観点からまとめられ，実証的にも支持されるに至っている (Wellman 1979 = 2006; White and Guest 2003)。

そして第二のプロセスについては，以下の二つの理由から，紐帯の相互連結が少ないために，非通念性のうちでも特に変化への指向が高められることが予

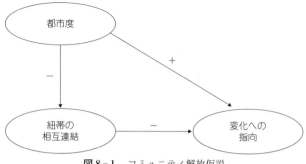

図8-1 コミュニティ解放仮説

想される。

第一に,ウェルマン (1979=2006) が述べているように,空間的に分散し,枝分かれした開放的なネットワークにおいては,新しい情報や資源を入手しやすい。そのために,変化に適用しやすくなり,変化への抵抗が減ることによって,変化への選好が高まると考えられるのである。これまでも橋渡し型のまばらな紐帯は,積極的に生活を変化させ,前に進むのに有効とされており (Putnam 2000=2006),変化に対して親和的であることが指摘されている。

また第二の理由としては,紐帯の構造がもつ規範の維持効果が挙げられる。これまでの議論から,密なネットワークでは,一致団結することで規範が共有されやすく (Coleman 1988=2006),特に,多数派や現状維持的な規範が維持されやすいことが指摘されている (Portes and Landolt 1996)。よって逆の観点から考えると,紐帯の相互連結が少ない開放的なネットワーク上では,多数派や現状維持的な規範が維持されにくいため,変化への指向が高まると考えられるのである。

以上のメカニズムにより,都市が紐帯の相互連結を減少させるというコミュニティの解放プロセスをとおして,非通念性のなかでも,特に変化への指向を高めると考えることができる。本章では,こうしたメカニズムを,コミュニティ解放仮説と呼ぶことにしたい。そしてコミュニティ解放仮説は,都市度が人々の変化への指向を高める直接効果を,紐帯の相互連結が媒介するものとして定式化することができるだろう。それらは,図8-1のようにまとめられる。

したがってコミュニティ解放仮説の検証のためには，都市度が変化への指向を高める直接効果，都市度が紐帯の相互連結を減少させるという負の効果，紐帯の相互連結の減少が変化への指向を高めるという負の効果，の三点が確認される必要がある。そこで，非通念性のうちでも特に，コミュニティ解放仮説との親和性が高いと考えられる変化への指向に対しては，図 8 - 1 に即した媒介モデルを中心に検討していくこととする。

　このように，下位文化理論とコミュニティ解放論は，都市における人口集積とアクセスの向上の影響について，異なる側面を切り取ったものといえる。しかしながら，多様な下位文化の生成は都市を「『小世界』の多元的なモザイク」(Fischer 1982 = 2002: 34) にすることから，橋渡し型の紐帯が生成される余地を広げ，紐帯の相互連結の減少をもたらす可能性もあり，フィッシャーとウェルマンの指摘したメカニズムが連動もしくは共存していることも考えられる。そこで本章では，下位文化仮説とコミュニティ解放仮説のどちらか一方のみが支持されるとは考えず，下位文化理論とコミュニティ解放論の想定するメカニズムが，非通念性の異なる側面をそれぞれ生成するという多角的な生成過程を想定し，検討を行っていく。

## 4　データ・変数・モデル

**データ**

　本章においても，第 5 章，第 6 章で用いた，JGSS 2003 の留置票 B 票のデータを用いる。[3] 本章で JGSS 2003 の留置票 B 票のデータを用いる理由は，第 5 章でも指摘したように，紐帯の相互連結を含む幅広いパーソナル・ネットワーク項目，さらには社会階層や生活周期段階に関する項目が充実していることに加え，標本抽出法として層化二段無作為抽出法が用いられている点が挙げられる。そしてそれに加えて，JGSS 2003 の留置票 B 票においては，後述するように，本章で提示した非通念性の二つの側面に対応する調査項目も含まれている。そのため，非通念性を二つの側面に分けて検討を行うという本章のアプローチにも適うデータとなっているのである。そこで本章においても JGSS 2003 のデー

タを用いて分析を行っていく。

　また，JGSS 2003では層化二段無作為抽出法によって489地点が抽出されたうえで，それぞれの地点から個人が抽出されている[4]。したがって，本章においても，個人レベルと居住地レベルの二つの水準からなるデータを作成している。なお，今回は，欠損値を含むケースを除外した1451ケースを対象に分析を行っていくこととする。

### 変　数

　本章で用いる変数について，まずは従属変数から説明する。

　先述したとおり，これまで非通念性の指標としては，同性愛や婚前交渉に対する寛容性（Fischer 1982 = 2002），人種的寛容性など（Tuch 1987），多様な生き方に対する寛容性が用いられてきたといえる。そして日本においては，家族意識の変化がドラスティックであったとされることから，主に家族意識に関する指標が用いられながら，家族の多様なあり方に対する寛容性についての検討がなされている（伊藤 2000; 立山 2001; 松本 2002a; 原田 2004; 田中 2008）。そこで本章で検討する，非通念性の第一の側面としての多様性への指向については，これまでも非通念性の指標として用いられている，「結婚しても，相手に満足できないときは，いつでも離婚すればよい」「結婚しても，必ずしも子どもをもつ必要はない」の二項目を用いることにしたい（田中 2008）[5]。これらは「1．賛成」「2．どちらかといえば賛成」「3．どちらかといえば反対」「4．反対」の4件法による回答となっているため，今回はこれらの回答を反転したうえで単純加算し，多様性への指向スコアを作成した。

　それに対して，非通念性の第二の側面としての変化への指向の指標に関しては，保革意識を用いる。保革意識については，近年では安全保障政策や福祉政策などの政策争点との関連が低下しており（大山 2001），むしろ人々の身近な争点との関連が指摘されるようになっている（相澤 2007）。それに加え，特に1970年以降においては，日本の保守的の意味はむしろ現状維持志向の現れとされるため（阿部ほか 1990），現代日本の保革意識は，より一般的な変化への指向を表すものとして考えることができるのである。JGSS 2003のB票では，保革

第8章 現代日本における非通念性の規定構造

**表 8-1 本章で用いる変数の記述統計**

|  | N | 平均値 | 標準偏差 | 最小値 | 最大値 |
|---|---|---|---|---|---|
| 個人レベル |  |  |  |  |  |
| 年齢 | 1451 | 51.98 | 16.57 | 20.00 | 89.00 |
| 女性ダミー | 1451 | 0.59 | 0.49 | 0.00 | 1.00 |
| 教育年数 | 1451 | 12.15 | 2.62 | 6.00 | 18.00 |
| 職業威信スコア | 1451 | 50.06 | 6.58 | 38.10 | 90.10 |
| 無職ダミー | 1451 | 0.40 | 0.49 | 0.00 | 1.00 |
| 有配偶ダミー | 1451 | 0.75 | 0.44 | 0.00 | 1.00 |
| 持ち家ダミー | 1451 | 0.81 | 0.40 | 0.00 | 1.00 |
| 親族数 | 1451 | 1.01 | 1.03 | 0.00 | 4.00 |
| 隣人数 | 1451 | 0.09 | 0.43 | 0.00 | 4.00 |
| 友人数 | 1451 | 0.62 | 0.97 | 0.00 | 4.00 |
| ネットワーク同性比率 | 1451 | 0.57 | 0.35 | 0.00 | 1.00 |
| ネットワーク密度 | 1451 | 0.92 | 0.15 | 0.40 | 1.00 |
| 多様性への指向スコア | 1451 | 4.33 | 1.50 | 2.00 | 8.00 |
| 変化への指向スコア | 1451 | 3.87 | 1.36 | 1.00 | 7.00 |
| 居住地レベル |  |  |  |  |  |
| DID人口比率 | 459 | 0.63 | 0.37 | 0.00 | 1.00 |
| 人口移動比率 | 459 | 9.65 | 3.57 | 4.21 | 29.16 |

意識は「政治的な考え方を，革新的から保守的までの7段階にわけるとしたら，あなたはどれにあてはまりますか」という質問で「1.革新的」から「7.保守的」の7件法で回答するかたちとなっている。そこで本章ではその値を反転し，変化への指向スコアとした。ちなみに，多様性への指向スコアと変化への指向スコアの相関係数を確認すると.152となっており，相関はみられるものの，やはり異なる側面として扱うことが妥当であるといえるだろう。

次に，個人レベルの独立変数について説明する。個人レベルの独立変数としては，まずは個人属性としての年齢，女性ダミー，教育年数，職業威信スコア，有配偶ダミー，持ち家ダミーが挙げられる。また，本章においても無職も分析に含めるため，職業威信スコアの欠損値には平均値を割り当て，無職ダミーも用いることとする。

そして個人レベルの独立変数としては，相談ネットワークに含まれる親族数，隣人数，友人数といったネットワーク変数も用いる[6]。先行研究に倣い，分析の際には1を加え，10を底とした対数変換を行ったうえで投入する（松本 2002a; 原田 2004）。また，先行研究で非通念的結婚観に影響を与えることが指摘され

ている，ネットワークの同性比率も分析に含めることにしたい（田中 2008）。本章では，これらを統制変数として扱っていく。

さらに，紐帯の相互連結の指標として，ネットワーク密度を用いる[7]。相談ネットワークについては，回答者が挙げた人同士が互いに知り合いであるかどうかについても質問しているため，ネットワーク密度を計算できる。つながりの数については，「互いに知り合いである」を1，「知り合いではない」を0とし，「わからない」と「無回答」を含むケースは欠損値とした。

次に，居住地レベルの独立変数について説明する。本章においても，これまでも都市度の指標として用いられている（小林 2004; 三輪・小林 2005），各市区町村の DID 人口比率について，2000年の値を用いた（総務省統計局 2005）。なお，人口移動は，各市区町村の2002年の流出比と流入比を足し合わせた人口移動比率を用いる（総務省統計局 2004）[8]。

これらの変数の記述統計は表8-1で確認できる。

### 分析モデル——マルチレベル SEM

本章においても，主要な都市理論の分析視角をより再現しながら検討するために，個人レベルの変数を統制したうえで居住地を単位とした分析が可能な，マルチレベル分析による検討を行っていくことにしたい。そして本章では，以下の三点の理由から，マルチレベル分析のなかでも，特にマルチレベル構造方程式モデル（multilevel structural equation model：以下マルチレベル SEM）による検討を行っていく。

マルチレベル SEM を用いる理由としては，第一に，居住地の都市的特性について，複数の量的変数を同時に投入できる点が挙げられる。したがって，都市度と人口移動に関する変数を同時に投入し，その効果を相互に統制したうえで検討することができる。そのことは，本章で提示した下位文化仮説を，より忠実に再現した検討が可能であることを意味している。

また第二に，マルチレベル SEM は，マルチレベル媒介モデルの検討に優れている。本章で提示した第二の仮説であるコミュニティ解放仮説は，非通念性に対する都市度の効果を，紐帯の相互連結が媒介するという仮説であるが，マ

ルチレベル分析で媒介モデルの検討を行う際には，媒介部分に関わるすべての変数のレベルを統一する必要があるとされる。つまり，媒介部分にレベル2の変数が一つでも含まれる場合は，独立変数，媒介変数，結果変数のすべてがレベル2の変数でなければならない（Preacher et al. 2010)[9]。そうした点を踏まえ，マルチレベル分析でのより適切な媒介効果の検討を行うために，近年，マルチレベル SEM の応用が検討されているのである。マルチレベル SEM によって，個人レベルの独立変数を，個人レベルと居住地レベルの要素に適切に分離しながら，それぞれのレベルにおいて潜在変数を作成することができる（大谷 2014)。このようにして，個人レベルの観測変数から居住地レベルの潜在変数を作成することにより，それを居住地レベルでの媒介モデルに含めることができるのである。こうした方法によって，従来の方法の課題を乗り越えながら，マルチレベル分析においてより適切な媒介効果を推定することが可能になったといえる (Preacher et al. 2010)[10]。そしてそのことは，紐帯の相互連結を表すネットワーク密度を個人レベルと居住地レベルに適切に分離することにより，都市度の効果に対する紐帯の相互連結の媒介効果を適切に検討できることを示している。すなわち，コミュニティ解放仮説のより厳密な検討が可能であることを示しているのである。

第三に，マルチレベル SEM ではより自由なモデリングが可能である。よって，二つの独立変数の主効果に注目する下位文化仮説と，媒介メカニズムに注目するコミュニティ解放仮説を同時に検討することができる。

そこで本章では，マルチレベル SEM を用いた分析によって，多様性への指向と変化への指向の規定構造を明らかにしていく。

## 5　分　析

### 2変数間の関連

本節では，非通念性の二つの側面である多様性への指向と変化への指向に関して，下位文化仮説とコミュニティ解放仮説のどちらが支持されるかをそれぞれ検討していく。そこでまずは，そうした検討に関わる変数について，2変数

表8-2　2変数間の相関

|  | 多様性への指向スコア | 変化への指向スコア |
|---|---|---|
| DID人口比率 | .176** | .111** |
| 人口移動比率 | .142** | .081** |
| ネットワーク密度 | -.146** | -.127** |

$N=1451$, **$p<.01$, *$p<.05$

間の関連を確認しておくことにしたい。本章で特に注目する，多様性への指向スコア，変化への指向スコア，DID人口比率，人口移動比率，ネットワーク密度に関して相関係数を算出すると，表8-2のようになる。

表8-2を確認すると，多様性への指向と変化への指向について，DID人口比率，人口移動比率，ネットワーク密度のいずれもが1％水準で有意な関連があることがわかる。また，多様性への指向に関しては，DID人口比率の効果が比較的大きく，人口移動比率とネットワーク密度の効果の大きさはほぼ同じであることが確認できる。それに対して変化への指向に関しては，人口移動比率の効果が比較的小さく，ネットワーク密度の効果が比較的大きいことが確認できるだろう。これらは，多様性への指向に関しては下位文化仮説の観点から，変化への指向に関してはコミュニティ解放仮説の観点から説明できる可能性を示唆するものといえる。

そこで次に，マルチレベルSEMによって，その他の変数の効果を統制しながら，居住地を単位とした分析を行い，より詳細に検討していくことにしたい。

### マルチレベルSEMによる分析（1）——多様性への指向の規定構造

まずは，多様性への指向の規定構造について分析を行う。多様性への指向に関するマルチレベル分析の結果は，図8-2のとおりである[11]。図8-2をみてみると，CFIは.987，RMSEAは.015であり，適合度は許容範囲内であった。そして図8-2の分析において多様性への指向スコアのResidual Varianceを確認すると.177であり，1％水準で有意であった。したがって，多様性への指向については，個人属性などの個人レベルの変数を考慮しても居住地間の差異があることが明らかとなったため，居住地レベルの変数の効果を確認していく必要があるといえる。

第 8 章　現代日本における非通念性の規定構造

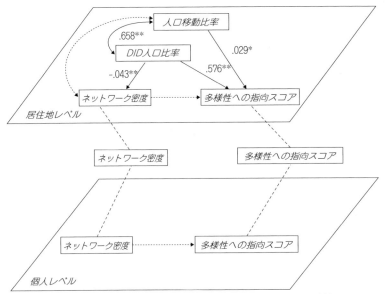

**図 8-2**　多様性への指向の規定構造に関するマルチレベル分析

注）**$p < .01$, *$p < .05$, $N = 1451$, CFI $= .987$, RMSEA $= .015$
係数は非標準偏回帰係数。波線は有意ではない。実線は 5 ％水準で有意。
個人レベルの変数は統制している。

　そこで以下では，下位文化仮説に関わる変数を中心に，居住地レベルの変数の効果を確認していく。図 8-2 の居住地レベルの変数の効果を確認すると，多様性への指向スコアに対し，DID 人口比率と人口移動比率が有意な正の効果をもつことがわかる。したがって，相互に効果を統制しても，DID 人口比率と人口移動比率はそれぞれが独自に直接効果をもち，多様性への指向スコアを高めるのである。これらの効果は，非通念性に対して都市度そのものと人口移動が独自に効果を及ぼすとした，フィッシャーの下位文化仮説を支持するものといえる。それに対して，居住地レベルでのネットワーク密度は多様性への指向スコアに対して有意な効果をもたず，そのために，有意な媒介効果も確認されなかった。

　よって，多様性への指向の規定構造については，特に生態学的な要因に注目したフィッシャーの下位文化仮説が支持され，紐帯の相互連結による媒介効果に注目したウェルマンのコミュニティ解放仮説は支持されないと考えることが

第Ⅱ部　現代日本の都市メカニズム

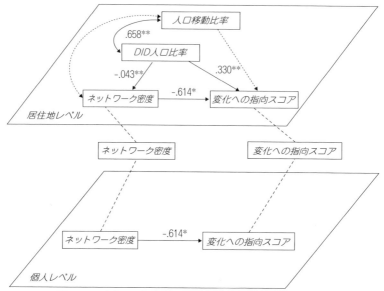

**図 8-3** 変化への指向の規定構造に関するマルチレベル分析
注) $^{**}p<.01$, $^{*}p<.05$, $N=1451$, CFI $=.947$, RMSEA $=.026$
係数は非標準偏回帰係数。波線は有意ではない。実線は5％水準で有意。
個人レベルの変数は統制している。

できるだろう。

### マルチレベルSEMによる分析（2）——変化への指向の規定構造

そして次に，非通念性の第二の側面である変化への指向の規定構造についても検討する。マルチレベルSEMによる，変化への指向に関する分析結果は図8-3のとおりである。図8-3を確認すると，CFIは.947，RMSEAは.026となっており，適合度はいずれも許容範囲内といえる。また，変化への指向スコアについてResidual Varianceを確認すると.152であり，1％水準で有意であった。したがって，個人属性などの個人レベルの変数を考慮しても居住地間の差異が確認されたため，居住地レベルの変数の効果を検討する必要があるといえる。

そこで図8-3の居住地レベルの変数の効果をみていくと，第一に，変化への指向スコアに対して，DID人口比率が有意な正の直接効果をもっているこ

第8章　現代日本における非通念性の規定構造

とがわかる。そのことから，都市度が高いほど，変化への指向が高い傾向が確認されたといえる[12]。そして第二に，DID 人口比率がネットワーク密度に対して有意な負の効果をもち，都市度が高いほど紐帯の相互連結が減少し，一枚岩の連帯から解放されていることがわかる。また，第三に，居住地レベルにおいて，ネットワーク密度が変化への指向スコアに対して有意な負の効果をもつことが確認できる。よって，紐帯の相互連結が少ない居住地ほど，変化への指向が高い傾向にあるといえる。

　これらの結果から，都市が人々を一枚岩の連帯から解放し，それをとおして変化への指向を高めていくというプロセスがそれぞれ確認されたといえる。そこでこの媒介効果についての検定を行ったところ (Sobel 1982)[13]，ネットワーク密度による5％水準で有意な媒介効果が認められた。このことから，変化への指向については，都市が人々の紐帯の相互連結を減少させることをとおして変化への指向を高めるという，コミュニティ解放仮説が支持されたといえる。

　ちなみに図8-3のその他の変数の効果を確認すると，人口移動比率は変化への指向スコアに対して有意な効果をもたないことがわかる。よって変化への指向については，フィッシャーの下位文化仮説は支持されず，ウェルマンのコミュニティ解放仮説がより支持されると考えることができるだろう[14]。

## 6　まとめと議論
――非通念性の複合的生成過程――

　本章では，非通念性の規定構造に関する検討を行うにあたり，フィッシャーの下位文化理論による議論とウェルマンのコミュニティ解放論による議論が存在し，見解が必ずしも一致していないことを指摘した。さらに，そのことが非通念性の概念の広さに起因すると考え，非通念性を多様性への指向と変化への指向という二つの側面に分けたうえで，その規定構造を下位文化仮説とコミュニティ解放仮説の両面から多角的に検討するというアプローチを提示した。

　そしてマルチレベル SEM による分析の結果，非通念性の第一の側面である多様性への指向については，都市度と人口移動が多様性への指向を高める効果

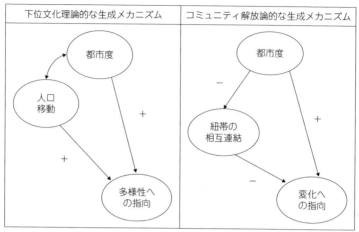

図 8-4　多様性への指向と変化への指向の規定構造

をもつのに対し，紐帯の相互連結の効果は有意ではなく，媒介効果も確認されなかった。よって，多様性への指向は下位文化理論の観点から説明できるといえる。

次に，非通念性の第二の側面として提示した変化への指向についても，マルチレベル SEM による検討を行った。その分析の結果，都市度が変化への指向を高める直接効果があること，都市度が居住地の紐帯の相互連結を減少させる効果があること，紐帯の相互連結の少なさ（一枚岩の連帯からの解放）が変化への指向を高める効果があること，という三点が確認され，その媒介効果は 5 ％水準で有意であった。そしてそれに対して，下位文化仮説が指摘する人口移動については，有意な効果は確認されなかった。そのことから，変化への指向に関しては，コミュニティ解放仮説の観点から説明できることが明らかとなったといえる。

これら本章の分析結果は，非通念性の議論において興味深い知見を与えるものである。なぜなら，多様性への指向がフィッシャー下位文化理論的なメカニズムによって生成されるのに対し，変化への指向はウェルマンのコミュニティ解放論的なメカニズムで生成されるという，規定構造の差異が浮かび上がってきたからである。それらは図 8-4 のようにまとめられる。図 8-4 のような

結果は，非通念性の規定構造に関して，下位文化理論とコミュニティ解放論のいずれの議論も正しいこと，さらにはそれら二つのメカニズムが，都市の非通念性の異なる側面をそれぞれ生成していることを示すものといえよう。そのことは，現代日本において下位文化理論とコミュニティ解放論の両方のメカニズムが同時に働いており，それらが折り重なるようにして都市的生活様式を生み出し，都市を創造性の源泉にしていることを示唆するものである。なお，本章の分析結果は，非通念性に関して，ガンズら非生態学的立場よりもフィッシャー・ウェルマンによる第三の潮流の議論のほうが支持されることを示すものでもある。

そこで今後は，非通念性のこうした複合的な生成メカニズムが日本だけのものであるのか，それとも，他の国でも生じているのかということについて，検討していく必要があるだろう。さらに，下位文化理論とコミュニティ解放論が想定するメカニズムがお互いに促進しあうものなのか，それともある程度独立したものなのかということについては，必ずしも自明ではない。よって，その両者の関係についても，実証的な検討からさらに精緻化していくことが求められているといえる。

そして，本章では非通念性を二つの下位概念に分けることを試みたが，非通念性に関しては，この二つの側面だけではなく，その他の側面の存在も考えられる。したがって，その他の側面も視野に入れながら，非通念性を概念的に精緻化していく作業も必要であろう。その際に，多様性への指向については，家族や人種など複数の側面における寛容性を合成して分析することがより望ましいため，それに対応した指標の検討も必要であろう。こうした検討は，非通念性に関する議論をさらに発展させていくために重要な作業と思われる。今後の課題としたい。[15]

**注**

1) 性別役割分業意識についても，性別役割分業から外れた生き方に関する寛容性を測定しているとも考えられるため，ここでは寛容性に関する議論の一つとした。
2) 特にフロリダは，こうした寛容性を，都市が創造性を発揮するための三つのT,

すなわち才能（Talent）・技術（Technology）・寛容性（Tolerance）の一つとして位置づけ，実際に寛容性の指標として，同性愛に関する指標を用いた検討も行っている（Florida 2002＝2008）。

3）JGSS 2003については，第5章を参照。

4）欠損値を含むケースの関係から，最終的な分析の地点数は459となっている。

5）日本における非通念性の検討の際には，多くの研究でこの二項目とほぼ同様のものが用いられている（伊藤 2000; 松本 2002a; 原田 2004）。また，フィッシャーによっても，非通念性の議論においては，家族や性愛のあり方や，それに対する寛容性も重点的に議論されている（Fischer ［1976］ 1984＝1996）。

6）JGSS 2003の相談ネットワークでは，ごく少数であるが，親族，隣人，友人を兼ねたネットワークが存在する。そこで本章では，二つ以上の関係を兼ねたものについては親族＞隣人＞友人という優先順位で一つのみにリコードした。

7）ネットワーク密度については，第5章と同様の式によって算出している。本章においてもより多くのケースを確保するために，回答者もノードに含めて計算した。

8）人口移動比率については，図表で値が小さくなりすぎないように，100をかけた値を用いている。

9）そのために，これまでの多くの研究においては，レベル1の観測変数をレベル2の媒介モデルに組み込みたい場合には，レベル1の観測変数についてグループごとの平均値を算出し，それをレベル2に投入する方法が用いられてきた。こうした方法は multilevel manifest covariate （MMC） approach，もしくは unconflated multilevel model （UMM）と呼ばれている（Lüdtke et al. 2008; Preacher et al. 2010）。マルチレベル SEM は，こうした方法をさらに先へ進めたものといえる。

10）マルチレベル SEM では，従来の方法では考慮できなかった，グループごとのケース数の違いなどの情報も考慮して媒介効果を算出できるため，より適切な推定が可能となっている（Preacher et al. 2010; Lüdtke et al. 2011）。そして特に，マルチレベル SEM はグループごとの平均ケース数が少ない場合に有効であることが指摘されているため（大谷 2014），本章の分析により適した統計解析手法といえるだろう。なお，分析には Mplus ver. 5 を用い，マルチレベル SEM の推定方法は，マルチレベル SEM に適したミューテン最尤法（MUML）を用いている（Yuan and Hayashi 2005）。

11）マルチレベル SEM による分析では，個人レベルの変数は中心化せずに統制している。しかしながら，職業威信スコア，有配偶ダミー，隣人数，友人数は，投入すると共分散行列が正の値をとらなかったため，いずれの分析においても除外した。ただしこれらを投入した階層線形モデルによる分析でも，本章での分析結果と同様の傾向が確認されている。

## 第8章　現代日本における非通念性の規定構造

**付表 8-1　図 8-2 および図 8-3 の分析結果の詳細**

| | 図 8-2 の分析結果 | | | | 図 8-3 の分析結果 | | | |
|---|---|---|---|---|---|---|---|---|
| | ネットワーク密度 | | 多様性への指向 | | ネットワーク密度 | | 変化への指向 | |
| | B | S.E. | B | S.E. | B | S.E. | B | S.E. |
| 切片 | .943** | .009 | 4.132** | .282 | .943** | .009 | 4.106** | .263 |
| 居住地レベル | | | | | | | | |
| 　DID 人口比率 | -.043** | .012 | .576** | .133 | -.043** | .012 | .330** | .122 |
| 　人口移動比率 | — | — | .029* | .014 | — | — | .012 | .012 |
| 　ネットワーク密度 | — | — | -.483 | .269 | — | — | -.614* | .252 |
| 個人レベル | | | | | | | | |
| 　個人属性 | | | | | | | | |
| 　　年齢 | .002** | .000 | -.021** | .003 | .002** | .000 | -.010** | .003 |
| 　　性別 | | | | | | | | |
| 　　　女性 | -.016* | .008 | .343** | .083 | -.016* | .008 | -.085 | .077 |
| 　　　男性 (ref.) | — | — | — | — | — | — | — | — |
| 　　教育年数 | -.003 | .002 | .041* | .019 | -.003 | .002 | .026 | .017 |
| 　　職業の有無 | | | | | | | | |
| 　　　無職 | .008 | .009 | .035 | .088 | .007 | .009 | -.146 | .082 |
| 　　　有職 (ref.) | — | — | — | — | — | — | — | — |
| 　　持ち家ダミー | -.016 | .013 | -.106 | .130 | -.015 | .013 | -.085 | .122 |
| 　ネットワーク | | | | | | | | |
| 　　親族数 | .062** | .018 | -.043 | .185 | .062** | .018 | .049 | .173 |
| 　　ネットワーク同性比率 | -.092** | .011 | .121 | .119 | -.092** | .011 | -.118 | .111 |
| 　　ネットワーク密度 | — | — | -.486 | .268 | — | — | -.614* | .252 |
| Residual Variance (グループ間) | .002** | .001 | .177** | .056 | .002** | .001 | .152** | .049 |
| -2Log Likelihood (H0) | 31260.406 | | | | 31072.464 | | | |
| -2Log Likelihood (H1) | 31239.254 | | | | 31041.336 | | | |
| AIC | 31472.406 | | | | 31284.463 | | | |
| BIC | 32032.086 | | | | 31844.144 | | | |
| CFI | .987 | | | | .947 | | | |
| RMSEA | .015 | | | | .026 | | | |

$N$=1451, **$p<.01$, *$p<.05$
注) B は非標準偏回帰係数，S.E. は標準誤差。

12) 都市度の直接効果は，メディアの発達等による情報や刺激の多さから解釈できると思われる (Wirth 1938 = 2011)。

13) 媒介効果の検定には様々な方法が提案されているが，本章では，より標準的なソベル検定を用いている (Sobel 1982)。ソベル検定とは，独立変数から媒介変数への効果を $a$，媒介変数から結果変数への効果を $b$ とする媒介モデルを扱う場合に，媒介効果 $a \times b$ の標準誤差を算出して，媒介効果の検定を行う方法である。具体的には，係数 $a \times b$ の標準誤差 $\sigma_{ab}$ を，以下の式から求める。以下の式では，$\sigma_a$

は係数 $a$ の標準誤差であり，$\sigma_b$ は係数 $b$ の標準誤差である。

$$\sigma_{ab} = \sqrt{a^2 \sigma_b^2 + b^2 \sigma_a^2}$$

そして，それを用いて，以下の式による媒介効果の検定を行う。

$$z = \frac{a \times b}{\sigma_{ab}}$$

ソベル検定では，この $z$ の値が標準正規分布に従うと仮定し，値が1.96以上であれば，5％水準で有意な媒介効果があるとする。このソベル検定は媒介効果の検定において標準的なものであり，マルチレベル SEM においても，Mplus によって出力することが可能である。

14) また，これらマルチレベル SEM による分析（図8-2，図8-3）の詳細な結果は，付表8-1のとおりとなる。

15) さらに，今回の分析では，人々が都市に住んですぐに多様性や変化への指向をもつのか，それとも徐々にそうした指向をもつようになるのかといった詳しいメカニズムは検証できていない。この点は，近年議論がなされている，選択バイアスにも関わるものである。そこで，居住年数を含めた分析や，パネルデータによる検討も考えられるだろう。JGSS 2003のB票のデータには居住年数に関する変数は含まれていないため，今回はそれを含めた分析は断念した。ただし近似的に15歳時の居住地の都市規模の効果も統制した分析を行ってみたところ，いずれの分析でも結果はほぼ同じであった。

終　章
# 現代日本の都市的生活様式とその生成メカニズム

## 1　本書のアプローチと分析結果のまとめ

　様々な時代や社会で共有され，日本においても繰り返し語られてきた都市のネガティブなイメージは，現代日本において，本当に都市の実像を表したものといえるのであろうか。また，現代日本の都市の実像とはいかなるものなのであろうか。本書は，それらの問いを出発点とした。そして本書では，そうした問いに答えるために，以下の二つのアプローチによって，現代日本における都市の実像を明らかにすることを試みた。

　第一に，理論的な側面からのアプローチとして，都市社会学における複数の主要な都市理論に依拠することにより，世界中で共有されているネガティブなイメージ以外も含めながら，都市のイメージを多角的な視点から検討するというものを挙げた。さらにこうしたアプローチを踏まえ，第2章において，本書の三つの検討課題を提示した。それらは，（1）これまで日本では体系的な検証が充分になされていない，フィッシャー下位文化理論を体系的に検証すること，（2）その下位文化理論も含めながら，都市のネガティブなイメージ，中立的なイメージ，ポジティブなイメージをそれぞれ代表した，「ワースらシカゴ学派による社会解体論」「ガンズらによる非生態学的立場」「フィッシャー・ウェルマンによる第三の潮流」という都市社会学における三つの主要な潮流を総合的に検証すること，（3）そうした検討を日本の全国調査にもとづきながら行うこと，にまとめられる。

**表終-1　本書での分析結果のまとめ**

| 論点 | 都市が紐帯に与える影響 | | 都市がパーソナリティに与える影響 | | |
|---|---|---|---|---|---|
| | コミュニティ問題（第5章） | 同類結合（第6章） | 都市疎外理論（第7章） | 非通念性（第8章） | |
| 分析結果（都市効果） | コミュニティ変容論 | 促進 | 効果なし | 多様性への指向：促進（都市度・人口移動） | 変化への指向：促進（ネットワーク密度の媒介） |

　また第二に，本書における方法論的な側面からのアプローチとして，社会調査法と統計解析手法の発展を取り入れた，都市の計量社会学的アプローチを提示した。このようなアプローチを提示したのは，大きく二つの理由によっていた。一つ目の理由は，方法上の発展を最大限活用することにより，エビデンスにもとづいた，より確かな検討を可能にするためである。そして二つ目の理由は，方法上の発展を最大限活用することによって，これまで以上に都市理論やその分析視角を分析上で再現できるという点に注目しながら，都市社会学における理論と方法の接合をより進めるためである。本書では特に後者の観点から，方法上の発展がもつ理論的意義にも注目し，都市社会学における理論と方法の接合を進めることも試みた。

　そうした二つのアプローチを受け，第1章から第4章においては，本書で依拠する理論と方法，さらにはその対応関係について詳しく述べた。また，第5章から第8章においては，それらの理論と方法に加え，日本の全国調査データを用いて，都市理論における重要な論点である「コミュニティ問題」「同類結合に対する都市効果」「都市疎外理論」「非通念性の規定構造」に関する実証的な検討を行った。これら，第5章から第8章の分析結果をまとめると，表終-1のようになる。

　そこで以下では，本書の議論を締めくくるにあたり，表終-1の分析結果をもとにしながら本書の検討課題に対する結論をまとめていく。その後，本書における新たな知見や今後の展開可能性，さらには課題について議論することにしたい。

終　章　現代日本の都市的生活様式とその生成メカニズム

## 2　本書の検討課題に対する結論

　本節では，本書の三つの検討課題のうち，全国調査データでの検討を除いた二つについて，本書の知見を整理しておきたい。ここでの二つの検討課題とは，第一に，フィッシャー下位文化理論の体系的検証，第二に，都市社会学における三つの主要な潮流の総合的な検証である。

**フィッシャー下位文化理論の体系的検証に関する知見**
　第2章でも述べたように，フィッシャー下位文化理論は，都市型パーソナリティとしての非通念性が生成されるメカニズムを，体系的に説明するために提示されたものである。フィッシャー（1975b=2012）によれば，都市ではネットワーク選択性が高いことから自発的に形成される非親族的な紐帯が興隆をみせ，さらには，人々の同類結合が促進されることにより，多様な下位文化が生成・維持されやすくなる。そして，都市の多様な下位文化同士が刺激しあい，伝播していくこと，さらには人口移動が多様な下位文化と触れ合う機会を増やしていくことによって，都市住民の非通念性が高められていくのである。そのことから，フィッシャー下位文化理論の中心的命題として，「都市における非親族的紐帯の興隆」「都市における同類結合の促進」「非通念性に対する都市度と人口移動の効果」の三点を挙げることができる。

　それら下位文化理論の中心的命題のうち，「都市における非親族的紐帯の興隆」に関しては，第5章でコミュニティ問題を扱った際に検討した。その結果，「都市における非親族的紐帯の興隆」という命題を含めて，コミュニティ変容論が支持された。また，「都市における同類結合の促進」については，同類結合に対する都市効果を検討した第6章で扱った。そして第6章での分析により，都市が趣味の同類結合を促進するという結果が確認されたため，「都市における同類結合の促進」という命題も支持されたといえるだろう。さらに，非通念性の規定構造を検討した第8章において，非通念性の第一の側面である多様性への指向に対し，都市度と人口移動がいずれも有意な正の効果をもっているこ

とが確認された。よって,「非通念性に対する都市度と人口移動の効果」に関しても,支持されたといってよいだろう。これらの結果をまとめて考えると,現代日本において,下位文化理論の中心的な命題が全般的に支持されていることがわかる。このことは,フィッシャーの提示した下位文化理論が,現代日本の都市メカニズムを議論するうえで,有望な都市理論であることを意味している。

また,アメリカで下位文化理論が検証された際には,「サイズ,カット,スタイルは良し。しかし,この理論のスーツはまだいくらか直しが必要である」(Fischer 1982＝2002: 331) と述べられているなど,修正の必要性が指摘されていた。その背景としては,フィッシャーが下位文化理論を検証した当時のアメリカでは,都市開発の失敗と居住環境の悪化によって,都市の状況が相対的に悪化していたことが影響している可能性がある (Fischer 1982＝2002)[1]。それに対して,本書の検証結果からは,当時のアメリカよりもむしろ現代日本のほうが,下位文化理論が体系的に支持され,あてはまっているようにすらみえるのである。

そのことは,下位文化理論が,北米以外の国に対しても適用できる都市理論である可能性を示唆するものといえる。これまでも述べたように,下位文化理論は,都市の危機が叫ばれていた1970年代に,北米のアメリカで提唱された都市理論である。その下位文化理論が,その後30年以上が経った後も,さらにはアメリカから遠く離れたアジアの国である日本においても,有効性を示しているのである。したがって,本書の重要な示唆として,下位文化理論を北米以外の国に適用していく可能性をより広げたという点を強調しておきたい。よって今後は,日本を含めたアジア,さらにはその他の社会においても,下位文化理論の適用可能性に関する検討が重ねられていく必要があるだろう。

**都市社会学における三つの潮流の総合的検討に関する知見**

また,表終-1で提示した本書での分析結果を確認すると,第2章で提示した「ワースらシカゴ学派による社会解体論」「ガンズらによる非生態学的立場」「フィッシャー・ウェルマンによる第三の潮流」の主張の相違をまとめた表2-

終　章　現代日本の都市的生活様式とその生成メカニズム

1のうち,「フィッシャー・ウェルマンによる第三の潮流」の議論を,全般的に支持するものとなっていることがわかる。

　そうした結果は第一に,都市が社会解体やアノミーをもたらすことを主張したワースらシカゴ学派による社会解体論の議論が,現代日本においては全般的に支持されないことを示している。特に本書の第5章においてコミュニティ問題を検討した際には,都市で人々の第一次的紐帯が喪失されている証拠はみつからず,コミュニティ喪失論は棄却された。また,第7章の分析からは,都市は人々の無力感や孤独感を高め,さらには規範を崩壊させることによって主体性を失わせるとした都市疎外理論も棄却されている。よって,現代日本における都市は,ワースらシカゴ学派が主張したようなネガティブな効果をもつものとはいえないこと,すなわち都市のネガティブなイメージは経験的に支持されないことが明らかになったといえる。

　また第二に,本書の分析結果からは,都市が人々の生活様式に対して効果をもたないとする非生態学的立場が,現代日本においては棄却されることも明らかとなった。コミュニティ問題に関する第5章の検討では,都市と農村のあいだに第一次的紐帯の差異はみられないとする,コミュニティ存続論は棄却されている。さらに,第6章で検討した同類結合や,第8章で検討した非通念性に関しても,都市と農村のあいだの差異が確認された。よって,非生態学的立場の議論は,現代日本において全盤的に棄却されたと考えることができる。現代日本では,都市と農村のあいだの生活様式の差異は依然として存在しているのである。そのことは,現代日本において,都市の中立的なイメージが経験的に支持されないこと,さらには,都市と農村の差異を生み出すメカニズムを検討するための都市理論や都市社会学が,現代日本においても重要であることを示すものといえるだろう。

　そして第三に,本書の分析結果は,フィッシャー・ウェルマンによる第三の潮流の議論を全般的に支持するものとなっている。第5章のコミュニティ問題の検討では,フィッシャー下位文化理論に関する議論だけではなく,都市が人々の紐帯の相互連結を減少させ,断片化させていくことも明らかになるなど,コミュニティ変容論が支持された。それに加えて,これまでの日本の全国調査

データを用いた検討によっても，都市における紐帯が空間的にも広がりをみせ，空間的制約から解放されていることが部分的に確認されており，さらには，得られるサポートに都市度による差がみられないことも明らかとなっている（石黒 2010）。それらを合わせて考えると，現代日本において，フィッシャー下位文化理論だけではなく，ウェルマンのコミュニティ解放論もおおよそ支持されると考えることができるだろう。現代日本では，フィッシャー下位文化理論と，ウェルマンのコミュニティ解放論が主張したメカニズムの双方が，同時に働いているのである。これらのメカニズムは，これまで北米でも支持されてきたものであり，北米と現代日本に共通して働いている，より普遍的なメカニズムとしてとらえることができるだろう。また，第8章の非通念性の規定構造に関する検討によっても，創造性や革新性を含む非通念性が，都市においてより高いことが明らかとなっている。そのことは，現代日本において，都市のポジティブなイメージが経験的に支持されることを示しているといえるだろう。

　これら本書の結果を踏まえると，世界中の様々な国で共有され，日本においても繰り返し語られてきた「都市＝つながりの失われた場所」というネガティブなイメージは，現代日本においては都市の実像を表わしたものではないと考えることができる。こうした都市の通俗的なイメージは，少なくとも現代日本においては，実態を表したものというよりも，独り歩きしている神話といえるのである。それに対し，本書の検討からは，現代日本において，フィッシャー・ウェルマンら第三の潮流が提示した，都市のポジティブなイメージが支持されるという結果となった。このことは，都市のネガティブなイメージ以外も含めた多角的な視点による検討と，社会調査法と統計解析手法の発展を取り入れた都市の計量社会学的な検討という，本書の二つのアプローチが有効であったことを示すものといえるだろう。

## 3　本書における新たな知見

　さらに，それらの検討課題に対応した知見に加え，本書の分析からは，新たな知見も得られている。それは，（1）同類結合にみる現代日本の独自性，

終　章　現代日本の都市的生活様式とその生成メカニズム

(2) 非通念性の複合的生成メカニズム，である。そこで本節では，そうした本書での新たな知見についてまとめておきたい。

## 本書における新たな知見（1）――同類結合にみる現代日本の独自性

　本書の分析結果からは，フィッシャー下位文化理論と，ウェルマンのコミュニティ解放論がおおよそ支持され，主に北米で議論されてきた第三の潮流の議論が，より普遍性をもつものであることが示されているといえる。

　しかしながら他方で，本書の分析結果からは，現代日本の独自性も読みとることができる。特に，第6章の同類結合に関する分析により，現代日本の都市において，年齢同類結合，学歴同類結合，職業的同類結合は促進されないのに対し，趣味的同類結合は促進されることが明らかとなった。こうした結果は，これまで同類結合の議論が蓄積されてきたアメリカとは，対照的なものとなっている。アメリカでは，都市における「エスニシティ」や「宗教」の側面に関する同類結合が注目されているのに対し（Fischer 1975b=2012, 1982=2002），現代日本では，都市は主に「趣味・娯楽」の側面に関する同類結合を促進するのである。アメリカにおいて，都市と趣味的同類結合の関連については部分的に支持されるにとどまっていることから考えると（Fischer 1982=2002），現代日本は，都市的生活様式を検討する際に，趣味的同類結合に関する検討がより意義をもつ社会であると考えることができるだろう。

　アメリカと日本でこのような差異が生じる理由としては，第6章でも述べたとおり，日本は移民が少ないこと（OECD 2010），さらにはアメリカと比べて生活における宗教の重要度が著しく低いことに加え，余暇の重要度はアメリカよりもやや高いなど（電通総研・日本リサーチセンター編 2008），趣味的な側面に対する選好が相対的に高いことが挙げられる。したがって，アメリカと日本で，他者のどの側面を重視しながらつながる相手を選ぶのかということについての差異が生じると考えられるのである。そのことが，よりネットワーク選択性が高い都市において，どういった側面の同類結合が生じやすいかということに，差異を生じさせている可能性がある。

　そしてさらに，都市が促進する同類結合の側面が国によって異なることが，

195

都市でどのような下位文化が特徴的に現れてくるかということについて，国に
よる差異を生み出す要因になっている可能性もある。そうした点から考えてみ
ると，アメリカの都市文化としては「エスニシティ」や「宗教」の同類結合に
対応した，ボストンのイタリア系アメリカ人の集団，さらにはカトリックやユ
ダヤ教の集団などが挙げられているのに対して（Fischer 1982＝2002），現代日本
の都市文化の事例としては，「趣味・娯楽」の同類結合に対応した，渋谷や原
宿，青山での独立系ストリート・カルチャーやクラブカルチャー（三田 2006;
石渡 2006），秋葉原のオタク文化（森川 2003），下北沢の若者文化などが挙げら
れている点についても（毛利 2009），納得がいくだろう。このように，都市で
趣味的な側面での同類結合が生じやすく，趣味や娯楽に関する下位文化が現れ
てきやすいことが，現代日本の特徴と考えることができる。なお，青年文化研
究会が東京都杉並区の若者を対象として行った調査によっても，7割を超える
若者が趣味を共有する趣味友人をもっていることが指摘されており（浅野
2011），現代日本の都市住民にとって，趣味的同類結合——趣味縁——の重要
性が高いことが示唆されている。

　このように，下位文化理論の想定するメカニズムについて，都市が何らかの
側面の同類結合を促進するという普遍的な部分と，国によって都市がどの側面
の同類結合を促進するかということが異なるという独自な部分の両面に注目す
ることにより，アメリカと日本で一見全く異なるように思われる都市文化が，
実は同じ下位文化理論という枠組みから解釈することができるのである。こう
した本書における第一の新たな知見は，都市が人々の紐帯に与える影響に関す
る知見として位置づけることができるだろう。

**本書における新たな知見（2）――「非通念性」の複合的生成メカニズム**
　また，本書の第8章では，近年注目されている都市型パーソナリティとして
の非通念性について，その概念があまりにも広いことによって議論の不一致が
生じている可能性を指摘し，非通念性を複数の側面に分けて検討するというこ
とを試みた。そして，多様性への指向と変化への指向という二つの下位概念を
提示し，これらの規定構造を別々に検討することを提案した。

第8章におけるマルチレベル SEM での検討の結果，非通念性の第一の側面である多様性への指向に関しては，フィッシャーが下位文化理論において非通念性を促進する要因として想定した，都市度そのものと人口移動によって，高められていることが明らかとなった。それに対して，非通念性の第二の側面である変化への指向に関しては，都市度が変化への指向を高める効果を，紐帯の相互連結が媒介していることが明らかとなっており，ウェルマンのコミュニティ解放論が想定するメカニズムが支持されている。

　こうした結果は，現代日本において，都市が人々の紐帯に与える影響だけではなく，都市が人々のパーソナリティに与える影響に関しても，フィッシャーの下位文化理論とウェルマンのコミュニティ解放論の両方のメカニズムが働いていることを示唆するものといえる。つまり，フィッシャー下位文化理論と，ウェルマンのコミュニティ解放論が主張したメカニズムによって，都市型パーソナリティである非通念性の異なる側面がそれぞれ生成されていると考えることができる。そのことは，フィッシャーとウェルマンの議論を，より体系的に共存・融合させていくことにつながるものといえるだろう。

　このように，非通念性の二つの側面として提示した多様性への指向と変化への指向がそれぞれ異なる規定構造をもつということ，すなわち非通念性の複合的な生成過程を明らかにしたという点が，本書におけるもう一つの新たな知見である。こうした非通念性の複合的な生成過程の検討は，非通念性を大きく二つの下位概念に分けたこと，さらにはその生成メカニズムとしてフィッシャー下位文化理論的なメカニズムと，ウェルマンのコミュニティ解放論的なメカニズムの両方に着目したことによって，初めて可能になったものといえる。この点は，都市がパーソナリティに与える影響に関する知見として位置づけることができるだろう。こうした非通念性の複合的な生成メカニズムに関しては，今後，日本以外の国でも検証していく必要がある。

## 4 今後の展開可能性
――比較分析に向けた理論枠組みと方法の整備――

　そこで以下では，同類結合や非通念性に関して新たな知見が得られたことを受け，それらをもとにした今後の展開可能性について考えてみたい。それは，比較分析に関する展開である。

　これまで議論してきたように，本書では，都市が何らかの側面の同類結合を促進するという普遍的な部分と，国によって都市がどの側面の同類結合を促進するかが異なるという独自な部分の両面に注目してきた。そのことによって，下位文化理論が，アメリカと日本における都市文化の差異も説明できる可能性が示唆された。

　したがって今後は，こうした視点を敷衍しながら，国ごとの都市文化の差異をとらえることのできる，比較分析の枠組みを作っていくという展開が考えられる。そのためには，同類結合の諸側面に関する議論を整理していきながら，それらの側面に対応した指標や調査項目を考えていく必要があるだろう。そのなかでも特に，本書で注目されている趣味的同類結合に関しては，様々な趣味の側面を想定しながら，議論と指標を精緻化していく必要がある。さらに，それら同類結合の諸側面に対応するかたちで，下位文化の種類に関する議論を精緻化していくことも重要であろう。こうした議論を重ねていくことをとおして，同類結合や都市の下位文化の内容について，より緻密な検討が可能になるといえる。そのことにより，国ごとの都市文化の違いを説明する比較研究をさらに先まで進めていくことができるだろう。また，同類結合や都市の下位文化に関する議論を精緻化することによって，量的研究とフィールドワークにもとづく質的研究とが接合しやすくなり，よりリアリティのある都市研究を行うことにもつながっていくと考えられる。

　そして，同類結合やそれに対応する下位文化についての議論を精緻化していくことは，国のあいだでの比較分析だけではなく，地域による比較分析を進めることにもつながるといえる。たとえば，関東や関西など，地域による都市文

化や都市現象の差異についても，上記の枠組みによって同様に扱うことができるであろう[2]。さらには，比較分析の枠組みや方法が整備されれば，特定の国や地域を対象としながら，時系列比較分析も行うことができる。そのことによって，特定の国や地域における，時代による都市現象の変化も扱うことができると考えられる。

　また，こうした比較分析の枠組みに関しては，都市型パーソナリティとしての非通念性の議論にもつなげて考えることができる。つまり，都市でどのような下位文化が生成・維持されやすいかということによって，都市がどのような側面の非通念性を促進するかということに関して，国や地域による差異が生み出されている可能性がある。そうした検討を行っていくためには，非通念性についても，本書で提示した多様性への指向と変化への指向以外の側面も想定しながら，様々な種類を含めた議論を精緻化していく必要がある。そして，非通念性の種類に対応した指標や調査項目についても，議論を進めていく必要があるだろう。そのことにより，非通念性の生成メカニズム——都市が非通念性のどの側面を促進するか——についても，国や地域，さらには時代ごとの比較分析ができるようになると考えられる。

　これら，同類結合や非通念性にもとづく比較分析は，共通の解釈枠組みとしての下位文化理論に依拠していることから，一見全く異なると考えられてきた都市現象や都市文化に関して，同類結合による下位文化の生成・維持，さらには非通念性の生成という観点から解釈し，結びつけることができる点に特徴がある。このように，下位文化理論にもとづく議論に依拠しながら比較分析の枠組みや方法を精緻化していくことにより，国や地域，時代の独自性と，それらに共通する普遍的なメカニズムの両面から都市現象をとらえる枠組みを確立していくことができると考えられる。こうした作業は，都市社会学における比較分析の枠組みや方法をさらに発展させていくことにもつながるものといえるだろう。

## 5　お わ り に

　本書は，現代日本における都市の実像，すなわち都市的生活様式とその生成メカニズムを明らかにすることを目指すものであった。そこで本書の結果をまとめると，現代日本の都市的生活様式はいかなるものかという問いに対しては，都市型コミュニティの特徴としての「非親族的紐帯の興隆」「紐帯の断片化」「同類結合の促進」と，都市型パーソナリティとしての「非通念性」——「多様性への指向」「変化への指向」——と答えることができる。そして，それらがいかなるメカニズムによって生成されているのかという問いには，フィッシャーの下位文化理論と，ウェルマンのコミュニティ解放論の二つのメカニズムによって生成されていると答えることができるだろう。このようなメカニズムは，現代日本において，都市の個別の現象の裏にはたらいている，体系的なメカニズムといえる。それを明らかにできたことは，そうしたメカニズムを探求すべきとした，現代日本の都市社会学の課題にも応答するものといえるだろう。これらは，三つの主要な都市理論による都市イメージの多角的検討という理論的なアプローチと，社会調査法と統計解析手法の発展を取り入れた都市の計量社会学的な方法論的アプローチによって，明らかになったものといえる。

　そしてそれに加え，本書では，理論と方法の対応関係についての議論を蓄積してきた日本都市社会学の第一世代から第三世代の問題意識を引き継ぎながら，都市社会学における理論と方法の接合を進めることも試みた。そのために，社会調査法や統計解析手法といった方法上の発展がもつ理論的な意義に注目し，理論と方法の対応関係と，それを踏まえた分析手順を示した。第4章でも述べたように，都市理論の発展は方法上の発展と強く結びついてきたといえる。よって，都市社会学は方法上の発展の恩恵を大きく享受してきた分野ともいえるのではないだろうか。したがって今後も，新しい理論と方法についての議論を蓄積し，それらの接合を進めていくことが，新しい理論的潮流を生み出す原動力になると考えられるのである。

　そこで今後，都市理論のさらなる検討を行っていくにあたり，重要な課題の

一つとして考えられるのは，独立変数としての「都市度」をより適切に表す尺度を開発することであろう．本書では，「日常的に接触可能な人口量」（松本2005b: 150）を表す都市度尺度として，近年日本で有望と考えられている，DID人口比率を用いた．この尺度は，調査対象者が居住している市区町村の情報といえる．しかしながら，都市度に関する議論においては，当該の市区町村の情報だけではなく，その周辺の情報も考慮することが提案されているのである（松本 2005b）．なぜならば，当該市区町村の情報だけをみるとほぼ同じ都市度だったとしても，東京特別区などの多くの大都市が隣接している居住地と，周辺に大都市が隣接していない地方都市では，日常的に接触可能な人口量が異なると考えられるからである．

したがって，当該居住地だけではなく，隣接する居住地や周辺の居住地の情報も加味した都市度尺度を作成することができれば，より適切に都市度をとらえることができる．そしてそのことは，都市度の効果の検出力をより高めるものと考えることができ，都市効果を過小評価しないためにも，非常に重要な作業として位置づけられるのである．近年，こうした新しい都市度尺度の開発に関する検討も少しずつ進められており（赤枝 2013b），今後も，より都市理論の問題関心に合致し，なおかつ都市効果をより適切に検出できる都市度尺度について，議論を進めていく必要があるだろう．こうした作業は，都市効果，すなわち都市と農村の差異をより検出しやすくするという意味で，都市理論や都市社会学の意義自体を高めるものともいえるだろう．また，都市効果を検出しやすくすることは，都市研究だけではなく，農村研究の意義を高めることにもつながるものである．なぜなら，都市特有の生活様式や現象が多く発見されることは，裏を返せば，農村特有の生活様式や現象が発見されることでもあるからである．

さらに，都市で生まれつつある新しい現象や傾向は，その後，社会全体に広まっていく可能性もある．そのため，社会学における古典やフィッシャーが指摘しているように（Fischer [1976] 1984 = 1996, 1982 = 2002），都市的生活様式について議論を行うことは，今後の社会について考えることにもつながるものといえる．このように，都市を研究することは多くの意義をもつものであり，今

後も，新たな分析を積み重ねることが求められているといえるだろう。

　本書においては，繰り返し語られてきた「都市＝コミュニティの失われた場所」というイメージは現代日本においては経験的に支持されないこと，そして，現代日本においてはフィッシャー・ウェルマンによる第三の潮流の議論が支持されることを指摘した。しかしながら，本書で示された都市と農村のあいだの差異については，今後も同様に推移していくのかどうかは定かではなく，状況によって変化する可能性もある。都市社会学において特に重要なのは，そうした変化をとらえるために，都市効果をより適切に検出し，それを説明できる理論枠組みと方法を整備していくことであろう。本書が，そうした将来的な試みに対して，少しでも寄与できるものとなれば幸いである。

注
1）この点に関してフィッシャーは，「私は都市と村落の対比を，とくに都市にとって不利な歴史的時点で行っている」（Fischer 1982＝2002: 379）と論じている。
2）こうした地域による比較分析は，第3章の注12の枠組みと同じものとして考えることができる。

## 参 考 文 献

阿部斉・新藤宗幸・川人貞史, 1990, 『概説 現代日本の政治』東京大学出版会.
Abrahamson, M. and Carter, V. J., 1986, "Tolerance, Urbanism, and Region," *American Sociological Review*, 51（2）: 287-94.
赤枝尚樹, 2010, 「居住地における都市効果の再検討――非通念性の規定要因に関するマルチレベル分析」『日本都市社会学会年報』28: 237-52.
赤枝尚樹, 2013a, 「Fischer 下位文化理論の意義と可能性」『理論と方法』28（1）: 1-16.
赤枝尚樹, 2013b, 「新しい都市度尺度の確立に向けて――距離と移動時間に注目した都市度尺度の提案」『日本都市社会学会年報』31: 77-93.
相澤優子, 2007, 「保革意識と争点態度――JGSS-2000にみる身近な争点の影響」『日本版総合的社会調査共同研究拠点 研究論文集』大阪商業大学 JGSS 研究センター編, 6: 169-79.
Allen, F. L., 1952, *The Big Change: American Transforms Itself, 1900-1950*, New York: Harper & Row Inc.（＝1979, 河村厚訳『ザ・ビッグ・チェンジ――アメリカ社会の変貌1900-1950年』光和堂.）
Allison, P., 2009, *Fixed Effects Regression Models*, Thousand Oaks: Sage.
Anderson, N., 1923, *The Hobo: The Sociology of Homeless Men*, Chicago: University of Chicago Press.（＝1999-2000, 広田康生訳『ホーボー――ホームレスの人たちの社会学（上）（下）』ハーベスト社.）
青木秀男, 2000, 『現代日本の都市下層――寄せ場と野宿者と外国人労働者』明石書店.
青木秀男, 2010, 『ホームレス・スタディーズ――排除と包摂のリアリティ』ミネルヴァ書房.
ΑΡΙΣΤΟΤΕΛΟΓΣ., n. d., *PHTOPIKH*. Reprinted in: Ross, W. D. ed., 1959, *Aristotelis Ars Rhetorica*, Oxford: Oxford University Press.
浅川達人, 2000, 「都市度と友人ネットワーク」森岡清志編『都市社会のパーソナルネットワーク』東京大学出版会, 29-40.
浅野智彦, 2011, 『若者の気分――趣味縁からはじまる社会参加』岩波書店.
Atkinson, R. and Easthope, H., 2009, "The Consequences of the Creative Class: The Pursuit of Creativity Strategies in Australia's Cities," *International Journal of Urban and Regional Research*, 33（1）: 64-79.
Axelrod, M., 1956, "Urban Structure and Social Participation," *American Sociological Review*, 21（1）: 13-8.（＝1978, 鈴木広訳「都市構造と集団参加」鈴木広編『都市化の社会学 増補版』誠信書房, 211-21.）

Barnes, J. A., 1954, "Class and Committees in a Norwegian Island Parish," *Human Relations*, 7 : 39-58.（＝2006, 野沢慎司・立山徳子訳「ノルウェーの一島内教区における階級と委員会」野沢慎司編・監訳『リーディングス ネットワーク論――家族・コミュニティ・社会関係資本』勁草書房, 1 -29.）

Baron, R. M. and Kenny, D. A., 1986, "The Moderator-Mediator Variable Distinction in Social Psychological Research: Conceptual, Strategic, and Statistical Considerations," *Journal of Personality and Social Psychology*, 51（6）: 1173-82.

Baumer, E. F., Messner, S. F. and Rosenfeld, R., 2003, "Explaining Spatial Variation in Support for Capital Punishment: A Multilevel Analysis," *American Journal of Sociology*, 108（4）: 844-75.

Beggs, J. J., Haines, V. A. and Hurlbert, J. S., 1996, "Revisiting the Rural-Urban Contrast: Personal Networks in Nonmetropolitan and Metropolitan Settings," *Rural Sociology*, 61（2）: 306-25.

Bell, W. and Boat, M. D., 1957, "Urban Neighborhoods and Informal Social Relations," *American Journal of Sociology*, 62（4）: 391- 8 .

Bott, H., 1928, "Observation of Play Activities in a Nursery School," *Genetic Psychology Monographs*, 4 : 44-88.

Bott, E., 1955, "Urban Families: Conjugal Roles and Social Networks," *Human Relations*, 8 : 345-84.（＝2006, 野沢慎司訳「都市の家族――夫婦役割と社会的ネットワーク」野沢慎司編・監訳『リーディングス ネットワーク論――家族・コミュニティ・社会関係資本』勁草書房, 35-91.）

Bott, E., [1957] 1971, *Family and Social Network*, 2 nd ed., London: Tavistock Publications.

Briones, G. and Waisanen, F. B., 1969, "Educational aspirations, modernization and urban integration," Meadows, P. and Mizruchi, E. eds., *Urbanism, Urbanization and Change: Comparative Perspectives*, Reading, Mass: Addison-Wesley, 252-64.

Burgess, E. W., 1925, "The Growth of the City: An Introduction to a Research Project," Park, R. E., Burgess, E. W. and McKenzie, R. D. eds., *The City*, Chicago: University of Chicago Press.（＝2011, 松本康訳「都市の成長――研究プロジェクト序説」松本康編『都市社会学セレクション第 1 巻　近代アーバニズム』日本評論社, 21-38.）

Burt, R., 1984, "Network Items and The General Social Survey," *Social Networks*, 6 : 293-339.

Burt, R., 1992, *Structural Holes: The Social Structure of Competition*, Cambridge, MA: Harvard University Press.（＝2006, 安田雪訳『競争の社会的構造――構造的空隙の理論』新曜社.）

Carter, J. S. and Borch, C. A., 2005, "Assessing the Effects of Urbanism and Regionalism on Gender-Role Attitudes, 1974-1998," *Sociological Inquiry*, 75（4）: 548-63.

Castells, M., 1968, "Y-a-t-il une Sociologle Urbaine?," Sociologie du Travail 1: 72-90.（＝1982, 吉原直樹訳「都市社会学は存在するか」山田操・吉原直樹・鯵坂学訳『都市社会学──新しい理論的展望』恒星社厚生閣, 53-96.）

Coleman, J. S., 1988, "Social Capital in the Creation of Human Capital," *American Journal of Sociology*, 94: S95-S120.（＝2006, 金光淳訳「人的資本の形成における社会関係資本」野沢慎司編・監訳『リーディングス ネットワーク論──家族・コミュニティ・社会関係資本』勁草書房, 205-38.）

Cooley, C. H., 1929, *Social Organization: A Study of the Larger Mind*, New York: Charles Scribner's Sons.（＝1970, 大橋幸・菊池美代志訳『社会組織論──拡大する意識の研究』青木書店.）

Davis, K., 1955, "The Origin and Growth of Urbanization in the World," *American Journal of Sociology*, 60（5）: 429-37.

Deng, Z. and Bonacich, P., 1991, "Some Effects of Urbanism on Black Social Networks," *Social Networks*, 13: 35-50.

電通総研・日本リサーチセンター編, 2008,『世界主要国価値観データブック』同友館.

土井隆義, 2012,『若者の気分──少年犯罪〈減少〉のパラドクス』岩波書店.

Duncan, O. D., 1957, "Community Size and the Rural-Urban Continuum," Hatt, P. K. and Reiss, A. J. eds., *Cities and Society*, New York: Free Press, 35-45.

Durkheim, E., 1893, *De la division du travail social*, Alcan.（＝1989, 井伊玄太郎訳『社会分業論』講談社.）

Durkheim, E., 1897, Le suicide : étude de sociologie, P. U. F.（＝ 1985, 宮島喬訳『自殺論』中公文庫.）

Enders, C. K. and Tofighi, D., 2007, "Centering Predictor Variables in Cross-Sectional Multilevel Models: A New Look at an Old Issue," *Psychological Methods*, 12（2）: 121-38.

Faris, R. E. L., 1967, *Chicago Sociology 1920-1932*, San Francisco: Chandler Publishing Campany.（＝1990, 奥田道大・広田康生訳『シカゴ・ソシオロジー 1920-1932』ハーベスト社.）

Feld, S. L., 1981, "Social Structural Determinants of Similarity among Associates," *American Sociological Review*, 47（6）: 797-801.

Finkel, R., Guest, A. M. and Stark, R., 1996, "Mobilizin Local Religious Markets: Religious Pluralism in the Empire State, 1855 to 1865," *American Sociological Review*, 61（2）: 203-18.

Fischer, C. S., 1972, "Urbanism as a Way of Life: A Review and an Agenda," *Sociological Methods & Research*, 1 (2): 187-242.

Fischer, C. S., 1973, "On Urban Alienations and Anomie: Powerlessness and Social Isolation," *American Sociological Review*, 38 (3): 311-26.

Fischer, C. S., 1975a, "The Effect of Urban Life on Traditional Values," *Social Forces*, 53 (3): 420-32.

Fischer, C. S., 1975b, "Toward a Subcultural Theory of Urbanism," *American Journal of Sociology*, 80 (6): 1319-41.(＝2012, 広田康生訳「アーバニズムの下位文化理論に向かって」『都市社会学セレクション第2巻 都市空間と都市コミュニティ』日本評論社, 127-64.)

Fischer, C. S., 1975c, "The Study of Urban Community and Personality," *Annual Review of Sociology*, 1: 67-89.

Fischer, C. S., [1976] 1984, *The Urban Experience*, Orlando, FL: Harcourt Brace & Company.(＝1996, 松本康・前田尚子訳『都市的体験――都市生活の社会心理学』未来社.)

Fischer, C. S., 1977, "Perspectives on Community and Personal Relations," Fischer, C. S. ed., *Networks and Places: Social Relations in the Urban Setting*, New York: The Free Press, 1-16.

Fischer, C. S., 1982, *To Dwell Among Friends: Personal Networks in Town and City*, Chicago: The University of Chicago Press.(＝2002, 松本康・前田尚子訳『友人のあいだで暮らす――北カリフォルニアのパーソナル・ネットワーク』未来社.)

Fischer, C. S., 1995, "The Subcultural Theory of Urbanism: A Twentieth-Year Assessment," *American Journal of Sociology*, 101 (3): 543-77.

Florida, R., 2002, *The Rise of the Creative Class*, New York: Basic Books.(＝2008, 井口典夫訳『クリエイティブ資本論――新たな経済階級の台頭』ダイヤモンド社.)

Florida, R., 2004, *Cities and the Creative Class*, New York: Routledge.(＝2010, 小長谷一之訳『クリエイティブ都市経済論――地域活性化の条件』日本評論社.)

藤原翔, 2012,「きょうだい構成と地位達成――きょうだいデータに対するマルチレベル分析による検討」『ソシオロジ』57 (1): 41-57.

Gans, H. J., [1962a] 1982, *The Urban Villagers: Group and Class in the Life of Italian-Americans*, New York: Free Press.(＝2006, 松本康訳『都市の村人たち――イタリア系アメリカ人の階級文化と都市再開発』ハーベスト社.)

Gans, H. J., 1962b, "Urbanism and Suburbanism as Ways of Life: A Re-evaluation of Definitions," Rose, A. M. eds., *Human Behavior and Social Processes: An Interactionist Approach*, Boston: Routledge and Kegan Paul, 625-48.(＝2012, 松本

康訳「生活様式としてのアーバニズムとサバーバニズム」森岡清志編『都市社会学セレクション第 2 巻　都市空間と都市コミュニティ』日本評論社, 59-87.）

Geis, K. J. and Ross, C. E., 1998, "A New Look at Urban Alienation: The Effect of Neighborhood Disorder on Perceived Powerlessness," *Social Psychology Quarterly*, 61（3）: 232-46.

Gelman, A. and Hill, J., 2007, *Data Analysis Using Regression and Multilevel/Hierarchical Models*, Cambridge: Cambridge University Press.

Giddens, A.,［1989］2006, *Sociology 5th Edition*, Cambridge: Polity Press.（＝2009, 松尾精文・小幡正敏・西岡八郎・立松隆介・藤井達也・内田健訳『社会学 第 5 版』而立書房.）

Goldstein, H., 1987, *Multilevel Models in Educational and Social Research*, London: Oxford University Press.

Granovetter, M. S., 1973, "The Strength of Weak Ties," *American Journal of Sociology*, 78（6）: 1360-80.（＝2006, 大岡栄美訳「弱い紐帯の強さ」野沢慎司編・監訳『リーディングス ネットワーク論──家族・コミュニティ・社会関係資本』勁草書房, 123-54.）

Granovetter, M. S., 1976 "Network Sampling: Some First Steps," *American Journal of Sociology*, 81（6）: 1287-303.

Greer, S., 1956, "Urbanism Reconsidered: A Comparative Study of Local Area in a Metropolis," *American Sociological Review*, 21（1）: 19-25.

Greer, S., 1962, *The Emerging City*, New York: Free Press.（＝1970, 奥田道大・大坪省三共訳『現代都市の危機と創造』鹿島研究所出版会.）

Guest, A. M., Cover, J. K., Matsueda, R. L. and Kubrin, C. E., 2006, "Neighborhood Context and Neighboring Ties," *City & Community*, 5（4）: 363-85.

原田謙, 2004,「非通念的な結婚観とネットワーク──非婚化・少子化の現在」松本康編『東京で暮らす──都市社会構造と社会意識』東京都立大学出版会, 113-30.

原田謙・杉澤秀博, 2014,「都市度とパーソナル・ネットワーク──親族・隣人・友人関係のマルチレベル分析」『社会学評論』65（1）: 80-96.

Hauser, P. M., 1965, "Observations on the Urban-Folk and Urban-Rural Dichotomies as Forms of Western Ethnocentrism," Hauser, P.H. and L.F. Schnore eds., *The Study of Urbanization*, New York: John Wiley.

Harvey, L., 1986, "The Myths of the Chicago School," *Quality and Quantity*, 20: 191-217.

Hawley, A. H., 1950, *Human Ecology: A Theory of Community Structure*, New York: Ronald Press.

Hillery, G. A., Jr., 1955, "Definitions of Community: Areas of Agreement," *Rural*

Sociology, 20: 111-23.（＝1978, 山口弘光訳「コミュニティの定義」鈴木広編『都市化の社会学　増補版』誠信書房, 303-21.）

平松闊・鵜飼孝造・宮垣元・星敦士, 2010,「ネットワークを調査する」平松闊・鵜飼孝造・宮垣元・星敦士『社会ネットワークのリサーチ・メソッド――「つながり」を調査する』ミネルヴァ書房, 1-11.

平松闊, 2010,「ホールネットワークの基本的な考え方」平松闊・鵜飼孝造・宮垣元・星敦士『社会ネットワークのリサーチ・メソッド――「つながり」を調査する』ミネルヴァ書房, 67-76.

星敦士, 2010,「パーソナルネットワークを測定する」平松闊・鵜飼孝造・宮垣元・星敦士『社会ネットワークのリサーチ・メソッド――「つながり」を調査する』ミネルヴァ書房, 25-48.

Howe, I., 1971, "The City in Literature," *Commentary*, 51: 61-8.

法務省法務総合研究所編, 2006,『平成18年度版犯罪白書――刑事政策の新たな潮流』.

池田謙一, 2005,「政治的・非政治的ネットワークは社会関係資本を育み，政治のリアリティを規定するか――JGSS-2003ソーシャルネットワーク項目群の分析」大阪商業大学JGSS研究センター編『日本版総合的社会調査共同研究拠点研究論文集4』, 169-203.

稲葉昭英, 2004,「都市的生活とメンタルヘルス――ストレスが多いのは都心, それとも郊外？」松本康編『東京で暮らす――都市社会構造と社会意識』東京都立大学出版会, 157-75.

石田光規, 2007,「誰にも頼れない人たち――JGSS2003から見る孤立者の背景」『季刊家計経済研究』73, 71-9.

石田光規, 2011,『孤立の社会学――無縁社会の処方箋』勁草書房.

石黒格, 2009,「都市度と価値観の同類性――ダイアド・データを用いた分析」第48回数理社会学会大会報告原稿.

石黒格, 2010,「都市度による親族・友人関係の変化――全国ネットワーク調査を用いたインティメイト・ネットワークの分析」『人文社会論叢　社会科学篇』23, 29-48.

石黒格, 2011,「人間関係の選択性と態度の同類性――ダイアド・データを用いた検討」『社会心理学研究』27（1）: 13-23.

石渡雄介, 2006,「サブカルチャーによる脱テリトリー空間の生成とその意味づけ――宇田川町におけるクラブカルチャーのスポットとネットワーク」広田康生・町村敬志・田嶋淳子・渡戸一郎編『先端都市社会学の地平』ハーベスト社, 171-95.

伊藤泰郎, 2000,「社会意識とパーソナルネットワーク」森岡清志編『都市社会のパーソナルネットワーク』東京大学出版会, 141-59.

岩井紀子・保田時男, 2007,『調査データ分析の基礎――JGSSデータとオンライン集計

の活用』有斐閣.

Jacobs, J., 1961, *The Death and Life of Great American Cities*, New York: Random House. (＝2010, 山形浩生訳『新版 アメリカ大都市の死と生』鹿島出版会.)

Jacobs, J., 1984, *Cities and the Wealth of Nations: Principles of Economic Life*, New York: Random House. (＝1986, 中村達也・谷口文子訳『都市の経済学――発展と衰退のダイナミクス』TBS ブリタニカ.)

Jang, S. J. and Alba, R. D., 1992, "Urbanism and Nontraditional Opinion: A Test of Ficher's Subcultural Theory," *Social Science Quarterly*, 73（3）: 596-609.

金井雅之, 2009,「社会調査における人口集中地区（DID）概念の有用性と課題」第48回数理社会学会大会報告資料（2014年 4 月 3 日取得, http://www.isc.senshu-u.ac.jp/~thh0808/research/jams48/jams48.pdf）.

金光淳, 2003,『社会ネットワーク分析の基礎――社会的関係資本論にむけて』勁草書房.

Kasarda, J. D. and Janowitz, M., 1974, "Community Attachment in Mass Society," *American Sociological Review*, 39（2）: 328-39.

警察庁編, 1983,『昭和58年版警察白書――新しい形態の犯罪との闘い』.

Keyes, F., 1958, "The Correlation of Social Phenomena with Community Size," *Social Forces*, 36: 311-5.

菊池美代志, 2008,「歴史のなかの都市――市民共同体形成の社会学」菊池美代志・江上渉編『改訂版 21世紀の都市社会学』学文社, 2-14.

小林大祐, 2004,「階層帰属意識に対する地域特性の効果――準拠集団か認識空間か」『社会学評論』55（3）: 348-66.

Kohn, M. and Schooler, C., 1983, *Work and Personality: An Inquiry into the Impact of Social Stratification*, Norwood, NJ: Ablex Publishing Corporation.

倉沢進, 1962,「都市化の概念と理論的枠組」『社会学評論』13（3）: 49-63.

倉沢進, 1968,『日本の都市社会』福村出版.

倉沢進, 1994,「都市社会学研究における単位の問題」『日本都市社会学会年報』12: 12-4.

Krupat, E., 1986, *People in Cities: The Urban Environment and Its Effects*, Cambridge: Cambridge University Press.（＝ [1994] 2003, 藤原武弘監訳『都市生活の心理学――都市の環境とその影響』西村書店.)

Landry, C., 2000, *The Creative City: A Toolkit for Urban Innovators*, London: Earthscan. (＝2003, 後藤和子訳『創造的都市――都市再生のための道具箱』日本評論社.)

Laumann, E. O., 1973, *Bonds of Pluralism: The Form and Substance of Urban Social Networks*, New York: Wiley.

Lazarsfeld, P. F. and Merton, R.K., 1954, "Friendship as Social Process: A Substantive and

Methodological Analysis," Berger, M., Abel, T. and Page, C. H. eds., *Freedom and Control in Modern Society*, New York: Van Nostrand, 18-66.

Lewis, O., 1952, "Urbanization without Breakdown," *Scientific Monthly*, 75: 31-41.

Lewis, O., 1965, "Further Observation on the Folk-Urban Continuum and Urbanization with Special Reference to Mexico City," Hauser, P.H. and Schnore, L. eds., *The Study of Urbanization*, New York: Wiley, 491-503.

Liebow, E., 1967, *Tally's Corner: A Study of Negro Streetcorner Men*, Boston: Little Brown.（＝2001, 吉川徹監訳『タリーズコーナー――黒人下層階級のエスノグラフィ』東信堂.）

Lin, N. and Dumin, M., 1986, "Access to Occupations Through Social Ties," *Social Networks*, 8: 365-85.

Lüdtke, O., Marsh, H. W., Robitzsch, A., Trautwein, U., Asparouhov, T. and Muthen, B., 2008, "The Multilevel Latent Covariate Model: A New, More Reliable Approach to Group-Level Effects in Contextual Studies," *Psychological Methods*, 13（3）: 203-29.

Lüdtke, O., Marsh, H. W., Robitzsch, A. and Trautwein, U., 2011, "A 2 × 2 Taxonomy of Multilevel Latent Contextual Models: Accuracy-bias Trade-offs in Full and Partial Error Correction Models," *Psychological Methods*, 16（4）: 444-67.

Maimon, D. and Kuhl, D. C., 2008, "Social Control and Youth Suicidality: Situating Durkheim's Ideas in a Multilevel Framework," *American Sociological Review*, 73（6）: 921-43.

Marsden, P. V., 1987, "Core Discussion Networks of Americans," *American Sociological Review*, 52（1）: 122-31.

Marsden, P. V., 1988, "Homogeneity in Confiding Relations," *Social Networks*, 10: 57-76.

Marsden, P. V., 1990, "Network Data and Measurement," *Annual Review of Sociology*, 16: 435-63.

Marx, K., [1844] 1968, "Ökonomisch-philosophische Manuskripte," Marx,K. and Engels, F., Werke; Ergänzungsband: Schriften, Manuskripte, Briefe bis 1844, Erster Teil, Herausgegeben vom Institut für Marxismus-Leninismus, Dietz Verlag, Berlin 1968.（＝2010, 長谷川宏訳『経済学・哲学草稿』光文社.）

松本康, 1990,「新しいアーバニズム論の可能性――パークからワースを超えて, フィッシャーへ」『名古屋大学社会学論集』11: 77-106.

松本康, 1992,「都市はなにを生みだすか――アーバニズム論の革新」森岡清志・松本康編『都市社会学のフロンティア2　生活・関係・文化』日本評論社, 33-68.

松本康, 1995,「現代都市の変容とコミュニティ, ネットワーク」松本康編『21世紀の都

市社会学第1巻 増殖するネットワーク』勁草書房, 1-90.
松本康編, 1995,『21世紀の都市社会学第1巻 増殖するネットワーク』勁草書房.
松本康, 2002a,「都市の非通念性としての『脱近代的』家族意識」『JILI FORUM』生命保険文化センター, 11: 5-13.
松本康, 2002b,「アーバニズムの構造化理論に向かって――都市における社会的ネットワークの構造化」『日本都市社会学会年報』20: 63-80.
松本康, 2005a,「居住地の都市度と親族関係――下位文化仮説, 修正下位文化仮説および少子化仮説の検討」『家族社会学研究』16（2）: 61-9.
松本康, 2005b,「都市度と友人関係――大都市における社会的ネットワークの構造化」『社会学評論』56（1）: 147-64.
松本康, 2006,「都市化とコミュニティの変容――時間と空間のなかのネットワーク」似田貝香門監修『地域社会学講座 第1巻 地域社会学の視座と方法』東信堂, 131-56.
松本康, 2008a,「生活様式としてのアーバニズム」菊池美代志・江上渉編『改訂版 21世紀の都市社会学』学文社, 29-52.
松本康, 2008b,「社会的ネットワークと下位文化」菊池美代志・江上渉編『改訂版 21世紀の都市社会学』学文社, 53-66.
McCallister, L. and Fischer, C. S., 1978, "A Procedure for Surveying Personal Networks," *Sociological Methods & Research,* 7: 131-48.
McPherson, M., Smith-Lovin, L. and Cook, J. M., 2001, "Birds of a Feather: Homophily in Social Networks," *Annual Review of Sociology,* 27: 415-44.
Meadows, P., 1973, "The Idea of Community in the City," Urofsky, M. I. ed., *Perspectives on Urban America,* New York: Anchor, 1-22.
三田知実, 2006,「消費下位文化主導型の地域発展――東京渋谷・青山・原宿の『独立系ストリート・カルチャー』を事例として」『日本都市社会学会年報』24: 136-51.
三輪哲・小林大祐, 2005,「階層帰属意識に及ぼす地域効果の再検討――階層線形モデルの可能性と限界」『社会学研究』77: 17-43.
三輪哲・山本耕資, 2012,「世代内階層移動と階層帰属意識――パネルデータによる個人内変動と個人間変動の検討」『理論と方法』27（1）: 63-83.
Mollenhorst, G., Volker, B. and Flap, H., 2008, "Social Contexts and Personal Relationships: The Effect of Meeting Opportunities on Similarity for Relationships of Different Strength," *Social Networks,* 30: 60-8.
文部科学省編, 2006,『平成18年度文部科学白書――教育再生への取組／文化芸術立国の実現』.
森川嘉一郎, 2003,『趣都の誕生――萌える都市アキハバラ』幻冬舎.

森岡清志・中尾啓子・玉野和志, 1997,「都市度とパーソナルネットワーク——研究目的・経過・結果の概要」『総合都市研究』64: 5 -15.
森岡清志編, 2000,『都市社会のパーソナルネットワーク』東京大学出版会.
森岡清志, 2013,「ネットワーク論と都市社会学」『日本都市社会学会年報』31: 21-33.
毛利嘉孝, 2009,『ストリートの思想——転換期としての1990年代』日本放送出版協会.
Mowrer, E. R., 1927, *Family Disorganization*, Chicago: The University of Chicago Press.
Muthén, L. and Muthén, B., 2007, *Mplus User's Guide Fifth Edition*, Statsoft.
Nagayoshi, K., 2009, "Whose Size Counts?: Multilevel Analysis of Japanese Anti-Immigrant Attitudes Based on JGSS-2006," 大阪商業大学JGSS研究センター編『日本版総合的社会調査共同研究拠点研究論文集9』, 157-74.
内閣府, 2010,「地域の人々のつながりの形成促進について」(2010年3月22日取得, http://www 8 .cao.go.jp/monitor/kadai/1707_chiiki.pdf).
中牧弘允・佐々木雅幸・総合研究開発機構編, 2008,『価値を創る都市へ——文化戦略と創造都市』NTT 出版.
中野正大, 1997,「社会調査からみた初期シカゴ学派」宝月誠・中野正大編『シカゴ社会学の研究——初期モノグラフを読む』恒星社厚生閣, 3 -37.
中尾啓子, 2005,「複合ネットワークの概要——3種類の社会ネットワークの複合と重複」大阪商業大学JGSS研究センター編『日本版総合的社会調査共同研究拠点研究論文集4』, 131-52.
中筋直哉, 2005,「分野別研究動向(都市)——日本の都市社会学の動向と課題」『社会学評論』56（1）: 217-31.
中澤渉, 2007,「在日外国人の多寡と外国人に対する偏見の関係」『ソシオロジ』52（2）: 75-91.
直井優編, 2005,『情報通信技術革命の文化的・社会的・心理的効果に関する調査研究』平成13-16年度科学研究費補助金研究成果報告書.
NHK「無縁社会プロジェクト」取材班編著, 2010,『無縁社会——"無縁死"三万二千人の衝撃』文藝春秋.
日本社会学会調査委員会編, 1958,『日本社会の階層的構造』有斐閣.
西平重喜, 1985,『統計調査法 改訂版』培風館.
野辺政雄, 1991,「コミュニティ・クェスチョン——キャンベラにおける検証」『社会学評論』42（2）: 110-25.
野沢慎司, 1995,「パーソナル・ネットワークのなかの夫婦関係——家族・コミュニティ問題の都市間比較分析」松本康編『21世紀の都市社会学第1巻 増殖するネットワーク』勁草書房, 175-233.
野沢慎司, 2001,「ネットワーク論的アプローチ——家族社会学のパラダイム転換再考」

野々山久也・清水浩昭編『家族社会学の分析視点──社会学的アプローチの応用と課題』ミネルヴァ書房, 281-302.
野沢慎司, 2006,「著者紹介・文献解題 バリー・ウェルマン（Barry Wellman）」野沢慎司編・監訳『リーディングス ネットワーク論──家族・コミュニティ・社会関係資本』勁草書房, 201-4.
野沢慎司, 2009,『ネットワーク論に何ができるか──「家族・コミュニティ問題」を解く』勁草書房.
OECD, 2010, *International Migration Outlook 2010*.
奥田道大, 1959,「都市化と地域集団の問題──東京─近郊都市における事例を通じて」『社会学評論』9（3）: 81-92.
奥田道大, 1983,『都市コミュニティの理論』東京大学出版会.
奥田道大, 2000,『都市社会学の眼』ハーベスト社.
奥田道大, 2002,「都市社会学研究の一つの道程」『日本都市社会学会年報』20: 117-32.
奥田道大・鈴木久美子編, 2001,『エスノポリス・新宿／池袋──来日10年目のアジア系外国人調査記録』ハーベスト社.
奥井復太郎, 1954,「都市研究の基本的課題──日本都市学会大会によせて」『都市問題』45（5）: 585-90.
大阪商業大学比較地域研究所・東京大学社会科学研究所編, 2005,『日本版 General Social Surveys 基礎集計表・コードブック JGSS-2003』大阪商業大学比較地域研究所.
大谷和大, 2014,「階層線形モデル，マルチレベル構造方程式モデル」小杉孝司・清水裕士編著『M-plus と R による構造方程式モデリング入門』北大路書房, 208-27.
大谷信介, 1995,『現代都市住民のパーソナル・ネットワーク──北米都市理論の日本的解読』ミネルヴァ書房.
大谷信介, 2007,『〈都市的なるもの〉の社会学』ミネルヴァ書房.
大谷信介, 2013,「サンプリングという発想」大谷信介・木下栄二・後藤範章・小松洋編著『新・社会調査へのアプローチ──論理と方法』ミネルヴァ書房, 136-71.
大谷信介・木下栄二・後藤範章・小松洋編著, 2013,『新・社会調査へのアプローチ──論理と方法』ミネルヴァ書房.
大山七穂, 2001,「価値と政治意識」池田謙一編『政治行動の社会心理学──社会に参加する人間の心と行動』北大路書房, 74-95.
近江哲男, 1962,「都市化の理論図式の再検討」『社会学評論』13（3）: 10-20.
Palen, J. J., 1979, "The Urban Nexus: Toward the Year 2000," Hawley, A. H. ed., *Societal Growth: Processes and Implications*, New York: Free Press, 141-56.
Park, R. E., 1915, "The City: Suggestions for the Investigation of Human Behavior in the Urban Environment," *American Journal of Sociology*, 20（5）: 577-612.（=2011, 松

本康訳「都市――都市環境における人間行動研究のための提案」松本康編『都市社会学セレクション第1巻 近代アーバニズム』日本評論社, 39-87.)

Park, R. E., 1929, "The City as Social Laboratory," Smith, T. V. and White, L. D. eds., Chicago: An Experiment in Social Science Research, Chicago: The University of Chicago Press, 1-19. (=1986, 町村敬志訳「社会的実験室としての都市」町村敬志・好井裕明編訳『実験室としての都市――パーク社会学論文選』御茶の水書房, 11-35.)

Park, R. E., 1936, "Human Ecology," *American Journal of Sociology*, 42（1）: 1-15.

Park R. E. and Burgess, E. W., 1921, *Introduction to the Science of Sociology*, Chicago: The University of Chicago Press.

Pickvance, C. G., 1974, "On a Materialist Critique of Urban Sociology," *Sociological Review*, 22: 203-20.

ΠΛΑΤΩΝΟΣ., n.d., *NOMOI*. Reprinted in: Burnet, J. ed., 1907, *Platonis Opera*, Oxford University Press.

Portes, A. and Landolt, P., 1996, "The Downside of Social Capital," *The American Prospect*, 26: 18-22.

Preacher, K. J., Zyphur, M. J. and Zhang, Z., 2010, "A General Multilevel SEM Framework for Assessing Multilevel Mediation," *Psychological Methods*, 15（3）: 209-33.

プレジデント社, 2011, 『PRESIDENT 2011 5.30号』.

Putnam, R. D., 2000, *Bowling Alone: The Collapse and Revival to American Community*, New York: Simon & Schuster. (=2006, 柴内康文訳『孤独なボウリング――米国コミュニティの崩壊と再生』柏書房.)

Putnam, R. ed., 2002, *Democracies in Flux: The Evolution of Social Capital in Contemporary Society*, Oxford: Oxford University Press. (=2013, 猪口孝訳『流動化する民主主義――先進8カ国におけるソーシャル・キャピタル』ミネルヴァ書房.)

Redfield, R., 1930, *Tepoztlan, a Mexican Village: A Study of Folk Life*, Chicago: The University of Chicago Press.

Redfield, R., 1947, "The Folk Society," *American Journal of Sociology*, 52（4）: 293-308.

Reisman, D., 1953, *The Lonely Crowd*, New Haven: Doubleday Anchor. (=1961, 加藤秀俊訳『孤独な群衆』みすず書房.)

Reiss A. J. Jr., 1959, "Rural-Urban Status Differences in Interpersonal Contacts," *American Journal of Sociology*, 65（2）: 182-95.

Sampson, R. J., 1988, "Local Friendship Ties and Community Attachment in Mass Society: A Multilevel Systemic Model," *American Sociological Review*, 53（5）:

766-79.

佐々木雅幸, [2001] 2012,『創造都市への挑戦——産業と文化の息づく街へ』岩波書店.

佐々木雅幸・総合研究開発機構編, 2007,『創造都市への展望——都市の文化政策とまちづくり』学芸出版社.

佐々木義之, 2007,『変量効果の推定と BLUP 法』京都大学学術出版会.

澤田康幸・上田路子・松林哲也, 2013,『自殺のない社会へ——経済学・政治学からのエビデンスによるアプローチ』有斐閣.

Scott, J., 1991, *Social Network Analysis: A Handbook*, London: Sage.

Seeman, M., 1959, "On the Meaning of Alienation," *American Sociological Review*, 24 (6): 783-91.

Seeman, M., 1971, "The Urban Alienations: Some Dubious Theses from Marx to Marcuse," *Journal of Personality and Social Psychology*, 19: 135-43.

盛山和夫, [2004] 2005,『社会調査法入門 第2版』有斐閣.

Simmel, G., 1903, "Die Grossstädte und das Geistesleben," *Die Grossstadt*, herausg. von Th. Petermann, Dresden.（＝2011, 松本康訳「大都市と精神生活」松本康編『都市社会学セレクション第1巻 近代アーバニズム』日本評論社, 1-20.）

Sjoberg, G., 1960, *The Preindustrial City: Past and Present*, New York: Free Press.（＝1968, 倉沢進訳『前産業都市——都市の過去と現在』鹿島研究所出版会.）

Smith, J., Form, W. H. and Stone, G.P., 1954, "Local Intimacy in a Middle-Sized City," *American Journal of Sociology*, 60 (3): 276-84.

Snijders, T. B. A. and Bosker, R. J., [1999] 2012, *Multilevel Analysis 2nd Edition*, London: Sage.

Sobel, M. E., 1982, "Asymptotic Confidence Intervals for Indirect Effects in Structural Equation Models," *Sociological Methodology*, 13, 290-312.

Sorokin, P. A. and Zimmerman, C. C., 1929, *Principles of Rural-Urban Sociology*, New York: Henry Holt.（＝1977, 京野正樹訳『都市と農村——その人口交流』巌南堂書店.）

総務省統計局, 2002,『統計でみる市区町村のすがた 2002』.

総務省統計局, 2004,『統計でみる市区町村のすがた 2004』.

総務省統計局, 2005,『統計でみる市区町村のすがた 2005』.

総務省統計局, 2010,「人口集中地区とは」(2010年2月23日取得, http://www.stat.go.jp/data/chiri/1-1.htm).

総務省統計局, 2014a,「都道府県・市部・郡部別人口, 人口密度, 人口集中地区人口及び面積」(2014年2月9日取得, http://www.stat.go.jp/data/chouki/zuhyou/02-07.xls).

総務省統計局, 2014b,『統計でみる市区町村のすがた 2014』.
Stein, M. R., 1964, *The Eclipse of Community*, New York: Harper Torchbook.
杉野勇, 2013,「サンプリング——対象者はどのように選べばよいのか?」轟亮・杉野勇編『入門・社会調査法 第2版——2ステップで基礎から学ぶ』法律文化社, 95-113.
鈴木榮太郎, 1954,「都市社会調査方法論序説」『都市問題』45 (5): 591-7.
鈴木広, 1962,「都市化理論の検討——わが国における課題」『都市問題』53 (4): 3-14.
鈴木広, 1978,『コミュニティ・モラールと社会移動の研究』アカデミア出版会.
鈴木広, 1986,『都市化の研究——社会移動とコミュニティ』恒星社厚生閣.
鈴木広, 1987,「アーバニゼイションの理論的問題」鈴木広・倉沢進・秋元律郎編『都市化の社会学理論』ミネルヴァ書房, 229-60.
舘稔・上田正夫, 1952,「地域社会の大きさと人口現象」『季刊人口問題研究』8 (2): 10-72.
高橋勇悦, 1965,「都市化研究の社会学的方法と課題」『都市問題』56 (4): 44-55.
高橋勇悦, 1984,『都市化社会の生活様式——新しい人間関係を求めて』学文社.
田中慶子, 2008,「対人ネットワークと「結婚観」」『家族形成に関する実証研究 II』SSJ Data Archive Research Paper Series 39 (SSJDA-39), 東京大学社会科学研究所附属日本社会研究情報センター, 49-58.
谷岡一郎, 2000,『社会調査のウソ——リサーチ・リテラシーのすすめ』文藝春秋.
太郎丸博, 2010,「多元配置分散分析」川端亮編著『データアーカイブSRDQで学ぶ社会調査の計量分析』ミネルヴァ書房, 47-60.
立山徳子, 1998,「都市度と有配偶女性のパーソナル・ネットワーク」『人口問題研究』54 (3): 20-38.
立山徳子, 2001,「有配偶女性のパーソナル・ネットワークと家族意識——「下位文化理論」による都市度効果の検討」石原邦雄編『公開個票データの活用による家族の国際比較の試み』平成8-10年度文部省科学研究費報告書, 52-65.
The Chicago Fact Book Consortium ed., 1984, *Local Community Fact Book: Chicago Metropolitan Area Based on the 1970 and 1980 Census*, Chicago: Chicago Review Press.
Thomas, W. I. and Znaniecki, F., [1918-20] 1958, The Polish Peasant in Europe and America, New York: Dover. (=1983, 桜井厚抄訳,『生活史の社会学——ヨーロッパとアメリカにおけるポーランド農民』御茶の水書房.)
Thrasher, F. M., 1927, *Chicago's Gangland*, Chicago: The University of Chicago Press.
Tittle, C. R., 1989, "Influences on Urbanism: A Test of Predictions from Three Perspectives," *Social Problems*, 36 (3): 270-88.

Tittle, C. R. and Stafford, M. C., 1992, "Urban Theory, Urbanism, and Suburban Residence," *Social Forces,* 70（3）: 725-44.

轟亮・杉野勇編, ［2010］2013,『入門・社会調査法　第2版——2ステップで基礎から学ぶ』法律文化社.

Tönnies, F., 1887, *Gemeinschaft und Gesellschaft: Grundbegriffe der reinen Soziologie,* Fues's Verlag.（=1957, 杉之原寿一訳『ゲマインシャフトとゲゼルシャフト——純粋社会学の基本概念』岩波書店.）

統計数理研究所調査科学研究センター, 2012,「日本人の国民性調査」(2014年7月1日取得, http://www.ism.ac.jp/kokuminsei/index.html).

筒井淳也・不破麻紀子, 2008,「マルチレベル・モデルの考え方と実践」『理論と方法』23（2）: 139-49.

Tuch, S. A., 1987, "Urbanism, Region, and Tolerance Revisited: The Case of Racial Prejudice," *American Sociological Review,* 52（4）: 504-10.

Twisk, J. W. R., 2006, *Applied Multilevel Analysis,* Cambridge: Cambridge University Press.

鵜飼孝造編, 2008,『新しいコミュニティの構想——東部被災地をフィールドとして2006年兵庫県民調査報告書』平成16-19年科学研究費補助金研究成果報告書.

United Nations, 2014, "World Urbanization Prospects: The 2011 Revision,"（Retrieved March 24, 2014, http://esa.un.org/unup/).

Van der Gaag, M. P. J. and Snijders, T. A. B., 2005, "The Resource Generator: Social Capital Quantification with Concrete Items," *Social Networks,* 27: 1-29.

Van Duijn, M. A. J., Van Busschbach, J. T. and Snijders, T. A. B., 1999, "Multilevel Analysis of Personal Networks as Dependent Variables," *Social Networks,* 21: 187-209.

Venkatesh, S., 2008, *Gang Leader for a Day: A Rogue Sociologist Takes to the Streets,* New York: Penguin Press.（=2009, 望月衛訳『ヤバい社会学——一日だけのギャングリーダー』東洋経済新報社.）

Verbrugge, L. M., 1977, "The Structure of Adult Friendship Choices," *Social Forces,* 56（2）: 576-97.

渡戸一郎・広田康生・田嶋淳子編著, 2003,『都市的世界／コミュニティ／エスニシティ——ポストメトロポリス期の都市エスノグラフィ集成』明石書店.

渡部美穂子・金児曉嗣, 2004,「都市は人の心と社会を疲弊させるか？」『都市文化研究』3: 97-117.

渡辺知穂・梅﨑昌裕・中澤港・大塚柳太郎・関山牧子・吉永淳・門司和彦, 2011,『人間の生態学』朝倉書店.

Weber, M., 1956, Wirtschaft und Gesellschaft, Grundriss der verstehenden Soziologie, vierte, neu herausgegebene Auflage, besorgt von Johannes Winckelmann, 1956, Kapitel IX. Soziologie der Herrschaft, 8. Abschnitt. Die nichtlegitime Herrschaft. (= [1965] 2005, 世良晃志郎訳『都市の類型学』創文社.)

Wellman, B. 1926. "The School Child's Choice of Companions," *The Journal of Educational Research*, 14: 126-32.

Wellman, B., 1979, "The Community Question: The Intimate Networks of East Yorkers," *American Journal of Sociology*, 84（5）: 1201-31.（= 2006, 野沢慎司・立山徳子訳「コミュニティ問題——イースト・ヨーク住民の親密なネットワーク」野沢慎司編・監訳『リーディングス ネットワーク論——家族・コミュニティ・社会関係資本』勁草書房, 159-204.)

Wellman, B., 1983, "Network Analysis: Some Basic Principles," *Sociological Theory*, 1: 155-200.

Wellman, B., 1988, "The Community Question Re-evaluates," Smith, M. P. eds., *Power, Community, and the City*, Transaction Books, 81-107.

Wellman, B. and Kenneth, A. F., 2001, "Network Capital in a Multilevel World: Getting Support from Personal Communities," Lin, N., Burt, R. and Cook, K., eds., *Social Capital: Theory and Research*, New York: Aldine de Gruyter, 233-74.

Wellman, B. and Leighton, B., 1979, "Networks, Neighborhoods and Communities: Approaches to the Study of the Community Question," *Urban Affairs Quarterly*, 14（3）: 363-90.（= 2012, 野沢慎司訳「ネットワーク，近隣，コミュニティ——コミュニティ問題研究へのアプローチ」森岡清志編『都市社会学セレクション第2巻　都市空間と都市コミュニティ』日本評論社, 89-126.)

White, M. and White, L., [1962] 1977, *The Intellectual versus the City*, Oxford: Oxford University Press.

White, K. J. C. and Guest, A. M., 2003, "Community Lost or Transformed?: Urbanization and Social Ties," *City & Community*, 2（3）: 239-59.

Whyte, W. F., [1943] 1993, *Street Corner Society: The Social Structure of an Italian Slum*, Chicago: The University of Chicago Press.（= 2000, 奥田道大・有里典三訳『ストリート・コーナー・ソサエティ』有斐閣.)

Williams, J. M., 1925, *Our Rural Heritage*, New York: Knopf.

Wilson, T. C., 1985, "Urbanism and Tolerance: A Test of Some Hypotheses Drawn From Wirth and Stauffer," *American Sociological Review*, 50（1）: 117-23.

Wilson, T. C., 1991, "Urbanism, Migration, and Tolerance: A Reassessment," *American Sociological Review*, 56（1）: 117-23.

Wilson, T. C., 1992, "Urbanism and Nontraditional Opinion: Another Look at the Data," *Social Science Quarterly*, 73（3）: 610-2.

Wirth, L., 1928, *The Ghetto*, Chicago: The University of Chicago Press.（＝1993, 今野敏彦訳『ユダヤ人問題の原型・ゲットー』明石書店.）

Wirth, L., 1938, "Urbanism as a Way of Life," *American Journal of Sociology*, 44（1）: 3-24.（＝2011, 松本康訳「生活様式としてのアーバニズム」松本康編『都市社会学セレクション第1巻　近代アーバニズム』日本評論社, 89-115.）

Wirth, L., 1945, "Human Ecology," *American Journal of Sociology*, 50（6）: 483-8.

Wirth, L., Hilgard, E. R. and Quillen, I. J. eds., 1946, *Community Planning for Peacetime Living: Report of the 1945 Stanford Workshop on Community Leadership*, Stanford: Stanford University Press.

Wirth, L., 1956, "Rural-Urban Difference," Wirth, E. M. and Reiss, A. J. Jr. eds., *Community Life and Social Policy*, Chicago: The University of Chicago Press, 173-4.

Wordsworth, W., 1805, *The Prelude*. Reprinted in: Selincourt, E. D. ed., 1933, *The Prelude or Growth of a Poet's Mind* （Text of 1805）, London: Oxford University Press.

矢部拓也, 2008,「パーソナルネットワーク構造化の都市間比較」安河内恵子編『既婚女性の就業とネットワーク』ミネルヴァ書房, 211-29.

安田三郎, 1959a,「都鄙連続体説の考察（上）――従来の諸学説の検討」『都市問題』50（2）: 53-60.

安田三郎, 1959b,「都鄙連続体説の考察（下）――因子分析による都市度測定と都市分類の新しい試み」『都市問題』50（9）: 40-51.

安田雪, 1997,『ネットワーク分析――何が行為を決定するか』新曜社.

安河内恵子, 2000,「都市度と親族ネットワーク――親しい親族数と近親保有量を中心に」森岡清志編『都市社会のパーソナルネットワーク』東京大学出版会, 71-85.

安河内恵子編, 2008,『既婚女性の就業とネットワーク』ミネルヴァ書房.

米田幸弘, 2006,「産業社会におけるパーソナリティ形成」吉川徹編著『階層化する社会意識――職業とパーソナリティの計量社会学』勁草書房, 49-76.

吉田竜司・寺岡伸悟, 1997,「シカゴ学派成立のマニフェスト――ロバート・E・パーク／アーネスト・W・バージェス『科学としての社会学入門』」宝月誠・中野正大編『シカゴ社会学の研究――初期モノグラフを読む』恒星社厚生閣, 95-130.

吉見俊哉, ［1987］2008,『都市のドラマトゥルギー――東京・盛り場の社会史』河出書房新社.

Young, M. and Willmott, P., 1957, *Family and Kinship in East London*, London: Routledge & Kegan Paul.

Yuan, K. and Hayashi, K., 2005, "On Muthén's Maximum Likelihood for Two-Level Covariance Structure Models," *Psychometrika*, 70（1）: 147-67.

Zorbaugh, H. W., 1929, *The Gold Coast and the Slum: A Sociological Studies of Chicago's Near North Side*, Chicago: The University of Chicago Press.（＝1997, 吉原直樹・桑原司・奥田憲昭・高橋早苗訳『ゴールド・コーストとスラム』ハーベスト社.）

# あとがき

　筆者が都市と農村の差異に漠然とした興味をもったのは，幼少期から多くの転居や転校を体験し，政令指定都市や郡部など，様々な都市度の地域に住んだことがきっかけであった．転居や転校による不安もあり，住んでいる場所による人々の考え方・生活の違いや，様々な場所に共通している傾向などについて，当時，子どもながらに一生懸命考えていたのを覚えている．今にして思えば，数年おきに自身を取り巻く状況や人間関係が「リセット」され，確かな社会像のようなものを見失っていくなかで，社会像の欠片をかき集めることにより，少しでも安心したかったのだと思う．

　そうした背景もあり，学部生の時に，社会のメカニズムや社会像を探求する社会学という学問と出会えたことは，筆者にとって本当にありがたいことであった．そして当時は，自分のなかで広い社会像をイメージし，確立していきたいということもあり，体系的な理論に関心を寄せていた．その後，大学院において，幸運にも都市と農村の差異を体系的に説明する都市理論と出会って感銘を受け，さらにはそれを実証的に検討するための方法である計量社会学を学ぶことができた．こうして，かつてからの関心でもあった，都市と農村の差異を扱う都市社会学に取り組みはじめ，現在までそうした研究を続けている．本書は，大阪大学大学院人間科学研究科に提出した博士論文をもとに，現代日本の都市メカニズムに関して，計量社会学という方法を用いて検討したものである．

　誤解を恐れず正直に述べると，大阪大学大学院人間科学研究科において本格的に計量社会学を学びはじめた当初，心のどこかで計量社会学に抵抗を感じていた時期があった．なぜなら，体系的な理論に魅力を感じていた筆者にとって，本格的に計量社会学の道に進むことは，そうした研究と袂を分かつことだと感じられたからである．

　ところが，大学院でお世話になった吉川徹先生，川端亮先生，太郎丸博先生ら諸先生方のご指導や，研究室の先輩方の研究に触れていくなかで，計量社会

学に対するイメージが大きく変わっていった。当時の筆者のイメージとは逆に，彼ら／彼女らが重視していたのは，最先端の統計解析手法を駆使しながら，むしろ体系的な理論や大きな理論枠組みにアプローチしていくことだったのである。ゼミでの発表や議論を拝聴させていただくなかで，体系的な理論や枠組みに対応した計量研究とはどのようなものかを，真摯に考え格闘した痕跡に触れられたことは，とてもありがたい経験であった。感銘を受けたと同時に，とてもワクワクしたのを覚えている。

その後も，数理社会学会，日本都市社会学会をはじめとした様々な学会や研究会に参加させていただき，最先端の議論やアイデアに触れることをとおして，統計解析手法をはじめとした「方法」を大事にすることは，かつてから自分が大切にしたかった，「理論」を大事にすることにつながるのではないかと思うようになっていった。そう思うようになってから，計量社会学や最先端の統計解析手法を学ぶことにさらに大きな魅力を感じるようになり，体系的な理論や枠組みを表現する方法としての社会調査・統計解析手法について考えるようになった。本書は，そうした点から都市社会学について考えてきたことを，意を決してまとめたものでもある。

なお，第Ⅱ部の各章や，本書における全体の構成については，以下の学術論文をもとにしたものとなっている。ただし，一冊の書籍としてまとめるにあたり，加筆・修正を加えているため，初出どおりとはなっていない点はお断りしておきたい。

第5章（原題）「都市は人間関係をどのように変えるのか——コミュニティ喪失論・存続論・変容論の対比から」『社会学評論』第62巻2号，2011年．

第6章（原題）「同類結合に対する都市効果の検討——エゴセントリック・ネットワークデータに対するマルチレベル分析の適用」『理論と方法』第26巻2号，2011年．

第7章（原題）「都市は人々のパーソナリティに悪影響をもたらすのか——日本における都市疎外理論の検討」『年報人間科学』第34号，2013年．

第8章（原題）「都市における非通念性の複合的生成過程——下位文化理論と

コミュニティ解放論の観点から」『ソシオロジ』第56巻3号，2012年．
全体の構成と終章（原題）「〈受賞講演〉Fischer 下位文化理論の意義と可能性」『理論と方法』第28巻1号，2013年．

　こうしてなんとか形になり，刊行にまでこぎつけた本書であるが，刊行にいたるまでには，実に多くの方からご助力やご協力を賜っている。そうした方々に対して，この場を借りて感謝の意を表したい。
　特に，大学院や学部では多くの先生方にお世話になった。大学院の指導教員である吉川徹先生は，なかなか研究の芽が出ず，熱意だけで空回りすることも多かった筆者に対して辛抱強く指導してくださるとともに，問いに対応した分析や議論の仕方など，計量社会学研究の進め方をご教授くださった。また，初めて学術論文を投稿する際に強く背中を押してくださったことに加え，本書の出版にあたってもミネルヴァ書房への紹介の労をとってくださるなど，研究を形にしていくうえで本当に多くのご助力や励ましをいただいた。改めて感謝申し上げたい。そして川端亮先生には，計量社会学を本格的に学び始めた当初から，研究内容だけでなく，テーマ設定や研究の方向性を考えるにあたり，数多くの適切かつ貴重なご助言をいただいた。若いうちに読んでおいたほうが良い本に関するアドバイスなど，先生からいただいたご助言は，今でも研究の方向性を考えるうえで参考にさせていただいている。太郎丸博先生からは，シンプルな問いを立てることの重要性や，理論と方法の対応関係，そして研究にかける姿勢など，多くのことを学ばせていただいた。社会をロジカルかつシンプルにとらえる先生のスタイルからは，大いに影響を受けている。また，学部時代にご指導いただいた志田基与師先生には，社会学と出会う機会を与えていただいたことに加え，社会学における理論研究の重要性や面白さを教えていただいた。ここにお名前を挙げられなかった方々も含め，大学院や学部で指導してくださった先生方から学ばせていただいたことは，研究者としての歩みを進めていくうえで大きな財産となっている。重ねてお礼申し上げたい。
　そして，数理社会学会，日本都市社会学会をはじめとした学会や，筆者が参加させていただいている SSP プロジェクト，2015年 SSM 調査研究会，パーソ

ナル・ネットワークの変遷研究会，関西計量社会学研究会などの場においてご指導・ご示唆をいただいている先生方にも感謝申し上げたい。松本康先生には学会報告の際にご助言をいただいたことに加え，ご研究からも多くの示唆を賜っている。また，佐藤嘉倫先生と三隅一人先生にも，本書の内容に関わる学会報告を行った際に示唆的なコメントをいただいた。

　学会や研究会にて議論を分かつことのできる，大学院の先輩・同輩・後輩，さらには学友の存在も，日々研究を続けるなかで大きな支えとなっている。特に大学院の先輩である阪口祐介氏は，大学院の途中から本格的に計量研究を始め，戸惑うことも多かった筆者に対し，たくさんの貴重なアドバイスをくださったとともに，どんなときにも社会学や研究に正面から向き合い続けることの大切さを教えてくださった。本書の執筆にあたっても，草稿を読んでいただき，貴重なコメントをいただいている。ここに，改めて謝意を表したい。また，職場である関西大学社会学部の同僚の先生方にも日々助けていただいている。お礼申し上げたい。

　ミネルヴァ書房の浅井久仁人さんは，編集に関わるお仕事をお引き受けくださったとともに，執筆が遅れがちな筆者に対して，忍耐強く励ましてくださった。心から感謝したい。

　本書の執筆を進めていくなかで，ここに名前を挙げきれなかった方も含めて，本当に多くの助けを得ていることを実感することとなった。そうした方々との出会いやご助力が無ければ，社会学研究を始めることも，今まで研究を続けることもできなかったと思う。これまでに受けてきた学恩を噛みしめながら，これからもより一層の努力を続けていこうと思っている。

　最後になったが，小学生の頃からのつきあいで転居後も筆者とつながり続けてくれている旧友たち，大学院生の頃から支えてくれている友人たち，そして大学院に進学して研究を続けた筆者を物心両面から支えてくれた家族に心からの感謝を表したい。

　　　　2014年10月　大阪の夜景を眺めながら

　　　　　　　　　　　　　　　　　　　　　　　　　　　　赤枝　尚樹

# 人名索引

**ア行**
アンダーソン, N. 31
磯村英一 13
ウェーバー, M. 6
ウェルマン, B. 7, 50, 51, 52, 54, 56, 58, 81,
　85, 112, 120, 122, 168, 173-175, 183, 185,
　194, 197
近江哲男 9
大谷信介 14, 113
奥井復太郎 13
奥田道大 13

**カ行**
カステル, M. 40
ガンズ, H. J. 7, 34, 35, 36, 39, 55, 57, 58, 72,
　118, 156
倉沢進 13
クーリー, C. H. 26

**サ行**
サンプソン, R. 71, 105
ジマーマン, C. C. 62
ショウバーグ, G. 38, 68, 69
ジンメル, G. 6, 22, 24, 152
鈴木榮太郎 13
鈴木広 13, 68
ズナニエッキ, F. 42
スラッシャー, F. M. 31
ゾーボー, H. W. 28, 31, 153
ソローキン, P. A. 62

**タ行**
デュルケム, E. 6, 22, 24, 76

テンニース, F. 6, 22, 76
トーマス, W. 42

**ナ・ハ行**
野沢慎司 4
パーク, R. E. 7, 26, 33, 49, 152
バージェス, E. W. 26, 33
パート, R. 81, 85
バーンズ, J. A. 82
ピックバンス, C. G. 41
フィッシャー, C. S. 7, 44, 45, 46, 47, 48, 49,
　54, 56, 57, 58, 66, 70, 74, 81, 85, 112, 113,
　120, 127-130, 145, 152, 156, 167, 168, 169,
　172, 181, 185, 191, 193, 195, 197
ボット, E. 82, 123
ホワイト, W. F. 35, 39

**マ行**
松本康 14, 68, 113
マートン, R. K. 128
マルクス, K. 151
モウラー, E. R. 31
森岡清志 14, 88

**ヤ・ラ・ワ行**
安田三郎 13
ラザースフェルド, F. 128
リースマン, D. 29, 151, 155
リーボー, E. 36
レッドフィールド, R. 42, 64, 65
ワース, L. 7, 25, 26, 28, 30, 31, 32, 49, 55,
　57, 58, 66, 70, 72, 75, 150, 152, 154, 155, 193
ワーズワース, W. 1

# 事項索引

## A-Z
alienation　151
community liberate perspective　44
community question　51
community saved perspective　35
community transformed perspective　54
DID 人口比率　71,117,119,125,135,141,161,162,178,180
homophily　46
multilevel analysis　97
name generator　85
normlessness　153-154
powerlessness　152
primary ties　26
secondary ties　124
social isolation　155
subcultural theory of urbanism　44
unconventionality　45

## ア行
飽きた態度　24
アノミー　30,42,154
逸脱　30,50
エゴセントリック・ネットワーク　82
エビデンス　5,12
下位文化理論　44,45,46,47,49,57,127-129,145,156,167,168,172,184,191,193,195-197,199
機械的連帯　41
近代化　6,23,24,68
ゲゼルシャフト　76,124
ゲマインシャフト　76,124
『ゲマインシャフトとゲゼルシャフト』　22
構造分化　27,49
孤独感　30
コミュニティ解放論　44,51,52,168,173,184,194,197
コミュニティ喪失論　29,51,109,111,121,122,164

コミュニティ存続論　35,37,109,111,121,122
コミュニティ変容論　54,109,112,121,122
コミュニティ問題　51,55,108

## サ行
シカゴ・モノグラフ　26,31
シカゴ学派　25,28,31,55,58,72,75,193
時間的な正確性　24
社会解体論　7,25,28,31,49,55,57,58,72,193
社会構成理論　37,38
社会的孤立　155,159
社会的実験室としての都市　33
社会的分業の発達　6
重回帰分析　14,93-94,95,98,104
集合意識　24,41
神経的刺激　24
人口集中地区人口比率　→ DID 人口比率
生態学的決定論　34
前産業型都市　38
選択性　46,48,112,129,144,191
選択－制約モデル　46,129
層化多段無作為抽出法　88,89,91,92,95,96,101
層化二段無作為抽出法　115,158,175
創造都市　18
創造都市論　4
疎外　151

## タ行
第一次集団　26,42
第一次的接触　27
第一次的紐帯　26,27,43,51,52,81,84,108,110,116
第三の潮流　7,44,50,54,56-58,72
第二次的接触　27
第二次的紐帯　36,124
多変量解析　14,93-94

多様性への指向　169,171,176,180-181,196
同類結合　47,48,55,81,85,87,127-130,131,
　　138-144,145,191,195,196,198
同類結合原理　46,129
独自性　11
匿名性　24
都市化　2,3
都市型コミュニティ　7,18
都市型パーソナリティ　7,18,30,167
都市疎外理論　30,55,150,152,163,164
都市的生活様式　7,10,33,48,55,58,62,200
都市的疎外　30,152,158,162
都市度　61,64,68,69,70,71,73,74,75,93,
　　104,117,120,138-141,145,162,178,201
都市の危機　9,40
都市の計量社会学　12
　　――的アプローチ　5,6,12,15,190
都市の世紀　3
都市の村人　36
都鄙二分法説　62,63
都鄙連続体説　37,42,62,64-66

**ナ行**

人間生態学　32-33
ネーム・ジェネレータ　85,92,101,103,
　　115,128,131,132
ネオ・シカゴ学派　45,59

**ハ行**

パーソナル・ネットワーク　14,19,82,83,
　　103,113
　　――論　14,111

ハイブリッドモデル　138
非人格性　24
非生態学的立場　7,34,37,39,55,57,72,
　　118,156,193
非通念性　11,45,47,50,55,167-171,176,
　　184,191,196,198
標本抽出法　15,88,103,115,158,175
普遍性　11
分業の発達　24
分散分析　14,93-94,104
変化への指向　169,170,171,176,182-183,
　　196
ホール・ネットワーク　82
ポジション・ジェネレータ　103

**マ行**

マルチレベル構造方程式モデル　178-182,
　　188
マルチレベル分析　15,80,93,97,98,100,
　　101,104,117,121,128,137-138,140-143,
　　158,161,178-182
無縁社会　4,32,108
無規範性　153-154,159
無力感　29
無力性　152,158

**ヤ・ラ行**

有機的連帯　41
リソース・ジェネレータ　103
流動的な大衆　29
理論と方法の接合　5,13

〈著者紹介〉

赤枝尚樹（あかえだ・なおき）

1983年　岡山県生まれ

大阪大学大学院人間科学研究科博士後期課程修了，博士（人間科学，大阪大学）

大阪大学大学院人間科学研究科特任助教などを経て，

現在　関西大学社会学部助教

主要論文等

「居住地における都市効果の再検討」『日本都市社会学会年報』第28号，2010年．

「都市は人間関係をどのように変えるのか」『社会学評論』第62巻2号，2011年．

「同類結合に対する都市効果の検討」『理論と方法』第26巻2号，2011年．

「親の子育て方針と中高年期の父子関係」（吉川徹編『長期追跡調査でみる日本人の意識変容——高度経済成長世代の仕事・家族・エイジング』ミネルヴァ書房，2012年，所収）．

MINERVA社会学叢書㊼
現代日本における都市メカニズム
——都市の計量社会学——

2015年3月30日　初版第1刷発行　　　〈検印省略〉

価格はカバーに
表示しています

著　者　赤　枝　尚　樹
発行者　杉　田　啓　三
印刷者　藤　森　英　夫

発行所　株式会社　ミネルヴァ書房
607-8494　京都市山科区日ノ岡堤谷町1
電話(075)581-5191／振替01020-0-8076

Ⓒ 赤枝尚樹，2015　　　　　亜細亜印刷・兼文堂

ISBN978-4-623-07196-8
Printed in Japan

## よくわかる都市社会学
――――――――――――――――――――中筋直哉・五十嵐泰正編著

1980年代の新しい都市社会学や都市論ブームのインパクトの後に展開した新たな都市研究の諸領域から，建築学，文学，政策科学など隣接分野の都市研究までをカバーするあたらしい時代の都市社会学テキスト。

B5判　232頁　本体2800円

## データアーカイブSRDQで学ぶ 社会調査の計量分析
――――――――――――――――――――川端　亮編著

ブラウザを使ってアクセスするだけで多様な統計分析の練習ができる。先行研究の事例紹介・解説と，事例のデータを実際に分析することで，様々な統計分析の手法を身につけよう。

B5判　184頁　本体2900円

## ジェントリフィケーションと報復都市
―― 新たなる都市のフロンティア
――――――――――――――――――――ニール・スミス，原口　剛訳

ジェントリフィケーション研究の古典として評価の高い一書。都市への投資とその引揚げがもたらす機制を理論的に解き明かすと同時に世界各地での事例も取り上げた，21世紀の「都市開発」の光と闇に迫る。

A5判　480頁　本体5800円

## 再魔術化する都市の社会学
――――――――――――――――――――園部雅久著

本書は，これまでの都市社会学における空間概念を理論的に再考すると同時に，都市がどのように消費空間として編成されるかを事例研究によって明らかにする。理論と事例，両面のアプローチによる空間概念の革新と新しい公共性論の展開が，これからの都市社会学／都市論には不可欠であることを主張する。

A5判　270頁　本体5000円

――――― ミネルヴァ書房 ―――――
http://www.minervashobo.co.jp